DIE ETRUSKER

Die Deutsche Bibliothek – CIP-Einheitsaufnahme

Ein Titeldatensatz für diese Publikation ist bei
Der Deutschen Bibliothek erhältlich.

Umschlaggestaltung: Neil McBeath, Kornwestheim,
unter Verwendung eines Motivs
aus dem Archäologischen Museum, Florenz
(Chimäre von Arezzo, hier: der Löwenkopf, S. 121)

Fotos:
Archivio Fotografico della Soprintendenza
Archeologica della Toscana
Archivio Fotografico della Soprintendenza
Archeologica per l'Etruria Meridionale
Giovanni Breschi, Florenz
Fabio Fiaschi, Volterra

Originalausgabe *Etruschi*
© 2000 by OCTAVO
PRODUZIONI EDITORIALI ASSOCIATE SpA,
Firenze, Italy
All rights reserved
Layout: Giovanni Breschi
Reproduktionen: Fotolito Toscana

Übersetzung: Helmut Schareika, Filderstadt

© für die deutschsprachige Ausgabe:
Konrad Theiss Verlag GmbH, Stuttgart 2001
Alle Rechte vorbehalten
Satz: DOPPELPUNKT Auch & Grätzbach GbR,
Leonberg
Druck: Officine Grafiche De Agostini, Novara, Italien
ISBN 3-8062-1630-4

DIE ETRUSKER

Die Deutsche Bibliothek – CIP-Einheitsaufnahme

Ein Titeldatensatz für diese Publikation ist bei
Der Deutschen Bibliothek erhältlich.

Umschlaggestaltung: Neil McBeath, Kornwestheim,
unter Verwendung eines Motivs
aus dem Archäologischen Museum, Florenz
(Chimäre von Arezzo, hier: der Löwenkopf, S. 121)

Fotos:
Archivio Fotografico della Soprintendenza
Archeologica della Toscana
Archivio Fotografico della Soprintendenza
Archeologica per l'Etruria Meridionale
Giovanni Breschi, Florenz
Fabio Fiaschi, Volterra

Originalausgabe *Etruschi*
© 2000 by OCTAVO
PRODUZIONI EDITORIALI ASSOCIATE SpA,
Firenze, Italy
All rights reserved
Layout: Giovanni Breschi
Reproduktionen: Fotolito Toscana

Übersetzung: Helmut Schareika, Filderstadt

© für die deutschsprachige Ausgabe:
Konrad Theiss Verlag GmbH, Stuttgart 2001
Alle Rechte vorbehalten
Satz: DOPPELPUNKT Auch & Grätzbach GbR,
Leonberg
Druck: Officine Grafiche De Agostini, Novara, Italien
ISBN 3-8062-1630-4

DIE ETRUSKER

Franco Falchetti
Antonella Romualdi

Aus dem Italienischen von Helmut Schareika

THEISS

Die Etrusker

Franco Falchetti

- 10 Das Geheimnis der Ursprünge
- 14 Eine Sprache, die nur die Etrusker verstanden
- 24 Eine gut organisierte Gesellschaft
- 30 Die schrecklichen Götter
- 40 Die etruskische Familie
- 46 Häuser nach Menschenmaß
- 52 Äußere Erscheinung und Mode
- 60 Ein Volk mit Sinn für Freude am Leben
- 76 Die Geschichte eines Volkes

Die jüngsten Funde

Antonella Romualdi

 88 Die ersten Handelskontakte im Mittelmeer

 96 Das Entstehen der etruskischen Kunst

106 Der Einfluß Griechenlands

112 Etrurien importiert und schafft Kunst

122 Der Beginn des politischen und künstlerischen Niedergangs

130 Das letzte Angebot Griechenlands

140 Die römischen Bezwinger

144 Etrurien verschwindet, die »Septima« entsteht

152 Die Wohnbezirke und Häuser

157 Die Gräbert

166 Kultplätze und Heiligtümer

180 Die Gewerbetätigkeiten

183 Die Steinbrüche und die Nekropole von Le Grotte in Populonia

202 Die Sprache und die Schrift

205 Ortsnamen, Etruskische Gräber

206 Bibliographie

FIESOLE
Quinto Fiorentino • • Pieve Socana
Castellina in Chianti • **AREZZO**
CORTONA
Luni • **PERUGIA**
VOLTERRA **SIENA** Montepulciano •
• Asciano **AREZZO**
• Murlo
Castiglioncello • **SOVANA** **ORVIETO**
Vada • **CECINA** Massa marittima • Sorano • **VOLSINI**
Saturnia • Pitigliano •
Campiglia marittima • **VETULONIA** **ROSELLE** Poggio Buco • **TUSCANIA**
POPULONIA • Magliano • Manciano • **VULCI**
Talamone • **ORBETELLO** **TARQUIN**
Cosa • Pyrgi •
Civitavecchia •

VEIO

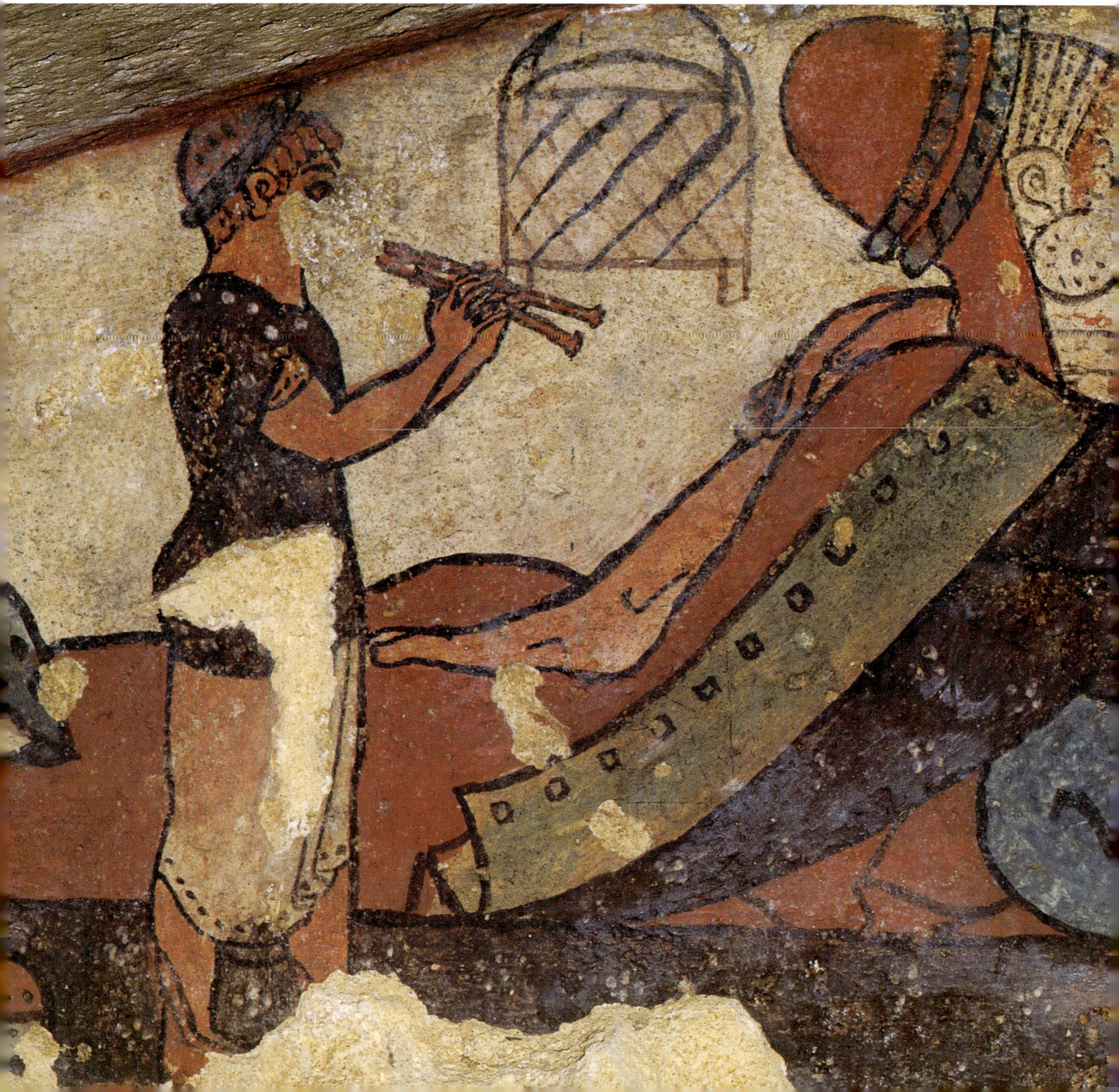

Die Etrusker

Das Geheimnis der Ursprünge

Das Geheimnis des Ursprungs der Etrusker. Das Rätsel ihrer Schrift. Woher kamen sie? Wie drückten sie sich aus? Stets sind wir gewohnt gewesen, uns Fragen dieser Art zu stellen, erst recht seitdem das Volk der Tyrrhener in der Öffentlichkeit wieder enormes neues Interesse erlangt hat und dabei einen Platz sogar noch vor der griechischen und römischen Kultur einnimmt.

Vielleicht steckt dahinter die Krise einer Ablehnung all dessen, was wir in der Schule gelernt haben, der langen Berichte des Livius oder Thukydides, der subtilen Darlegungen über die perikleische Demokratie oder die Diktatur Sullas. Von daher haben wir es vorgezogen, uns in etwas Geheimnisvolleres, Dunkleres zu flüchten, und alle wurden wir fasziniert von jenem Volk, das im Grunde angesichts der bedeutenden Spuren, die es von sich hinterließ, gar nichts Unwirkliches an sich hat, das jedoch immer noch eine fast magische Anziehung besitzt.

Auch der natürliche Zauber der Orte, an denen sie gelebt haben, die gastronomische Kunst der Wirte der Toskana und Latiums, die unzweifelhafte Schönheit der Grabmalereien oder Felsennekropolen, die auch derjenige bewundert, der von Archäologie nicht die geringste Ahnung hat, haben bewirkt, daß diese Faszination, dieses Interesse mit der Zeit nach und nach gewachsen sind.

Es gab, in der Tat, allerdings auch wenig erfreuliche Folgen: Offenbar gewinnt die Einrichtung eines Hauses von einem gewissen Niveau Prestige durch das Vorhandensein eines Buccherogefäßes oder einer korinthischer Figurenvase, und das hat zu einer entschiedenen Zunahme heimlicher Grabungen und leider auch der Plage geführt, die die Hersteller gefälschter Objekte darstellen; betrüblicherweise haben sie eine große Geschicklichkeit darin erreicht, ihre Erzeugnisse auch in den Augen erfahrener Leute nur schwer als unecht erkennbar zu machen. Doch insgesamt ist das Ergebnis ausgesprochen positiv: Wir haben gelernt, uns den Etruskern zu nähern, nachdem wir sie lange ignoriert und unterbewertet haben. Wir haben gelernt, den höchst feinen Geschmack und die exquisite Kunst zu schätzen; es ist uns gelungen, die verschiedenen Mosaiksteinchen unseres Wissens über sie wieder zusammenzusetzen, um so ein immer breiteres Bild zu gewinnen; wir haben in den Etruskern unsere Vorfahren kennengelernt, haben uns in ihnen wiedergefunden, nachdem wir uns über Jahrhunderte daran gewöhnt hatten, uns ausschließlich als Abkömmlinge der Römer zu betrachten.

Es bleibt wahrhaftig noch viel zu entdecken, viele Aspekte des Lebens und der Kunst der Etrusker bleiben noch im dunkeln, doch man kann sagen, daß man jetzt nicht mehr von einem Geheimnis sprechen kann, so viel weiter sind die Grenzen unserer Erkenntnisse geworden. Versuchen wir also, einen Überblick über unsere Kenntnisse zu geben, zu einer Begegnung mit diesem Tyrrhenervolk zu gelangen, indem wir auch die Seiten einer Prüfung unterziehen, die der Öffentlichkeit nicht so bekannt sind und die sich auf ihr tägliches Leben, ihre Religion, ihre Gewohnheiten – bis hin zu ihren kleinen Manien – beziehen. Beginnen wir damit, uns an die Lösung des Problems zu machen, das die Etruskologie stets am meisten beschäftigt hat: das Problem des Ursprungs der Etrusker.

Daß man sich der Frage schon seit langem gestellt hat, zeigt die Tatsache, daß der erste, der sich damit befaßte, kein geringerer war als Herodot. Im 5. Jahrhundert v. Chr. äußert er sich dazu auf einer Seite seiner *Historien*,[1] deren Autorität und Zuverlässigkeit über Jahrhunderte nicht im geringsten in Zweifel gezogen worden ist. Der ›Vater der Geschichtsschreibung‹ erzählt, daß während der Herrschaft des Atys in Lydien, des Sohnes des Manes und daher aller Wahrscheinlichkeit nach im 13. Jahrhundert v. Chr., der König wegen einer gewaltigen Hungersnot, von der das Land fast zwanzig Jahre lang gegeißelt worden war, seine Untertanen in zwei Gruppen einteilte und dem Los die Entscheidung darüber ließ, welche der beiden zur Suche nach fruchtbaren und für den Ackerbau geeigneten Ländern aufbrechen mußte. An ihre Spitze stellte er seinen Sohn Tyrsenos [oder Tyrrhenos], und die, die das Los traf, zogen so lange suchend umher, »bis sie zu den Ombrikern [d. h. nach Umbrien] gelangten, wo sie Städte bauten und jetzt noch wohnen. Den Namen ›Lyder‹ gaben sie auf und nannten sich nach dem Sohn des Königs, der sie angeführt hatte, fortan Tyrrhener.«

Man kann Herodot ohne weiteres als den Begründer der etruskischen Frage bezeichnen, und seine Meinung über einen Ursprung des tyrrhenischen Volkes aus dem Osten wurde indirekt von Hellanikos, einem anderen Logographen, bestätigt, der es mit dem geheimnisvollen Volk der Pelasger gleichsetzte, die sich mit den Lydern bei der Kolonisierung Etruriens vermischt haben sollen.

Die These überzeugte alle unwidersprochen, auch weil die Ähnlichkeiten augenfällig schienen, die zwischen der etruskischen Religion und derjenigen der alten Reiche im Osten existieren. Die Tatsache, daß ihre Sprache, wie wir weiter unten besser sehen werden, nicht zur indoeuropäischen Sprachfamilie gehört, im Unterschied zu allen anderen italischen Sprachen, wohl aber Elemente enthält, die sich in den Idiomen Kleinasiens wiederfinden; die Auffindung einer Grabstele auf der Insel Lemnos mit einer Inschrift, die in einem Dialekt von starker Ähnlichkeit mit dem Etruskischen verfaßt wurde; der orientalisierende Charakter der ersten künstlerischen Zeugnisse der Tyrrhener: all das sind die überzeugendsten Elemente, die bis heute zur Unterstützung der These der Einwanderung aus Lydien geführt haben. Doch schon am Ende des 1. Jahrhunderts v. Chr., mitten im Zeitalter des Augustus, begann jemand, starke Zweifel gegenüber all dem zu hegen, was bis dahin still akzeptiert worden war; das zeigt etwa die Tatsache, daß Vergil die Völkerschaften des tyrrhenischen Italiens oft Lyder nennt.

Es war Dionysios von Halikarnaß, einer der vielen griechischen Historiker, die sich in Rom niedergelassen hatten, der alles wieder in Frage stellte und dabei der These Herodots jeden Wert absprach; er behauptete, daß die Ursprünge der Etrusker nicht außerhalb Etruriens selbst zu suchen seien.[2] Die Etrusker waren nach Dionysios ein autochthoner Volksstamm, eine Art italischer Ureinwohner, das sich den Namen *Rasenna* gab. Selbstverständlich wären nach einer derartigen These die ethnischen Ursprünge dieser Völker im großen Schmelztiegel von Rassen und Stämmen der italischen Vorgeschichte zu suchen; und dies beweisen auch jüngere Untersuchungen.

Die etruskische Frage gewann nach langem Schweigen wieder in näher an uns liegenden Zeiten Bedeutung, im 18. und 19. Jahrhundert, als der Franzose Fréret und die beiden Deutschen Niebuhr und Müller, obwohl sie von den Ideen Dionysios' von Halikarnaß ausgingen, seine Thesen von der autochthonen Herkunft widerlegten; sie sahen im Namen Rasenna eine Ähnlichkeit mit dem der Raeti und gelangten so zu der Hypothese, daß Alpenvölker in die Regionen Mittelitaliens gezogen sein müßten. Auch diese Theorie war für viele Gelehrte verlockend, besonders aus dem Bereich der alten Geschichte.

Das oben Dargelegte sind die hauptsächlichen Thesen, die am breitesten verfolgt wurden, doch nicht die einzigen; das Genie und auch, geben wir es zu, bisweilen die Fantasie der Archäologen tobte sich auch in anderen Richtungen aus: Manche sahen sie aus dem Balkan und der Donaugegend gekommen (L. Pareti); andere nahmen die Überlieferung mit den Pelasgern wieder auf und gelangten zu einer Einwanderung über das Meer, doch nicht über das Tyrrhenische, sondern über die Adria (E. Pottier); oder man setzte sie mit den Seevölkern der Ägäis gleich, die unter der Herrschaft des Pharaos Ramses III. (13.–14. Jahrhundert v. Chr.) versuchten, nach Ägypten einzudringen, und die in ägyptischen Hieroglyphen mit dem Ausdruck Trs.w bezeichnet wurden, der offensichtlich Ähnlichkeit mit dem griechischen Tyrsenoí aufweist. Doch welches ist der aktuelle Stand der Forschungen zu diesem Problem? Vor allem muß man sagen, daß jene Polemik, die mit unnützer Heftigkeit und vor allem im 19. und in den ersten Dezennien des 20. Jahrhunderts bisweilen mit unangebrachter Schärfe aufgelodert war, jetzt praktisch verstummt und an einen toten Punkt gelangt ist. Der Grund dafür ist in dem Umstand zu suchen, daß keine der drei oben erwähnten Hauptthesen eine definitive Antwort zu geben in der Lage ist; jede von ihnen besitzt starke Elemente, die ihre Glaubwürdigkeit stützen, prallt jedoch gegen andere absolut unbestreitbare Tatsachen.

In Wahrheit hat man, wie Massimo Pallottino hervorhebt, allzu lange das Problem auf falsche Weise formuliert, indem man von dem Begriff eines etruskischen Volkes ausging, als handelte es sich dabei um einen monolithischen Block, der wie ein Pilz an den Küsten der Toskana und Latiums verschwindet oder wächst.

Wie viele Male haben wir uns gefragt, wenn wir über italienische oder deutsche Geschichte reden, was die Ursprünge der Italiener oder der Deutschen oder woher sie gekommen seien? Nie. Wir werden stattdessen stets die Gesamtheit der Eroberungen, der Einwanderungen, der Invasionen, der verschiedenen Prozesse der Teilung oder der Vereinigung in Betracht ziehen, die zur Bildung einer Nation oder eines Volkes beitrugen. Und sicher kann man, was die Etrusker betrifft, mit gutem Recht von einem Volk oder einer Nation sprechen, die sich auf dem Wege tausender Erfahrungen und Wechselfälle gebildet hat, vermittels einer solchen Vielfalt kultureller Beiträge verschiedenster Provenienz, daß sie nicht in den kleinsten Einzelheiten, sondern nur in großen Linien rekonstruiert werden können.

Nehmen wir die Römer: Mag sein, daß sie von den Trojanern abstammen, wie es die vergilische Überlieferung will, doch plötzlich, auch nach der Äneis, verschmolzen sie mit den Latinern und darauf, auch wenn man Livius folgt, mit den Sabinern, den Oskern und Umbrern, selbst mit den Etruskern, und dann nach und nach mit den Ligurern, den Kelten und so weiter. Genauso war es mit den Griechen und den Ägyptern, so war es mit allen Völkern der Antike und nicht nur der Antike, denken wir nur an den Beitrag der Sachsen, Normannen und Schwaben bei der Herausbildung der Engländer von heute.

»Die Unzulänglichkeit der Theorien über die Ursprünge der Etrusker resultiert aus dem Umstand, daß man ein Problem der Herkunft dort formuliert hat, wo ein Problem der ethnischen Entwicklung existiert«, schreibt Pallottino,[3] und gewiß gebührt ihm das Verdienst, die Aufmerksamkeit der Wissenschaftler von dem weggelenkt zu haben, was inzwischen eine sterile Wiederholung nunmehr radikaler und voreingenommener Thesen zu einem wohl lebendigeren und interessanten Problem geworden war: dem der Rekonstruktion der Bedingungen und Fakten, die in frühgeschichtlicher Zeit die Geburt, Herausbildung und Entwicklung der etruskischen Nation in geschichtlicher Zeit bestimmt haben. Mehr noch: ins Licht gerückt zu haben, daß – was immer ihre Herkunft sei, wenn man überhaupt, wie wir gesehen haben, noch von Herkunft sprechen kann – die Etrusker im wirklichen Sinn des Wortes erst auf dem Gebiet der Toskana und Latiums zu einem Volk geworden sind, und in diesem Sinn kann man mit gutem Recht von ihnen als von der ersten großen Kultur Italiens in historischer Zeit sprechen. Nicht vergessen wollen wir, daß sie sich auf einem Territorium festsetzten, auf dem blühendes Leben herrschte: einem Land, das die Einfälle der kupferzeitlichen Hirtenkrieger von Rinaldone gesehen hatte, das Aufeinanderfolgen der Apenninkulturen in der Kupferzeit, das üppige Blühen der Einäscherungskultur der Protovillanovaleute noch in der Bronzezeit, und das in dem Augenblick, da die Etrusker ›ankamen‹, von höchst zivilisierten Völkern bewohnt war, den Trägern einer ziemlich entwickelten Kultur der Eisenzeit: den Villanovaleuten.

Diese letzteren, die wir hauptsächlich leider nur von den Nekropolen her kennen, auch wenn glücklicherweise einige Wohnplätze ans Licht zu kommen beginnen, hatten ihr wichtigstes Zentrum, den Brennpunkt ihrer Entwicklung, im tyrrhenischen Küstengebiet zwischen Vulci und Tarquinia bis nach Veji, besonders in den Landstrichen, in denen später das Herz Etruriens liegen wird.

Offenkundig ist ihre Bedeutung bei der Herausbildung der etruskischen Nation höchst beachtlich, so daß man ohne Furcht, widerlegt zu werden, behaupten kann, daß die Villanovakultur den ältesten Moment der Herausbildung des etruskischen Volkes darstellt, die Phase, in der der Prozeß kultureller Wandlungen beginnt, der auch dank den unbestreitbaren östlichen Beiträgen, den künstlerischen, geistigen und wirtschaftlichen Kontakten mit Griechenland zur Geburt der Etrusker führen wird.

Keine durchgreifende, plötzliche Transformation also, sondern eine langsame, die schrittweise vor sich ging, wie alle zivilisatorischen Prozesse in der Geschichte der Menschheit. Aus dieser langen, komplexen historischen Gärung heraus entsteht zwischen dem 9. und 8. Jahrhundert v. Chr. jene Kultur, die ihren Höhepunkt im 6. Jahrhundert erreichen wird, als es ihr gelingt, sogar die aufkommende Macht Roms einzuschüchtern, und die ihren Untergang erst im letzten Jahrhundert vor Christi Geburt erleben wird – jene Kultur, die über die Bewunderung hinaus, die sie mit ihrer Intelligenz und ihrem künstlerischen Geschmack in der Welt auslöste, »seit alters für ihre Tüchtigkeit berühmt war, sich vieler Länder bemächtigte und viele große Städte gründete«, wie Diodorus Siculus sagt.

ANMERKUNGEN
1 Herodot, *Historien* I, 94
2 Dionysios von Halikarnaß, *Römische Altertumskunde* I, 26–30
3 Pallottino, M., *Etruscologia*, Mailand 1968, S. 113

Eine Sprache, die nur die Etrusker verstanden

Nachdem wir versucht haben, das Geheimnis der Ursprünge der Etrusker zu entmythologisieren, wollen wir unser Augenmerk auf die Klärung eines weiteren Problems richten, das häufig in vorgefaßter, irriger Weise in Angriff genommen wird: das der Schrift und damit der Sprache, die unser Volk gesprochen hat.

Wie oft hören wir: Das Etruskische ist noch nicht entziffert, man weiß nicht, wie die Etrusker gesprochen haben, ihre Sprache ist für uns heute unverständlich? Nichts ist falscher als das: Wir kennen das etruskische Alphabet perfekt, es ist nichts anderes als ein Alphabet griechischen Typs, das wir ohne Einschräkung lesen können. Die Schwierigkeiten fangen danach an.

Klären wir vor allem, was wir unter dem Begriff ›Lesen‹ verstehen, und greifen dafür zu einem einfachen Beispiel: Stellen wir uns vor, wir nähmen eine Zeitung zur Hand, sagen wir: aus Stockholm, natürlich ohne schwedisch zu können, wie es zumeist der Fall ist. Wir hätten kein Problem damit zu lesen, was dort geschrieben steht: Das Alphabet ist unserem vollkommen gleich, bis auf einige Zeichen, mit denen wir nicht vertraut sind; höchstens unsere Aussprache wird den möglichen schwedischen Zuhörer erschaudern lassen (doch wer sagt uns, daß unsere Aussprache des Lateinischen oder Altgriechischen nicht ungezügelte Heiterkeitsausbrüche bei einem Cicero oder Demosthenes hervorrufen würde?). Doch bis auf einige Worte, die lautlich den unseren gleich oder ähnlich klingen, hätten wir am Ende unserer Lektüre absolut nichts verstanden. Dasselbe gilt für das Etruskische. Das Problem besteht also nicht darin, die Inschriften, die wir besitzen, zu entziffern, sondern sie zu verstehen und zu interpretieren; und all das wird noch durch eine Reihe von Umständen erschwert, die ich kurz zu skizzieren versuchen werde. Vor allem sind wir nicht im Besitz eines in etruskischer Sprache verfaßten literarischen Textes, der ausreichend lang wäre, um als Gegenstand einer gründlichen sprachwissenschaftlichen Untersuchung dienen zu können. Wenn ein derartiger Text, einmal angenommen, gefunden würde, wäre es wahrscheinlich, daß es dem Forscher dank seiner gründlichen linguistischen Bildung, den Vergleichen mit anderen bekannten Sprachen, einigen Zitaten aus bekannten Autoren oder Dokumenten nach und nach gelänge, die Elemente herauszuarbeiten, um mit relativer Leichtigkeit den ganzen Rest übersetzen zu können. Doch im Augenblick nichts von alldem.

Zweitens besitzen wir auch keine ausreichend lange zweisprachige Inschrift von der Art des Steins von Rosette, der es möglich gemacht hat, die ägyptischen Hieroglyphen zu interpretieren, oder wie diejenigen, die den Schlüssel zur Entzifferung der Sprache der Sumerer geliefert haben. Die wenigen zweisprachigen Inschriften, die man gefunden hat (fast immer auf etruskisch und lateinisch verfaßt) sind fast ausschließlich Grabinschriften, extrem kurz und, wie leicht zu verstehen ist, mit einem ziemlich begrenzten Vokabular.

Was könnte uns sonst noch behilflich sein? Vielleicht verlangen wir zuviel, doch wenn wir eine Art Lexikon besäßen, das z. B. ein lateinischer Wissenschaftler zusammengestellt hätte, wäre alles extrem einfach. Bedauerlicherweise ist die monumentale *Geschichte der Etrusker*, das Hauptwerk des soviel getadelten Kaisers Claudius, die anscheinend ein umfangreiches Glossar enthielt, vollständig verlorengegangen. Theoretisch würde es genügen, eine andere noch unbekannte, der etruskischen ähnliche Sprache zu entdecken, um vielleicht zum Verständnis der Wortstämme und der Formen der letzteren zu gelangen. Aber für den Augenblick besitzen wir keine. Daher bleibt nichts, als betrübt die Arme auszubreiten und uns auf das wenige zu beschränken, das wir kennen, und damit zu beginnen, das Etruskische als eine Sprache zu definieren, die, zweifellos, einige Ähnlichkeiten mit Idiomen aus der indoeuropäischen Sprachgruppe aufweist, im wesentlichen jedoch einer vorindoeuropäischen Linie mediterranen Charakters zugehörig

DIE INSCHRIFT AUS BUCA DELLE FATE
(Populonia)
Florenz, Archäologisches Museum

Die Schwierigkeit der Entzifferung vieler Inschriften wird dadurch vergrößert, daß sie oft auf Tuffstein oder in eine andere weiche Steinart eingraviert sind und daher durch die Einflüsse der Zeit beträchtlich beschädigt wurden. Die Buchstaben des etruskischen Alphabets sind dann nur mit großer Mühe zu erkennen. Darüber hinaus sind fast alle schriftlichen Beispiele, die auf uns gekommen sind, Grab- oder Weiheinschriften, die sich oft auf die Angabe des Namens des Verstorbenen und der Ämter beschränken, die er zu Lebzeiten ausgeübt hat. Das ist natürlich zu wenig, um mit der systematischen Erklärung der etruskischen Sprache voranzukommen. Auch in der hier abgebildeten Inschrift ist gut die Herkunft des etruskischen Alphabets aus dem griechischen zu erkennen, von dem es die Form und einen Großteil der Laute bewahrt.

erscheint, von der wir absolut keine anderen Beispiele in der antiken Welt aus historischer Zeit haben. In wenigen Worten, wir können ruhig behaupten, daß die Etrusker eine Sprache gesprochen haben, die nur sie selbst zu verstehen in der Lage waren, und daß es keinen auch nur entfernten Bezug zu solchen Sprachen gab, die von ihren Zeitgenossen gesprochen wurden (wie es umgekehrt z. B. der Fall ist zwischen dem Italienischen und Rumänischen oder dem Englischen und Deutschen).

Daß die Etrusker, höchst begabt auf dem Gebiet der bildenden Kunst, nicht gern schrieben, ist sicher. Es gibt auch nicht die geringste direkte oder indirekte Spur, die an irgendeine literarische Überlieferung denken lassen könnte, so daß mancher Wissenschaftler selbst die Existenz literarischer Aktivität überhaupt bei den Etruskern in Zweifel gezogen hat.

Eine derartige Vermutung können wir nicht ausschließen, doch müssen wir sehr vorsichtig sein: Wir haben das Glück, eine beträchtliche Anzahl lateinischer und griechischer Texte zu besitzen, doch nur, weil es sich dabei um sehr bekannte und universell gebrauchte Sprachen handelte. Wer konnte ein Interesse daran haben, die Werke von Autoren zu vervielfältigen und zu überliefern, die in einem schwierigen, hermetischen Idiom schrieben? Wenn wir bedenken, daß auch viele klassische lateinische Texte im Dunkel des Vergessens hätten verlorengehen können, hätten nicht die Forscher des Humanismus ihre mühsame Arbeit begonnen, dürfen wir uns nicht über das Ende wundern, das mögliche literarische Texte der Etrusker gefunden haben können.

Außerdem besitzen wir auch keine entsprechenden kritischen Zeugnisse der Zeitgenossen über die literarische Aktivität der Etrusker. Nach den wenigen fragmentarischen Notizen, die wir besitzen, kannten anscheinend auch die griechischen oder lateinischen Kritiker nur etruskische Texte religiösen oder weissagenden Inhalts sehr alten Ursprungs, die wegen ihrer Bedeutung, wie wir weiter unten sehen werden, im Zusammenhang mit dem Glauben der Römer zitiert wurden. Vielleicht waren sie auf dem Feld der Geschichtsschreibung oder Annalistik tätig, doch es fehlen völlig jegliche Spuren der für jede Kultur eigentümlichen großen literarischen Genres wie z. B. Epik, Lyrik, Satire, Roman.

Doch kehren wir zur Sprache zurück: Wir haben gesehen, daß das Alphabet eindeutig das griechische zum Vorbild hat. Wie ist es nach Etrurien gelangt? Auch über diesen Punkt gibt es unter den Wissenschaftlern keine Einigkeit, doch die vorherrschende Meinung besagt, daß es um die Mitte des 8. Jahrhunderts in das tyrrhenische Mittelitalien eingeführt wurde, vielleicht direkt durch jene Siedler, die, von der Halbinsel Chalkidike kommend, Cumae gegründet hatten.

Wenn wir schon bedauerlicherweise keine Vokabularien haben, besitzen wir wenigstens die Alphabete; wir kennen ihrer verschiedene, fast alle auf Vasen eingeritzt, offenbar mit dem Ziel, sie zu Lehrzwecken weiterzugeben. Im allgemeinen sind sie in die Zeit 650–600 v. Chr. zu datieren und zeigen ein Musteralphabet von sechsundzwanzig Buchstaben.

Was seltsamer erscheinen mag, ist die Tatsache, daß wir bei Prüfung der über zehntausend uns bekannten Inschriften feststellen (scheinbar viele, doch – es sei wiederholt – zu einem Großteil handelt es sich um einförmige begräbnistypische Sätze), daß nicht alle diese sechsundzwanzig Buchstaben verwendet wurden: Das ist der Fall beim Beta und beim Delta, die vielleicht in der etruskischen Sprache nicht existierenden Lauten entsprachen. Wir dürfen vermutlich annehmen, daß in ihrem Idiom unser Labiallaut b und der Dental d nicht vorkamen, so wie häufig o und u wechselweise füreinander stehen. Ebenso kann man meinen, daß unsere Tyrrhener auch kein Problem darin gesehen haben, das Alphabet, das sie pari pari von den Griechen übernommen hatten, an

EINE SPRACHE, DIE NUR DIE ETRUSKER VERSTANDEN

BLEIPLATTE VON MAGLIANO
Florenz, Archäologisches Museum

Magliano ist heute eine kleine Stadt am Fluß Albenga in der Provinz Grosseto, doch in der Antike war es vom VII. bis VI. Jahrhundert v. Chr. eine reiche, mächtige Stadt, zuerst etruskisch, dann römisch; wahrscheinlich trug sie den Namen Heba. Der Name ist durch einen Cippus (Grenzstein) aus Travertin bezeugt, außerdem durch eine Bronzetafel von 20 n. Chr., auf der Germanicus, dem Neffen des Kaisers Tiberius, höchste Ehrenbekundungen gezollt werden. Die Stadt hatte eine blühende Wirtschaft auf dem Agrar- und Bergbausektor, sie verfügte über reiche Vorkommen an Schwefel, Antimon und Quecksilber. Außerdem befand sie sich mit ihrer Nähe zum Hafen von Talamone in sehr vorteilhafter Lage. Hier wurde dieser äußerst interessante Fund gemacht: eine auf beiden Seite spiralenförmig vom äußeren Rand zur Mitte hin beschriebene Bleiplatte; es sind darauf etwa siebzig Wörter zu erkennen, mit Namen von Gottheiten wie Cauthas, Tins, Aiseras, Calus, und mit Vorschriften zu den Einzelheiten eines Bestattungsrituals, deren Sinn uns – wieder einmal – verborgen bleibt.

ihre Sprache anzupassen. Faulheit? Im Grunde genommen haben die Römer auf einem ebenso bedeutsamen Gebiet, dem der Religion, offenbar das gleiche getan.

Betrachten wir jetzt einige andere interessante Merkwürdigkeiten in der Art und Weise, wie sie sich ausdrückten: Zur Wiedergabe der Zahlen bedienten sich auch die Etrusker wie die Griechen und Lateiner der Buchstaben des Alphabets, doch in diesem Fall scheint es gerade, daß ihre Verwendung von den Römern übernommen wurde. Das belegen, um uns auf einfache Beispiele zu beschränken, die offensichtlichen Ähnlichkeiten zwischen dem etruskischen Zeichen + und dem römischen X zur Bezeichnung der Zahl 10 und das Zeichen L, das nichts anderes darstellt als das umgedrehte römische V für die Ziffer 5.

Außerdem: Die Etrusker schrieben normalerweise in umgekehrter Richtung wie wir, das heißt von rechts nach links. Im übrigen weist auch die Inschrift, die bis jetzt als älteste des Lateinischen angesehen wird, die Fibel von Praeneste (ihre Echtheit wurde jüngst in Zweifel gezogen), eine rückläufige Schreibrichtung und ein gräzisierendes Alphabet auf. Die Beispiele mit fortschreitender Schrift (von links nach rechts) sind selten, während sich häufiger solche in der Art des sog. Bustrophedón[1] finden, mit abwechselnd rechtsläufigen und linksläufigen Zeilen. Die Etrusker verwandten keine Großbuchstaben, auch nicht nach dem Punkt oder um die Anfangsbuchstaben von Eigennamen hervorzuheben; sie hatten kein Komma, doch ein kompliziertes System von Punkten (einer, zwei oder auch drei), die in der Regel keine Interpunktionsfunktion besaßen, sondern zur Trennung der Wörter voneinander dienten.

Die Buchstaben des Alphabets gliederten sich in Vokale und Konsonanten, wie in den meisten Sprachen üblich, doch mit einer relativ komplizierten Differenzierung, ähnlich – verständlicherweise – wie im Griechischen. Schauen wir es uns genauer an: vier Vokale – a, e, i, u (das, wie gesagt, mit o durcheinander geht); ein Halbvokal: v; ein Hauchlaut: h (als solcher gesprochen); drei stimmlose Verschlußlaute: c, p, t (c wie helles k gesprochen); drei aspirierte Verschlußlaute: kh, th, ph; ein labiodentaler Reibelaut: f; drei dentale Spiranten: s, ś, z; zwei Liquide: l, r; zwei Nasale: m, n. Es fehlen, wie schon bemerkt, b und d, außerdem das g.

Nur in sehr geringem Umfang sind wir dazu in der Lage, über die morphologische und syntaktische Struktur Aussagen zu machen. Bei dem, was wir besitzen, ist recht eindeutig eine Nominativendung auszumachen (-s), doch es scheint sicher, daß die etruskische Sprache nicht die Komplexität der vier Kasus des Griechischen oder der sieben (dann auf fünf reduzierten) des Lateinischen besaß. Deutlich einfacher, vielleicht, bedienten sie sich eines Kasus für Subjekt und Objekt und eines obliquen weiteren Kasus, dazu einer Reihe von Suffixen. Doch, leider leider, ist es gänzlich unmöglich, auch nur eine embryonale etruskische Grammatik zu beschreiben; was das Verbum betrifft, können wir den bewundernswerten Anstrengungen der illustresten Linguisten zum Trotz leider nur sagen, daß wir in fast absolutem Dunkel umherirren.

Neben den schon öfter zitierten Grabinschriften gründet sich unsere Kenntnis der etruskischen Sprache auf einige Dokumente von gewisser Bedeutung; das wichtigste stellt die sog. Zagreber Mumienbinde dar. Anscheinend ein seltsamer Name, schauen wir, worum es sich handelt: um eine Binde aus Leinengewebe, auf die ursprünglich ein langer Text aufgeschrieben war, der, soweit wir es beurteilen können, aus etwa tausenddreihundert Wörtern bestand, die in mehr als zweihundert Zeilen angeordnet waren. Es gibt keine Vorstellung davon, wie sie je bis Ägypten hat gelangen können; Tatsache ist, daß zu einem bestimmten Moment in ptolemäischer oder römischer Zeit irgendjemand beschloß, sie zur Einwicklung der Mumie einer ägyptischen Frau zu verwenden. In Streifen geschnitten, eignete sich das alte »Manuskript« hervorragend zu diesem

Zweck. Wieder aufgefunden, genügte es, die verschiedenen Streifen aneinanderzulegen und zu versuchen, die ursprüngliche Einheit wiederherzustellen, um einen langen Text religiösen Inhalts vor Augen zu haben, der das ganze Ritual betraf, das anläßlich der Zeremonien zu Ehren genau festgelegter Gottheiten zu bestimmten Zeitpunkten des Jahres zu erfüllen war. Der große Enthusiasmus, der unter den Wissenschaftlern wegen der Bedeutsamkeit des Fundes aufkam, sollte sich leider bald verflüchtigen: Sehr schnell bemerkte man, daß sich die Formeln zumeist wiederholen und daß dieselben Wörter in großer Häufigkeit wiederkehrten; die für eine sprachwissenschaftliche Untersuchung nutzbaren – weil neu – überstiegen nicht die Zahl von fünfhundert. Trotz alledem bleibt die Zagreber Mumienbinde (so genannt, weil sie im Nationalmuseum dieser Stadt aufbewahrt wird) der umfangreichste und ausführlichste Text von denen, die wir besitzen.

Den anderen großen Fund, aufgrund dessen man hoffte, die etruskische Sprache entschlüsseln zu können, bildeten die berühmten Täfelchen von Pyrgi, deren Entdeckung auf das Jahr 1964 zurückgeht. Es handelt sich um drei Goldbleche von Votivcharakter, die ursprünglich an der Wand des städtischen Tempels angebracht waren. Zwei Texte sind in etruskischer Sprache gehalten, der dritte in phönizischem, vielleicht punischem Idiom.

Auch dieses Mal sollte, wer den Fund als den ›Stein von Rosette Etruriens‹ begrüßt hatte, seine Meinung schnell ändern. Tatsächlich wurden einige Fortschritte auf der Straße des Kennenlernens der alten tyrrhenischen Sprache gemacht, doch wiederum ist der Text extrem kurz, und bedauerlicherweise ist die phönizische Übersetzung (was auf bilinguen Inschriften häufig vorkommt) nicht getreu wörtlich, weshalb sich auch die Goldbleche von Pyrgi nicht als geignter Schlüssel zur Erklärung der Art und Weise, wie die Etrusker schrieben und sprachen, sondern nur als hilfreiches Mittel zur Vertiefung der historischen Kentnisse über die Beziehungen zwischen Etruskern und Phöniziern (oder Karthagern?) und über die Verbindung ihrer Religionen miteinander herausgestellt haben.

Wir könnten noch lange bei der Prüfung dieser Dokumente, die auf uns gekommen sind, verweilen. Es ist jedoch an diesem Punkt vielleicht interessanter, einige direkte Beispiele der etruskischen Sprache zu betrachten und dabei eine Art Interlinearübersetzung zu geben, so daß man verstehen kann, wieviele Wörter für uns noch unübersetzbar sind, und daß ein Großteil der Inschriften, die wir besitzen, bedauerlicherweise zumeist aus Eigennamen von Personen bestehen.

Beginnen wir mit zwei Prosopopöien, mit rhetorischen Figuren, in denen der Gegenstand vorgeblich selbst spricht; wir befinden uns auf jedenfalls für den Fachmann leicht verständlichem Niveau: hier sind nacheinander zwei Inschriften, eine erklärend mit Angabe des Eigentums des Empfängers, die andere mit einer Widmung für bestimmte Gottheiten; beide Vasen wurden zusammen in Cerveteri gefunden:

	mi	**qutun**	**karkanas**	
	ich (bin)	(die) Vase	von Karkanas	
und:				
	mini	**mulvanice**	**mamarce**	**velkhanas**
	mich	weihte	Mamarce (Mamercus?)	Velchana (aus Vulci?)

AMAZONENSARKOPHAG
(aus Tarquinia)

Das Material dieses schönen Werks wurde lange Zeit für Alabaster gehalten, doch eine petrografische Analyse hat es als kleinasiatischen Marmor erwiesen; das hat die Zweifel über die Zuschreibung des Sarkophags an die Etrusker wieder neu entfacht, manche möchten ihn der Kunst Kleinasiens zuweisen. Bleibt seine künstlerische Qualität: Auf den beiden Längsseiten sind Amazonomachien dargestellt, jeweils unterschiedliche Themen; auf der einen Seite hält Achilleus, in Liebe zur Amazonenkönigin Penthesilea entbrannt, sie als Sterbende im Arm, nachdem er sie verwundet hat; auf der anderen greifen zwei Quadrigen mit Amazonen einige junge griechische Krieger an. Auf dem Tympanum befindet sich ein Basrelief mit Aktaion, wie er von den Hunden der Artemis angegriffen wird, und auf der einen quadratischen Schmalseite des Kastens eine von einem Griechen niedergeschlagene Amazone sowie auf der anderen ein gemaltes Bild mit einem von einer Amazone besiegten Griechen. Der Sarkophag trägt den Namen der Verstorbenen, Rantha Huzcnai, und ist auf 370–360 v. Chr. zu datieren.

Bis hierher scheint alles ziemlich leicht, wenn man in diesen beiden Fällen den Unterschied zwischen dem Subjekt (mi ≈ ich) und dem Objekt (mene ≈ mich) im Kasus des Pronomens sowie die Häufigkeit in Betracht zieht, mit der Eigennamen vorkommen. Doch wenn wir weitergehen, erkennen wir, wie schwierig die Aufgabe des Sprachwissenschaftlers ist; hier ein Teil der Inschrift des sog. Ziegels von Capua, der ebenfalls rituelle Vorschriften enthält:

lethamsul	ci tartiria	cim cleva	acasri
dem (Gott) Letham	drei (?)	und drei (?)	müssen dargeboten werden

Es ist klar, daß es sich um eine Verpflichtung gegenüber der genannten Gottheit handelt, die der Gäubige zu beachten gehalten ist, so wie es klar ist, daß mit *tartiria* und *cleva* die Art der Weihegaben gemeint ist, mit denen der Gott gnädig gestimmt werden soll; doch worum es sich dabei in Wirklichkeit eigentlich handelt, ist uns zu wissen nicht gegeben. – Nachdem wir soviel von Grabinschriften gesprochen haben, wollen wir eine davon betrachten, und wir werden uns im Vergleich zur Begeisterung des Archäologen angesichts wegen ihrer wissenschaftlichen Bedeutung und ästhetischen Schönheit oft außergewöhnlicher Funde die Enttäuschung des Sprachwissenschaftlers vorstellen können, der sich häufig vor monotonen Wiederholungen von Personen- und Geschlechternamen befindet; die folgende stammt von der Wand der sog. ›Tomba del Cardinale‹ in Tarquinia:

ravnthus felcial	felces arnthal
von Ravnthu Felci	des Felci Arnth
larthial vipinal	sethres cuthnas puia
(und) von Larthi Vipina	des Sethre Cuthna Gattin

Aus diesem Gewimmel von Namen und Patronymika können wir nur eine Übersetzung der Art skizzieren: »[Dies ist das Grab] von Ravnthu Felci, [Tochter] des Arnth Felci und der Larthi Vipina, Gattin des Sethre Cuthna«. Was, offen gesagt, nicht viel ist.

Es wird, hoffe ich, klar sein, daß, wenn man mit Elementen dieser Art zu tun hat, das Problem der Erklärung der Sprache der Etrusker weit von einer Lösung entfernt ist, obwohl sie absolut nichts Geheimnisvolles an sich hat.

Welcher Art können die Hoffnungen und Perspektiven für die Zukunft dieser Forschungen sein? Sie sind an neue Funde geknüpft, die unsere Kenntnisse erweitern können; dazu müssen wir umfangreichere Texte von verschiedenartigerem Inhalt haben, und es bedarf der so oft gewünschten Zusammenarbeit zwischen Archäologen und Epigraphikern. Doch all dies hängt von der Forschung ab, die zu oft ins Stocken gerät, und auch, man muß es so sagen, vom Glück oder, wenn wir wollen, von der Gutwilligkeit der etruskischen Götter.

ANMERKUNGEN

1 Der Begriff bezeichnet die gegenläufige Art und Weise, wie mit Ochsen auf Feldern Furchen gezogen wurden (Anm. d. Übs.).

EINE SPRACHE, DIE NUR DIE ETRUSKER VERSTANDEN

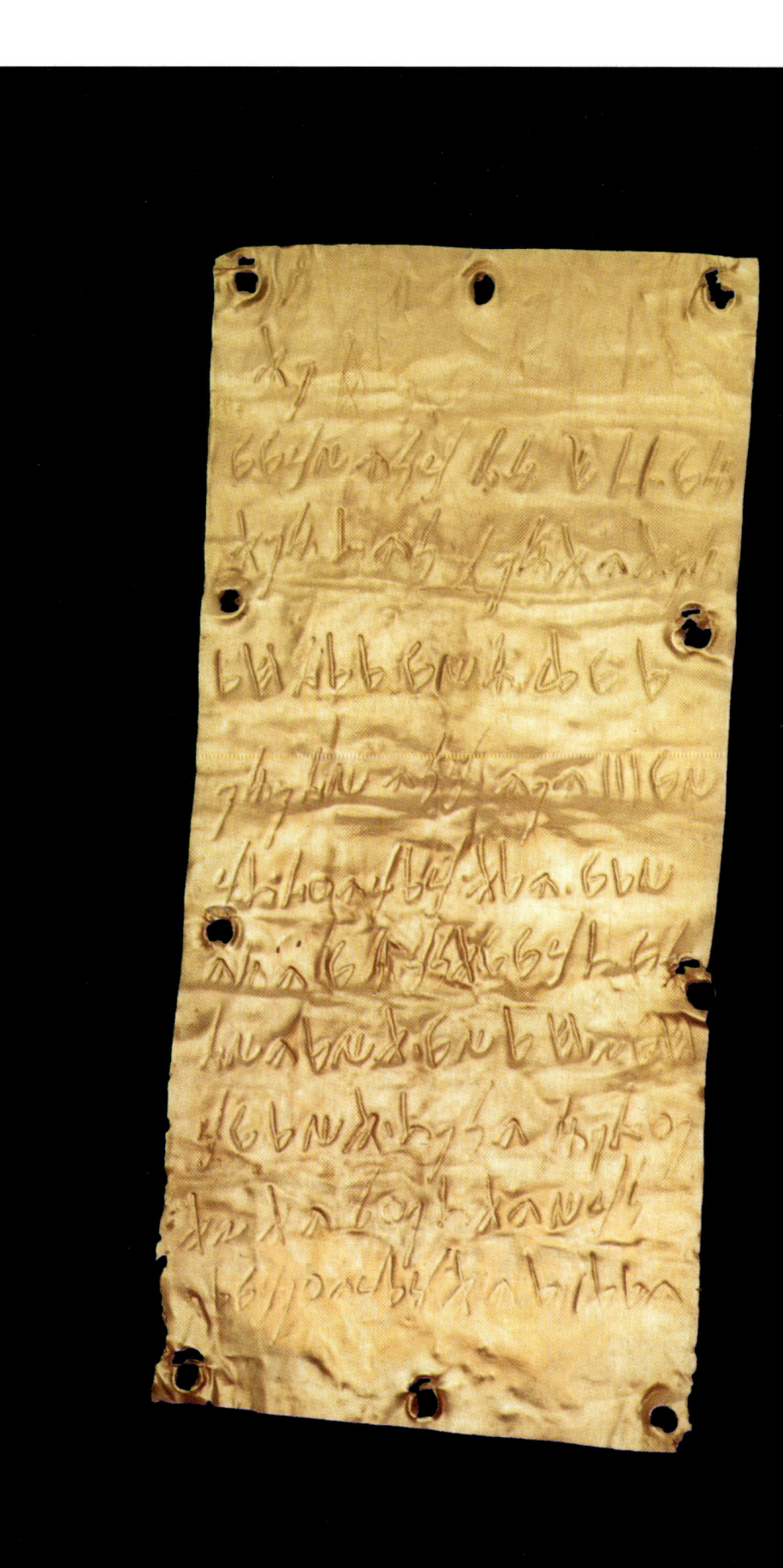

DIE GOLDBLECHE VON PYRGI
mit etruskischer Inschrift
Rom, Museum in der Villa Giulia

Die drei Goldbleche wurden 1964 gefunden, sie wurden für die Anbringung an den Wänden des der Göttin Uni geweihten Tempels hergestellt. Zwei von ihnen tragen eingravierte Inschriften in etruskischer Sprache, die dritte dagegen ist auf phönizisch abgefaßt und an die Göttin Astarte gerichtet. Man glaubte, endlich den Schlüssel zum Verstehen der etruskischen Sprache gefunden zu haben – etwas Ähnliches wie den Stein von Rosette, mit dessen Hilfe die Entzifferung der ägyptischen Hieroglyphen gelang. Die phönizische Inschrift war jedoch nicht die exakte Übersetzung des etruskischen Textes, daher stellte sich die Hoffnung, die Lösung zum Problem der etruskischen Sprache gefunden zu haben, sehr schnell als Täuschung heraus.

Die Inschriften der Täfelchen von Pyrgi haben – in beiden Idiomen – einen allgemeinen Inhalt, sie enthalten eine Widmung an eine weibliche Gottheit, die etruskische Uni bzw. die phönizische Astarte. Sie bilden ein wichtiges Zeugnis für die Beziehungen zwischen den beiden Großmächten des Mittelmeerraumes und sind in die Zeit um 500 v. Chr. zu datieren, als die Punier sich mit den Tyrrhenern verbündet und gemeinsam die Griechen bei Alalia (Korsika) besiegt hatten.

EINE SPRACHE, DIE NUR DIE ETRUSKER VERSTANDEN

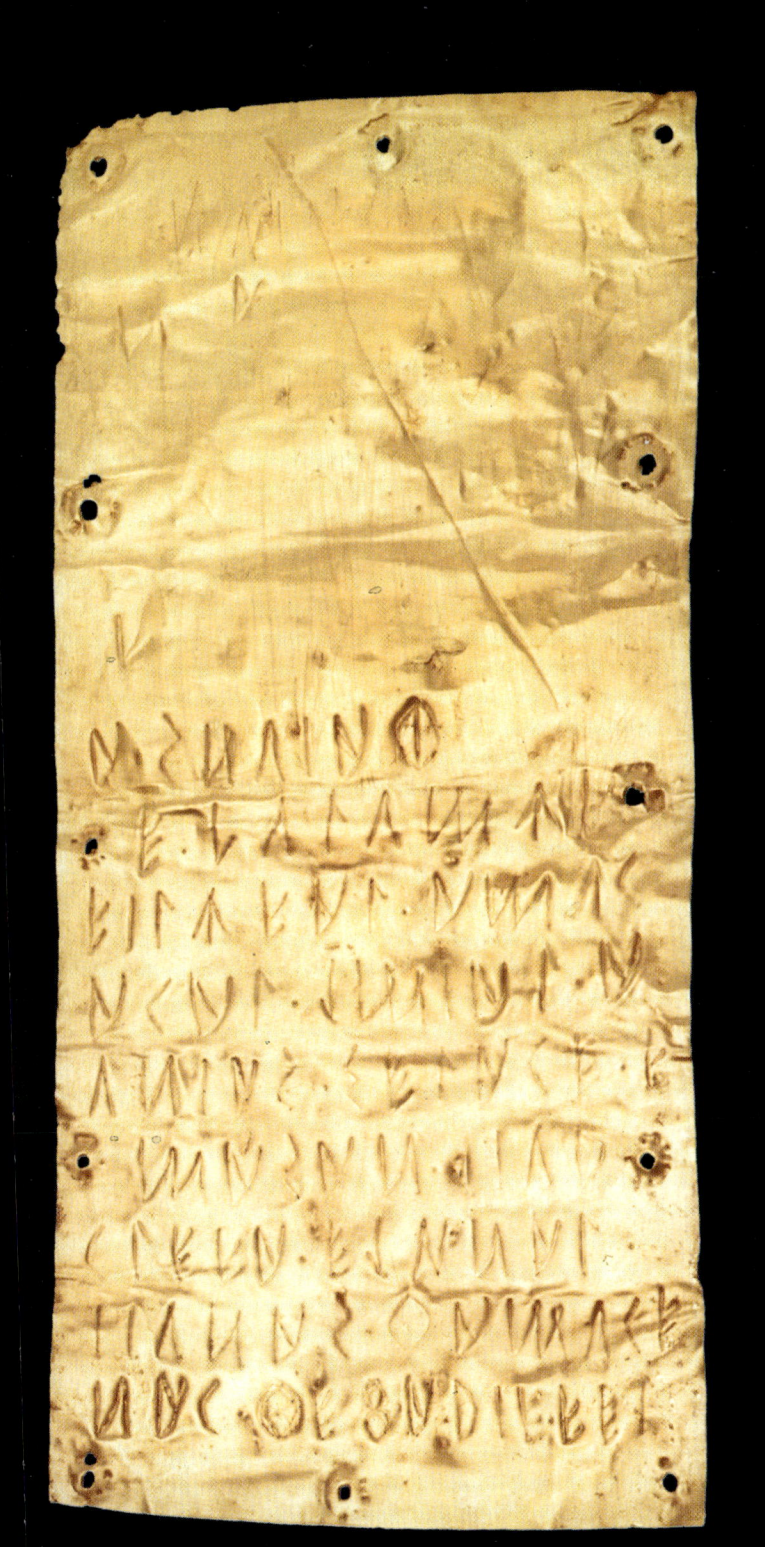

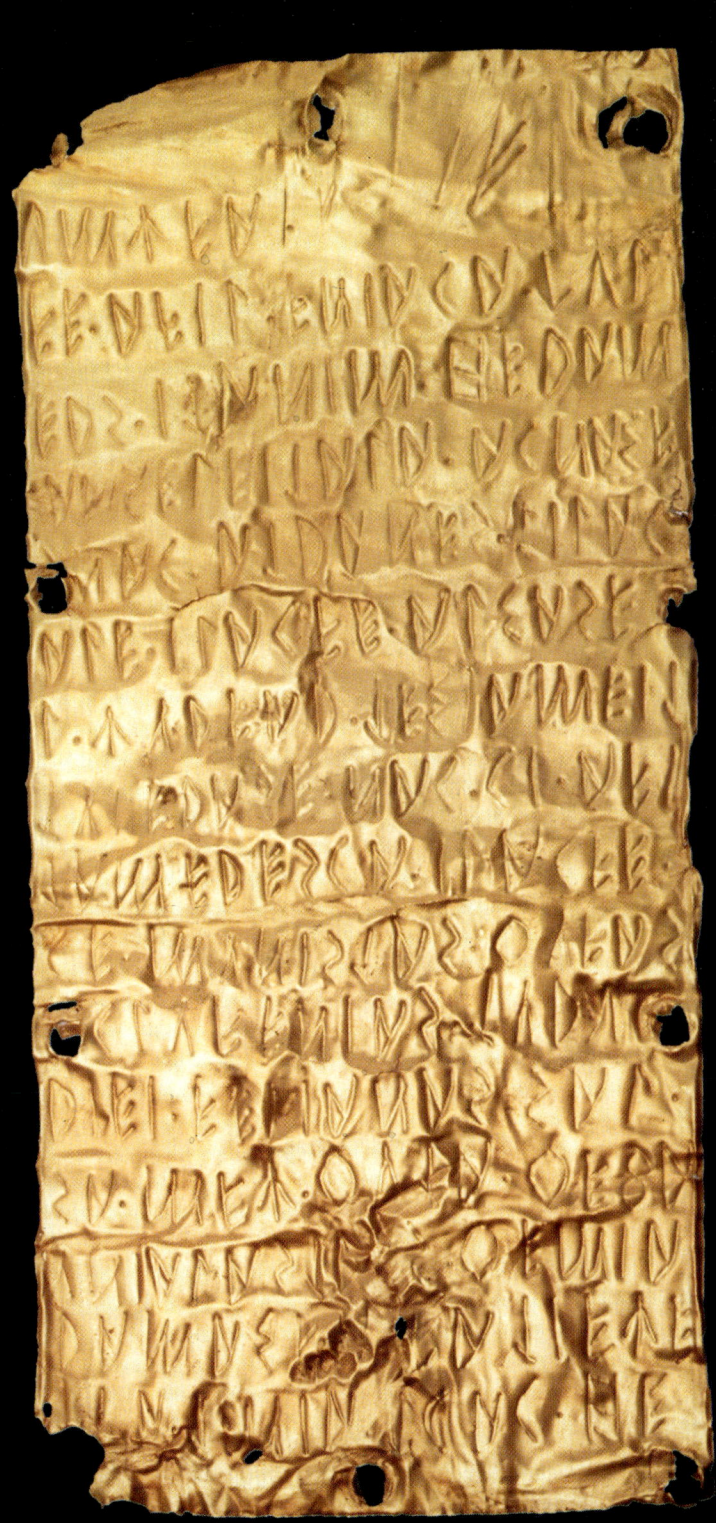

Eine gut organisierte Gesellschaft

Nach dem, was wir wissen (auch in diesem Fall haben wir das vollständige Fehlen direkter Quellen zu beklagen und müssen unsere Untersuchung auf die spärlichen, lückenhaften Bemerkungen der lateinischen Autoren gründen), war die politische Organisation des etruskischen Volkes in vielerlei Hinsicht derjenigen der griechischen *póleis* – Stadtstaaten – ziemlich ähnlich. Wir müssen jedoch berücksichtigen, daß die Grundlagen für Spannungen untereinander deutlich geringer waren und daß die Etrusker, als sie als sozusagen konföderiertes, aber einheitliches Volk auftraten, fast immer die Form eines Bündnisses bewahrten, bei dem die einzelnen Stadtstaaten miteinander durch eine bemerkenswerte Gemeinsamkeit in Religion, Wirtschaft und auch politischen Interessen verbunden waren. Besonders der übernatürliche Faktor, so scheint mir, stellte für die Etrusker das stärkste Band dar: sie gründeten ihre politische Organisation auf ein Bündnis der zwölf wichtigsten Städte ganz Etruriens, den sog. ›Zwölfstädtebund‹ bzw. den ›etruskischen Bund‹.

Alles hängt davon ab, wie wir den Begriff ›wichtigste‹ verstehen; anscheinend handelte es sich insbesondere nicht um eine rein ökonomische Frage oder eine Frage militärischer Macht, soll heißen: der Faktoren, die seit eh und je den Wechsel der Kräfteverhältnisse bestimmen, sondern darum, daß diese zwölf Städte göttliche Privilegien genossen, sich sozusagen über alle anderen und den gesamten Rest der Welt insoweit erhoben, als sie von einem Gott bevorzugt und daher Manifestation der übernatürlichen, kosmischen Ordnung auf Erden waren.

Wer war dieser Gott? Wir kennen seinen Namen: Voltumna, und wissen, daß sich der Zwölfstädtebund jährlich an seinem Tempel (dem *Fanum Voltumnae*) versammelte, offenbar um politische, ökonomische, militärische und soziale Fragen zu diskutieren, aber auch um gymnastische und athletische Spiele abzuhalten, die denen der Olympiaden des klassischen Griechenlands nicht unähnlich waren. Doch darüber hinaus können wir nur sehr wenig Sicheres sagen; auch hier gibt es also kein Geheimnis außer einer zuweilen fast irritierenden Zurückhaltung der uns zur Verfügung stehenden Quellen.

Dagegen kennen wir nicht mit Bestimmtheit das Geschlecht dieses (oder dieser?) Voltumna; die jüngsten Hypothesen akzeptieren den Gedanken der Zweigeschlechtlichkeit, was auch ein Beleg für das Alter des ihm / ihr gewidmeten Kultes wäre. Wo sich sein / ihr Fanum, d. h. Heiligtum, befand, ist uns nicht bekannt; hinsichtlich des Problems seines / ihres Ursprungs, auch der Lage dieses höchst bedeutsamen Ortes, haben die Archäologen lange ihrer Fantasie freien Lauf gelassen und sich auch darüber in die Haare bekommen. Es scheint sicher, daß es aus offensichtlichen geografischen Gründen im Zentrum des antiken Etruriens gelegen haben muß, sehr wahrscheinlich in der Gegend um den Bolsena-See; doch jenseits der unzähligen vorgeschlagenen Orte (um nur die hauptsächlichen zu erwähnen: Orvieto, Bolsena, Montefiascone, Chiusi, den Monte Becco am See von Mezzano) existiert keine Gewißheit; und, was schwerwiegender ist, kein archäologisches oder literarisches Zeugnis konnte jemals etwas zur Lösung dieses Problems beitragen. Und nochmals: es war von einem Zwölfstädtebund die Rede, und dieser Sachverhalt wird von vielen antiken Schriftstellern bestätigt, welche sich wohl hüten, uns eine Aufzählung davon zu liefern, um welche Städte es sich effektiv handelte.

Die Zahl Zwölf hat wahrscheinlich einen rituellen Charakter, so daß die Etrusker zum Zeitpunkt ihrer größten Ausbreitung entsprechende Konföderationen auch im sog. padanischen Etrurien und in Kampanien schufen; es könnte sein, daß es auch einen Berührungspunkt mit den berühmten ebenfalls zwölf Städten des Ionischen Bundes gibt – doch um welche handelte es sich tatsächlich? Wir können nur eine ganz unsichere Aufzählung versuchen: Zweifellos gehörten Arezzo, Cerveteri, Chiusi, Cortona, Peru-

EINE GUT ORGANISIERTE GESELLSCHAFT

ASCHENURNE VON MONTESCUDAIO
Florenz, Archäologisches Museum

Ein höchst interessantes Stück: Es handelt sich hier um eine Aschenurne, die auf das 7. Jahrhundert v. Chr. zurückgeht. Ihre Form zeigt deutlich den fortbestehenden Einfluß der Villanovakultur. Die Verzierung besteht aus großen reliefierten Hakenkreuzen; der – rundplastisch dargestellte – Verstorbene auf dem Deckel ist mit einer kurzärmeligen Tunika bekleidet und sitzt an einem runden, dreibeinigen Tisch, auf dem einige Brotfladen, wahrscheinlich Weihegaben, und Brote liegen. Zu seiner Seite steht ein Diener neben einem großen Weingefäß. Auf den Henkeln am Gefäßleib befinden sich zwei mit dem Verstorbenen praktisch identische Figuren.

gia, Populonia, Roselle, Tarquinia, Volterra dazu. Gewiß auch Veji, doch diese Stadt wurde 396 v. Chr. von den Römern zerstört und erobert; vielleicht nahm eine andere Stadt ihren Platz ein – welche? Und welches waren die anderen, die dazu zählten? Wir können unter den folgenden auswählen: Vetulonia, Volsinii (Bolsena), Falerii (Castellana Civita), Faesulae (Fiesole), Pisa, Salpirum (Orvieto?). Um nicht von Heba, Caletra (Marsigliano d'Albegna), Statonia (Castro oder Poggio Buco?) zu sprechen.

Ohne die Zweifel zerstreut zu haben, wollen wir jetzt sehen, wie es diesem Bund gelang, sich zu organisieren. Nach Servius[1] hatte Etrurien zwölf *lucumoni* genannte Könige, einen für jede Stadt des Zwölfstädtebundes, von denen einer – vielleicht jährlich gewählt – gegenüber den anderen eine Art Vorrangstellung innehatte. So etwas wie ein *primus inter pares*, wohlverstanden. Von diesen *lucumoni* kennen wir oft auch den Namen; Livius kommt uns mit seinen wenn auch fantasiereichen Rekonstruktionen zu Hilfe, obwohl er uns getreu seinem Ideal von *Romanitas* unter einer Decke des Schweigens die Tatsache verbirgt oder verhehlt, daß die Stadt Rom lange von den Tarquiniern regiert wurde (die offensichtlich aus reinstem etruskischem Geschlecht stammten), daß ein Mann aus Clusium (Chiusi) wie Porsenna die Existenz Roms selbst in Gefahr brachte, daß die Stadt Vulci mit ihren berüchtigten Anführern Aulus und Caelius Vibenna und dem sagenhaften Mastarna (derselbe vielleicht, der später unter dem Namen Servius Tullius König von Rom sein wird) sowie die Stadt Veji lange Zeit die militärische Macht der Latiner in Schranken hielten.

Das politische System der Etrusker scheint uns jedenfalls auf eine Ordnung aristokratisch-oligarchischen Typs gegründet gewesen zu sein, in der also die *lucumoni* die wichtigsten Würden und Ämter Mitgliedern aus ihrer eigenen Familie oder aus befreundeten bzw. verbündeten Familien anvertrauten; diese letzten, die Livius *principes* nennt, konnten offenbar ihren *cursus honorum* bis zur höchsten Würde durchlaufen. Eine gewisse Abmilderung dieses streng monarchischen Regimes dürfte es zwischen dem 6. und 5. Jahrhundert v. Chr. gegeben haben, als die politischen Entwicklungen im dicht benachbarten, einflußreichen Rom auch im Zentrum des erzkonservativen Etruriens nicht übersehen werden konnten. Doch scheint man mir nicht eindeutig sagen zu können, wie jedenfalls Pallottino geltend macht,[2] daß man zu einer Regierungsform republikanischen Typs überging. Es gab tatsächlich eine Reihe von Reformen, die auf eine Überwindung der streng aristokratisch geregelten Übertragung von Ämtern zielten, doch die Macht der dominierenden Klassen zur Ausübung ihrer Kontrolle dürfte fast völlig unangetastet geblieben sein, wenn es wahr ist, daß auf den Ex-Magistraten gewidmeten Grabinschriften weiterhin dieselben Geschlechternamen auftauchen. Das wird durch die Tatsache bestätigt, daß wir, wenn auch in der lakonischen Kürze der Quellen, starken Aufstandsbewegungen der untersten Klassen in Arezzo, Volterra und Volsinii gegenüberstehen, ein deutliches Zeichen der wiederum fast totalen Ausgrenzung, die diesen aufgezwungen worden war.

Tatsächlich wird erst die *Lex Iulia de civibus*, die zu Beginn des 1. Jahrhunderts v. Chr. allen Etruskern das römische Bürgerrecht gewährt, den Zusammenbruch einer traditionellen Gesellschaft wie der etruskischen hervorrufen, die es geschafft hatte, fast sieben Jahrhunderte lang fast unverändert zu bestehen, und den endgültigen Untergang einer Kultur bezeichnen, die jeden Rest von (auch unterdrückter) Autonomie verlieren und sich, nunmehr für immer, mit dem alles in sich aufnehmenden *populus Romanus* verschmelzen wird.

Es war vorher von wichtigen Ämtern die Rede. Wir wollen kurz sehen, um welche es sich dabei handelte; auch hier wird vorausgesetzt, daß wir nur recht wenig klare Vorstellungen davon besitzen.

BRONZESTATUETTE
Florenz, Archäologisches Museum

Die kleine männliche Figur hält in der Hand einen gekrümmten Stab; wäre er nicht abgebrochen, erinnerte er zweifellos an einen lituus, *den Priesterstab, von gleicher Form wie der Hirtenstab der heutigen Bischöfe. Die Statuette ist ein Zeugnis der Meisterschaft, die die Etrusker in der Bronzeverarbeitung erreicht haben, ein Metall, das sie genauso wie Gold mit unbestreitbarer Kunstfertigkeit zu benutzen verstanden. Die Bronzewerkstätten lagen in den meisten Fällen im etrurischen Binnenland, sie produzierten in großer Zahl Statuen jeder Größe, Geschirr und Geräte bis hin zu Spiegeln, alles Gegenstände von ausgezeichneter Qualität. Während die Griechen Marmor vorzogen, der ihnen auf den Inseln der Ägäis zur Verfügung stand, griffen die Tyrrhener angesichts dessen, daß der italische Stein weicher und insofern weniger haltbar war, in größerem Umfang auf Metall zurück.*

ANMERKUNGEN

1 Servius, Ad aen. VIII, 475
2 Pallottino, M., *Etruscologia*, Mailand 1968, S. 221
3 Heurgon, J., *Vita quotidiana degli Etruschi*, Mailand 1963, S. 77
4 Pallottino, M., op. cit., S. 227
5 Seneca, *Epistualae ad Lucilium*, XLVII, 2
6 Plutarch, *Bioi paralleloi (Parallelbiografien)*, Tiberius Gracchus, VIII, 9

Einer der häufigsten Titel auf den Grabinschriften ist der von der etruskischen Wurzel *zil-* mit ihren verschiedenen Endungsformen abgeleitete. Es scheint sicher, daß es sich hier um das wichtigste Amt des etruskischen Stadtstaates handelt, ein Amt, das Heurgon[3] mit dem der neun athenischen Archonten verglichen hat. Seine Zahl bei den Etruskern kennen wir nicht, doch es scheint nach Ausweis der Inschriften gewiß, daß auch in unserem Fall ein *zilath* für den Kult zuständig war, einer für die Interessen des niederen Volkes, ein anderer für die Justizverwaltung usw. Man hätte so eine exakte Entsprechung zu den lateinischen Titeln eines *praetor* oder eines *aedilis*.

Das andere nach Ausweis der Inschriften bedeutsame Amt ist das durch die Wurzel *purth-* bezeichnete; die Erklärung ist schwierig: wenn wir jedoch eine Inschrift aus Vulci betrachten, entdecken wir, daß ein gewisser Larth Tute, im Alter von zweiundsiebzig Jahren verstorben, siebenmal *zilath* und einmal *purth* gewesen ist. Man könnte das Amt als das des Vorsitzenden des Rates der *zilath* erklären, offenbar ein Wahlamt. Pallottino[4] denkt dagegen an eine Entsprechung zum latinischen *dictator*, einem politischen Krisenamt, auf das die Etrusker anscheinend so wie die Römer mit einer gewissen Häufigkeit zurückzugreifen gezwungen waren.

Wir haben vorher die weniger begüterten Klassen erwähnt; versuchen wir, dieses Thema weiter zu vertiefen. Aufgrund der Daten, die wir besitzen, können wir hier davon ausgehen, daß die etruskische Gesellschaft in zwei klar geschiedene Gruppen geteilt gewesen sein dürfte: die der Herren und die der Sklaven, was fast genau der traditionellen Teilung in Patrizier und Plebejer im Rom der ersten Jahrhunderte nach seiner Gründung entspräche. Natürlich dürfen wir nicht der Versuchung nachgeben, eine ganz drastische Einteilung vorzunehmen: Sicherlich existierte auch damals wie im alten Rom und wie heute die sog. ›Mittelklasse‹, die von Lohnempfängern von gewisser Wichtigkeit, Handwerkern, Lehrern, Verwaltungsangestellten usw. gebildet wurde, wenn auch in weit geringerem Maß verglichen mit heute; ein Großteil der Aufgaben, die heutigen Berufstätigen mit ›weißem Kragen‹ übertragen sind, wurde damals von Sklaven erledigt oder höchstens von Freigelassenen. Und die Etrusker waren gegenüber ihren Sklaven (die Seneca[5] euphemistisch Dienerschaft nennt) gewiß nicht zartfühlend: als Freunde der guten Tafel, wie wir sehen werden, duldeten sie nicht den geringsten Fehler oder die geringste Unannehmlichkeit, bei der Bedienung wie bei der Zubereitung der Speisen; die Rute lag bereit zum Schlag, und die Bestrafungen waren extrem streng. Da wir uns jedoch auf das stützen müssen, was uns die Römer erzählen – die sich niemals durch Liebe gegenüber den Etruskern auszeichneten – erscheinen die Dinge vielleicht nicht ganz so, wie sie waren.

Wir haben schon gesehen, daß ein Gutteil der Sarkophage für Sklaven und Diener bestimmt war. Auch in den Gräbern von Tarquinia und Cerveteri ist die Dienerschaft verewigt, abgebildet neben ihrem Herrn, während sie ihn bedienen. Ein Akt der Zuneigung? Oder wollten die unbekannten Maler dem Verstorbenen gefallen? So wie die Toten im Grab von Gegenständen begleitet wurden, die ihnen im Leben teuer waren, wurden sie vielleicht umgeben von ihren eilfertigen Dienern dargestellt? Jedem steht es frei, die ihm genehme Schlußfolgerung zu zu ziehen.

Zu den Sklaven gehörten auch die Bauern; bei den Etruskern gab es, wenn man ihr oligarchisches System betrachtet, tatsächlich auch eine recht deutlich erkennbare Form von Latifundienwirtschaft. Der Aristokrat war auch Großgrundbesitzer und bedurfte als solcher einer großen Zahl von Landarbeitern, die ihm die Ländereien bestellten. Eine kurze Bemerkung, von Plutarch[6] Tiberius Gracchus, dem bekannten Agrarfachmann, zugeschrieben, als dieser 137 v. Chr. durch Etrurien kam, um seine Pflicht als Soldat in Numantia zu erfüllen, konfrontiert uns mit bitterster Trostlosigkeit: Es hat den Anschein, als ob die tyrrhenischen Küstenstriche so gut wie verlassen und ausgedörrt, als ob dort nur mehr wenige ausgemergelte Bauern mit Tieren bei der Arbeit gewesen wären, die am Ende ihrer Kräfte gestanden hätten. Doch Achtung bei dem Datum: Wir befinden uns in einem Moment, in dem der Niedergang der etruskischen Macht schon nicht mehr fern war, und zweifellos litten unter dieser Krise die elementaren Tätigkeiten schwer.

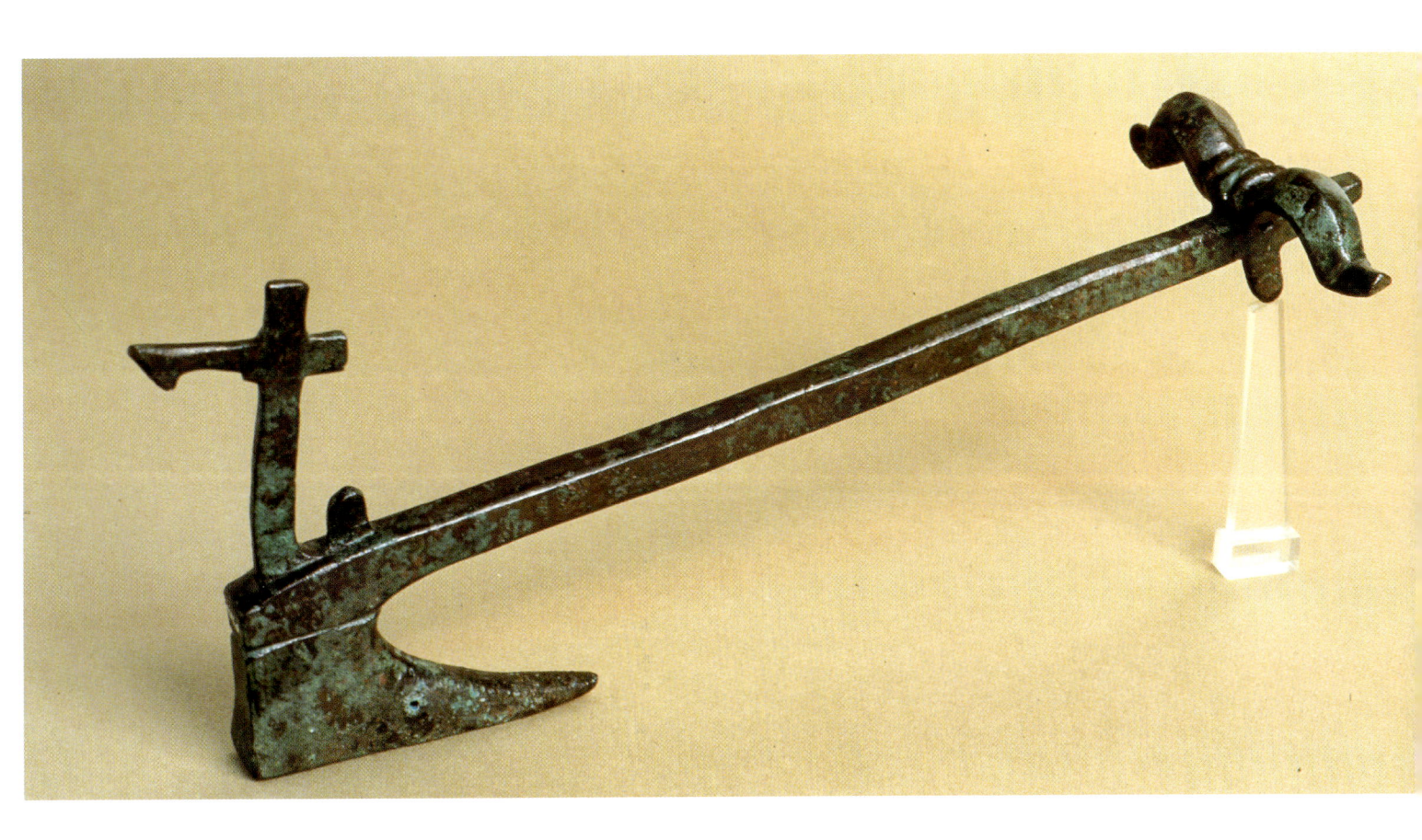

Alle anderen Quellen, Livius, Dionysios von Halikarnaß und andere, präsentieren uns Etrurien als üppig reiches Land, überaus reich an Getreide und Wäldern, mit süßesten Trauben, erlesenen Früchten. In diesem Zusammenhang waren die Bauern, Diener der Herren Etruriens, weitaus besser angesehen als ihre im Haus arbeitenden Kollegen; sie waren erfahren in ihrer Tätigkeit und praktisch unersetzlich, falls sie einmal ausfallen sollten.

Auch unter ihnen existierte eine genaue Aufgabenteilung: der eine war zuständig für das Getreide, der andere für den Weinberg, für die Herde usw. Der Eindruck, den wir davon haben, ist der einer kleinen abgesonderten Gesellschaft, fast einer Art Kooperative, auch wenn, wohlverstanden, zum ausschließlichen Vorteil und Dienst des Herren.

VOTIV-PFLUG
(aus Talamone)
Florenz, Archäologisches Museum

Diese Weihegabe zeigt deutlich die tyrrhenische Meisterschaft in der Herstellung landwirtschaftlicher Geräte, die sich auch in ähnlichen Beispielen in der Darstellung von Wagen zeigt. Die landwirtschaftliche Ausrüstung der Etrusker war von erster Güte, und tatsächlich konnten die Römer viel von ihnen lernen. Der Pflug der Mittelmeervölker war fast bis zum Beginn unserer Zeitrechnung extrem leicht, angepaßt an die Bodennatur und das hügelige Gelände; erst unter keltischem Einfluß wurde auch in Italien der moderne Pflug auf zwei Rädern eingeführt.

Die schrecklichen Götter

Das etruskische Volk hatte immer, bei den Alten wie bei den Heutigen, den Ruf, besonders religiös zu sein. Am Anfang steht Titus Livius,[1] der die Etrusker als Leute beschrieb, die mehr als alle anderen religiösem Kult und der Götterverehrung hingegeben seien, aber auch Dionysios von Halikarnaß[2] und andere Historiker haben zu einer solchen Vorstellung von unseren Tyrrhenern beigetragen. Handelte es sich jedoch um echten Glauben oder vielmehr um das, was Lukrez in seinem Werk *De natura deorum* als *religio* etikettieren wird, d. h. als Aberglauben, als sklavische Fügsamkeit gegenüber bestimmten genau festgelegten kulturellen Normen, bei deren Überschreitung man unausweichlich den Zorn der Götter auf sich zog?

Tatsächlich sind in der Religiosität der Etrusker einige Merkmale dieser Art gut zu beobachten: Für sie war es wichtig, mit einer Penibilität, die schon zur Pedanterie geriet, die rituellen Normen einzuhalten, die Einhaltung bestimmter Feiertage, die mehr, als man unter dem Begriff gemeinhin versteht, an das Wohlwollen oder den Zorn der Gottheiten gebundene mysteriöse Verpflichtungen darstellten, denen man unbedingt nachzukommen hatte.

Doch v. a. waren die Etrusker besessen von der Unterordnung unter den göttlichen Willen: Bevor man an irgendein Werk ging, an irgendeine Unternehmung, gleich welcher Bedeutung, war es nötig, sich auf dem direktest möglichen Weg an die Götter zu wenden, um zu untersuchen, zu entdecken, herauszufinden, ob sie mehr oder weniger wohlgesonnen seien oder das Vorhaben ohne weiteres hoffnungslos durchkreuzen würden.

All das steht – unter den Vorbehalten, auf die wir zurückkommen werden – in offensichtlichem Gegensatz zu der Art der Beziehung zwischen Mensch und Gott, die die Römer und Griechen hatten: die Griechen immer vom Gefühl der unbesiegbaren Übermacht des Schicksals, der *moíra*, erfaßt; die Römer dagegen (im übrigen, ich wiederhole es, nicht sonderlich an dem Problem interessiert) darauf bedacht, das Ganze in einem dialektisch-rechtlichen Verhältnis zu lösen (»ich gebe dir dies, du läßt mich dafür den Krieg gewinnen«, oder umgekehrt). Bei den Etruskern findet sich nichts dergleichen, stattdessen eine Art verdüsterter und gleichzeitig inbrünstiger Religiosität, die sich ganz auf den Umstand gründete, daß jeder Gegenstand, jedes Ereignis seine Bedeutung, seinen mahnenden Sinn hätte.

Doch beginnen wir der Reihe nach: An welche Gottheiten glaubten die Etrusker? Eine genaue Rekonstruktion ihres Götterolymps ist wieder einmal unmöglich. Es ist hinreichend klar, daß sie eine Theologie griechischer Art übernommen hatten, angefangen bei jenen göttlichen – oder als solchen anzusehenden – Wesen, die von jeder Volksgruppe als erste verehrt wurden: Leben, Tod, Krieg, Wasser, die Natur generell, jedenfalls allen Völkern des Mittelmeerraums gemeinsame göttliche Gestalten. Es fehlt jedoch eine klare Hierarchie, nach Art, wohlverstanden, des griechischen Olymps. Es gibt keinen Herrscher Zeus, und auch der oft zitierte Voltumna erscheint uns bisweilen als unheilvolles Ungeheuer, andere Male als Schutzkrieger Etruriens und dann wiederum als Gott (oder Nymphe) der Wälder und Seen. Von den Griechen übernahmen die Etrusker jedoch die strukturelle Grundlage ihrer Religion, auch wenn sie häufig ihren eigenen, wenigen Göttern den Vorzug gaben.

Sehen wir uns jedoch eine Art Vergleichstafel an, die die allen drei großen Kulturen des nördlichen Mittelmeers gemeinsamen Gottheiten enthält:

griechisch	etruskisch	römisch
ZEUS	TIN (TINIA)	IUPPITER
HERA	UNI	IUNO
ATHENA	MENERVA	MINERVA
HEPHAISTOS	SETHLANS	VULCANUS
APHRODITE	TURAN	VENUS
ARES	MARIS	MARS
HERMES	TURMS	MERCURIUS
PHOIBOS (APOLLON)	APLU (APULU)	APOLLO
ARTEMIS	ARITIMI	DIANA

Ganz deutlich existiert zwischen den jeweils drei Namen ein überaus enger entweder theologischer oder sprachlicher Zusammenhang; dieser wäre noch zu vertiefen, wenn wir in der Lage wären, die etruskische Deklination genau zu erkennen. Die sprachliche Verwandtschaft ist ziemlich evident; vielleicht existierte auch in der etruskischen Sprache derselbe Unterschied im Wortstamm, wie er sowohl im Griechischen wie im Lateinischen z. B. im Namen der Hauptgottheit vorliegt (griechisch: Zeu-s, Genitiv Di-ós; lateinisch: Iuppiter [<Iou-pater], Genitiv Iov-is)?

Es wurde gesagt, daß die Etrusker stets den nicht importierten Göttern den Vorzug gaben; das ist wahr. Neben dem, was sie aus Griechenland importiert hatten und was wahrscheinlich pari pari an die Römer weitergegeben wurde, finden wir eine zahllose Menge von Geistern, männlichen und weiblichen, geheimnisvollen und dunklen, von denen wir oft nicht einmal die Namen kennen, nicht zu reden von der Anzahl. Die antiken Autoren erwähnen die höheren Götter *(Superiores)* und die (zwölf) *Di Consentes*, die Ratgeber Jupiters beim Schleudern des Blitzes, doch offensichtlich waren sie nur bei weniger wichtigen Problemen gefragt; darüber hinaus die Penaten, die Laren und die Manen, Schicksalsgötter vielleicht, vielleicht – nach meiner Ansicht wahrscheinlicher – etwas Ähnliches wie die Heiligen der christlichen Religion.

Damit sind wir beim zentralen Punkt: Glaubten die Etrusker an ein Weiterleben im Jenseits? Und in welcher Form?

Versuchen wir eine Antwort und beginnen bei dem, was uns eine streng archäologische Untersuchung ihrer Gräber und ihrer Sarkophage vermittelt. Das Grab wird als Haus angesehen; oft wird es mit Statuen oder Malereien geschmückt, und immer werden darin die Gegenstände aufgestellt, die dem Toten lieb und teuer gewesen waren und die ihn auf der ewigen Reise begleiten sollten. Offenbar setzt eine Konzeption dieser Art den Gedanken eines Weiterlebens des Verstorbenen voraus, allerdings ist diese Vorstellung an die Gestalt gebunden, die er auf Erden hatte. All das gab es ganz offenkundig auch schon, als die ersten Etrusker, d. h. die Villanoveleute, die ihre Verstorbenen einäscherten, die verbrannten Knochen in Urnen von der Form einer Hütte beisetzten sowie in Kanopen mit Deckeln, die die Gesichtszüge des Verschiedenen wiederzugeben versuchen.

Also hatten sie eine sehr blasse Vorstellung von einem Weiterleben, die vollständig an das Diesseits gebunden war, fast als sollte der Tote sein normales Leben ein paar Meter unter der Erde fortsetzen, ohne irgendeine Idee von Belohnung oder ewiger Strafe.

DIE SCHRECKLICHEN GÖTTER

Die griechischen Einflüsse trugen zur Überwindung einer derart drastischen Vorstellung bei, doch glaube ich nicht in entscheidendem Maße. Der Gedanke an ein ›Leben im Jenseits‹ war für die Griechen immer sehr trostlos. Wer erinnert sich nicht an Achilleus im 11. Buch der Odyssee, der im Hades die »schöne Erde« beweint und die »ruhmreichen Zweikämpfe«, die er auf Erden hatte? Oder die überaus trostlosen dichterischen und figürlichen Darstellungen von Odysseus und Aeneas (des ersten im selben Buch der Odyssee und des zweiten im 6. Buch der Aeneis), die vergebens Mutter bzw. Vater zu umarmen versuchen? Dem Christentum mit seiner erhabenen Anschauung Gottes (Dante und viele andere haben versucht, uns das zu erklären) und auch, wenngleich in mehr erdverhafteten Formen, dem Islam mit seinen Huri, den Paradiesjungfrauen, ist es gelungen, diese Vorstellung radikal umzubilden, doch muß man anerkennen, daß die Idee, in einer Gruppe weinender Schatten zu enden, wenig reizvoll war.

Die Etrusker akzeptierten sie jedoch teilweise. Man schuf sich zwei Gottheiten oder besser zwei Unterweltsdämonen: Vanth, eine Gestalt, die das unabwendbare Schicksal repräsentierte, und dann Tuchulcha, einen Geier mit Eselsohren, der Schlangen als Waffen hat und wie Charon bei Vergil und Dante die Seelen in das Reich des Mysteriums hinüberführt. Wie gesagt, finden wir jedoch keine Form ewiger Glückseligkeit. Die Religiosität der Etrusker richtete sich im wesentlichen auf das Diesseits, auf, um es kurz zu sagen, das alltägliche Leben. Jedes Faktum wurde skrupulös registriert, und man suchte es als Vorzeichen oder göttliche Mahnung zu interpretieren. Zu diesem Zweck existierten richtige Handbücher, die offenbar zur Ausbildung der Priester dienten, die, sofern nötig, stets auf sie zurückgreifen konnten. Wir kennen die drei Hauptgruppen, in die diese Bücher eingeteilt waren: die *Libri haruspicini*, die die mittels der Prüfung der Eingeweide der Opfertiere durchgeführte Weissagung zum Inhalt hatten; die *Libri rituales*, die eine große Fülle während der Kulthandlung zu beachtender Vorschriften enthielten – zur exakten und möglichst erfolgversprechenden Durchführung der Opfer, zu den Regeln, die vor der Weihung eines Tempels für irgendeinen Gott zu beachten waren; schließlich die *Libri fulgurales*, die die korrekte Erklärung der Bedeutung von Blitzen betrafen.

Wahrscheinlich war das antike Etrurien buchstäblich von Wahrsagern bevölkert, und unter ihnen mußten sich jede Menge regelrechte Scharlatane befinden, schließlich enthielt ein Senatsbeschluß des 2. Jahrhunderts v. Chr. strenge Vorschriften dazu und stellte die Notwendigkeit heraus, einer inzwischen ausgesprochen heruntergekommenen Kunst ihr Ansehen wiederzugeben.

BRONZESPIEGEL

Ein prächtiges Stück mit eingravierter Verzierung von bemerkenswertem Interesse. Eine mythologische Szene aus dem klassischen etruskischen Repertoire, das auf figürlich verzierten Spiegeln häufig vorkommt: Laran, die männliche Gottheit des Krieges, verfolgt, wie der griechische Ares in den Gigantomachieszenen, Cel oder Cels Clan, den Sohn der Erde. Die beiden Gestalten kehren oft auch in Bronzestatuetten wieder, die zwischen die zweite Hälfte des 6. und die erste Hälfte des 5. Jahrhunderts v. Chr. zu datieren sind; Laran überläßt später seinen Platz Darstellungen des Herakles, dessen Kult aus Süditalien stammte.

DIE SCHRECKLICHEN GÖTTER

Der Himmel war präzise in verschiedene Abschnitte eingeteilt (gewöhnlich sechzehn), von denen jeder für eine – günstige oder ungünstige – Gottheit reserviert war; jedes Naturphänomen (Blitze, Lichte, Donner) wurde von seinem Ort her interpretiert und so als gutes oder schlechtes Vorzeichen beurteilt. Dasselbe geschah beim Vogelflug (erinnern wir uns an die fantasiereiche Erzählung bei Livius von der Gründung Roms). Nicht anders war es bei den Eingeweiden der Tiere, und hierzu verfügen wir über ein erstaunliches, merkwürdiges archäologisches Zeugnis: Es handelt sich um eine bronzene Schafsleber, aufbewahrt im Museum von Piacenza, deren gewölbte Seite in vierundvierzig Kästchen eingeteilt ist, jede mit dem Namen eines Gottes gekennzeichnet. Der Haruspex nahm nach der Opferung des Tieres die Leber heraus und suchte auf ihr nach Zeichen, Flecken oder etwas der Art; je nach Stelle, an der sie sich befanden, variierte die Bedeutung, die der Priester zu erfassen und zu deuten verstand; die Leber von Piacenza dürfte also ein Modell für das Studium dieser Wahrsagekunst sein oder eine ›Übersetzungshilfe‹ zum Gebrauch durch weniger in ihrem Handwerk beschlagene oder einfach vergeßlichere Haruspices.

Es existierten – und werden häufig von den lateinischen Quellen erwähnt – zahllose andere wundersame Ereignisse, die sich zur Deutung anboten; zum einen beispielsweise Kometen (generell als besonders schlechtes Vorzeichen betrachtet), Windrichtung und Stürme, die wir getrost akzeptieren können, ohne Vorbehalte über ihre Bedeutung zu haben; zum andern aber auch recht fantastische Begebenheiten, die sich jedoch offenbar in der etruskischen wie auch später in der römischen Welt ereigneten, wenigstens in ungewöhnlicher Häufung: Ich spiele auf die Regenströme aus Blut oder Milch an, auf den Zusammenstoß zweier Sterne, auf die Erscheinung mehrerer Sonnen am Blau des Himmels. Darüber hinaus maß man besondere Bedeutung den Träumen bei, und augenscheinlich waren die Etrusker extrem an Alpträumen schwangerer Frauen interessiert, so wie auch jedes Muttermal, jeder Fleck, jede Hautfärbung auf dem Körperchen eines Neugeborenen Gegenstand aufmerksamster Prüfung seitens des Wahrsagers war, der Lebensdauer, Schicksal, Schmerzen des Kindes vorhersehen konnte.

Bei den Etruskern griff die Untersuchung dieser Mahnzeichen buchstäblich auf jeden Aspekt des Lebens bis hin auf die umgebende Landschaft über. Alle schwarze Beeren tragenden Strauch- und Baumgewächse, von Brombeeren bis zu Lorbeeren, galten als den Mächten der Unterwelt heilig und daher als unheilvoll. Viel günstiger hingegen waren rote Früchte, Erdbeeren, Himbeeren und so weiter. Positiv die grüne Feige, absolute Verdammung galt der schwarzen, dasselbe bei Äpfeln, de-

BRONZESPIEGEL
mit eingraviertem Motiv (aus Volterra)
Florenz, Archäologisches Museum

Im Rahmen des etruskischen Kunsthandwerks ist die Toreutik besonders bedeutsam und wichtig, sie beweist künstlerische Fertigkeiten von hohem Niveau. Unter den Erzeugnissen dieser Art ragen die Spiegel hervor, die in großer Zahl gefunden wurden und einen höchst erlesenen Geschmack offenbaren. Auf der Konkavseite finden sich fast immer eingravierte Bildmotive von bemerkenswerter Qualität, die häufig von der epischen Überlieferung und der Mythologie inspiriert sind wie bei diesem Beispiel. Zu sehen ist nach einem wahrscheinlich etruskischen Mythos (im Gegensatz zum griechischen, der Hera als grausame Feindin des Herakles zeigt) die Göttin Uni, wie sie unter Anwesenheit weiterer göttlicher Gestalten in mütterlicher Zärtlichkeit einen bärtigen, zweifellos schon etwas herangewachsenen Herakles stillt.

ren gelbe oder grüne Sorten den geringsten Erfolg erzielten. Auch die Bienen wurden mit Sorgfalt beobachtet, doch wehe der Familie, die in einem Haus wohnte, unter dessen Traufe es vielleicht einem Bienenschwarm in den Sinn kam, sich niederzulassen! Eisen war weitbekannt und in Gebrauch, doch die erste Furche, mit der man die Trassen für die Mauern einer Stadt zog oder einfacher die Fundamente eines Hauses, mußte rigoros mit einem leuchtend bronzenen Pflug und unter dem wachsamen Blick eines Priesters gezogen werden.

Neben diesem Ritual der Zeichendeutung richtete sich die Religiosität der Etrusker auch auf Kulthandlungen gegenüber den verschiedenen Gottheiten. Auch sie hatten Tempel und heilige Orte mit Altären und Bildern der Götter, denen sie geweiht waren. Diese Gebäude besaßen gewöhnlich ein genau bestimmtes Schema, das Vitruv[3] als typisch etruskisch bezeichnet: Auf quadratischem oder rechteckigem (doch nur gering weniger breit als lang) Grundriß waren sie in der vorderen Hälfte als Säulenportikus zum Himmel hin meistens offen errichtet, während der hintere Teil in drei überdachte Cellae unterteilt war, von denen jede einer Gottheit gewidmet war. Der Bau wurde gewöhnlich mit leichten Materialien ausgeführt, mit überwiegendem Gebrauch von Holz, das oft mit polychromer – fein mit gewöhnlich geometrischen Malereien verzierter – Terrakotta verkleidet war.

Wir haben damit einen Gebäudetyp vor uns, der dem griechischen Tempel der archaischen Zeit ähnlich ist, auch wenn, wie Pallottino[4] bemerkt, der griechische Tempel ab dem 7. Jahrhundert allmählich einen Wandel zu einem fast vollständig aus Stein errichteten Monumentalbau hin durchmacht, während der etruskische Tempel im wesentlichen den Traditionen der Holzarchitektur treu bleibt und oft den dekorativen Reichtum der in Terrakotta gehaltenen Teile betont.

Die religiösen Handlungen, die sich innerhalb dieser Heiligtümer vollzogen, bestanden im allgemeinen aus zwei Teilen: Zuerst machte man sich daran, den Willen der Götter zu ergründen, indem man ein Tier zur Prüfung seiner Innereien opferte oder auch zur Prüfung der Witterungsphänomene oder der jüngsten Wunderzeichen schritt; dann machte man sich daran, die Hilfe der Götter zu erbitten oder ihren Zorn zu besänftigen und ihre Verzeihung zu erlangen, indem man Opfergaben darbot. Diese Opfergaben bestanden traditionellerweise aus Tieren, Lämmern, Ziegenböcken, Kälbern, doch konnten es auch unblutige Gaben sein, Brot, Wein, Getreide, Milch, entsprechend einer bäuerlichen Tradition, die auch weithin in Rom befolgt werden wird (es genügt, an das zu erinnern, was uns Tibull und Vergil erzählen).

Die *Libri rituales*, die in unserem Besitz sind (am bedeutendsten ist jene schon erwähnte Zagreber Mumienbinde), könnten uns angesichts dessen, daß sie in großer Zahl anscheinend liturgische Formeln, Anrufungen, Bitten enthalten, von großer Hilfe bei der Erklärung einiger Besonderheiten dieser religiösen Zeremonien sein; leider erlaubt uns unsere oberflächliche Kenntnis der etruskischen Sprache nicht, ihre Bedeutung vollständig zu ergründen, etwa so wie im Falle der *Carmina Saliaria* oder der *Carmina fratrum Arvalium* der römischen Kultur, die uns ebenfalls schwer

BRONZELEBER
Piacenza, Museo Civico

Die berühmte bronzene Schafsleber im Museum von Piacenza, die stark an ähnliche Beispiele der antiken assyrischen und chaldäischen Magier erinnert, ist ein wichtiges Dokument für die Kenntnis der Wahrsagekunst, die die Etrusker berühmt gemacht hat; sie galten als ausgewiesene Experten in der Interpretation der Zeichen des Schicksals. Die gewölbte Seite der Leber ist in vierundvierzig Fächer aufgeteilt, von denen jedes den eingravierten Namen einer Gottheit aufweist; gewiß diente sie als Modell für die Ausbildung der haruspices, *der* ›Leberschauer‹, *die nach vollbrachtem Opfer den Willen der Götter aus der Lage und der Größe der Flecken interpretierten, die auf den inneren Organen ihrer Opfertiere vorhanden waren.*

DIE SCHRECKLICHEN GÖTTER

OPFERNDER
IN TOGA,
GENANNT
PRIESTER VON
FANO
(aus Isola di Fano)
Florenz, Archäologisches
Museum

Die Bronzestatuette vom Anfang des 5. Jahrhunderts v. Chr. stellt eine stehende männliche Figur, in Chiton und Mantel gekleidet, dar; wichtig sind die Kleidung und das Würdezeichen, das er in der rechten Hand hält. Der Hut mit schmaler Krempe und einer Spitze obenauf erinnert an die von anderen männlichen Figuren, die als Priester gedeutet wurden, getragene Kopfbedeckung, und vielleicht ist er ein Vorläufer des Hutes der haruspices. *Der Gegenstand in der Hand ist ein mit einem Knauf an der Spitze versehener Stab, wahrscheinlich handelt es sich um einen* lituus, *ein Zeichen politisch-religiöser Macht. Die Wissenschaftler haben lange darüber diskutiert, ob die Statuette einen Würdenträger beim Opfervollzug darstelle oder einen Priester, doch die Mehrzahl neigt zur ersten Hypothese.*

DIE SCHRECKLICHEN GÖTTER

ANMERKUNGEN

1 Titus Livius, *Ab urbe condita libri*, V, 1, 6
2 Donysios von Halikarnaß, *Römische Altertumskunde*, I, 30, 3
3 Vitruv, *De architectura*, IV, 7
4 Pallottino, M., *Etruscologia*, Mailand 1968, S. 287
5 Seneca, *Naturales quaestiones*, II, 32, 2

verständlich bleiben. Wir können nur aus der Untersuchung mancher Spiegel und mancher Malereien folgern, daß die religiösen Zeremonien von Musik und oft von Tanz begleitet waren. Die Anwendung der Kultpraktiken muß auf allen Ebenen äußerst verbreitet gewesen sein. Das beweist die enorme Zahl von Votivgaben, die auf einstmals zu Gottesdienstzwecken dienenden Plätzen gefunden worden sind; gewöhnlich handelt es sich um Statuetten der Gottheiten, an die man sich wandte, um Gefäße mit einer Aufschrift (wie die, die wir im Kapitel über die Sprache untersucht haben) oder um richtige Exvoto, offenbar für empfangene Heilung, ähnlich denen, die sich in allen Religionen zu allen Zeiten und an allen Orten finden: den gewöhnlich in Ton nachgebildeten erkrankten Körperteil. Besonders der handwerkliche Charakter dieser Votivgaben meistens ohne künstlerischen Wert beweist den volkstümlichen Ursprung und nach aller Wahrscheinlichkeit die weite Verbreitung der Religiosität unter den Etruskern.

Eine letzte Erwägung: Wir haben ausführlich von der etruskischen Religiosität gesprochen, aber bemerken müssen, daß ihr nichts von dem entspricht, was wir Spiritualität nennen, daß sie mehr formal als real erscheint und auf den Drang gegründet, den göttlichen Willen zu erkennen, um dann zu versuchen, ihm zu entsprechen, ihn in die Tat umzusetzen. Eine Religiosität für Verlierer also, in der der Mensch sich in einer Position totaler, vollständiger Unterordnung gegenüber der Gottheit befindet; etwas Ähnliches hätte es nach einer geläufigen, allerdings oft in Frage gestellten Auffassung im Falle der Asketik und der Resignation der Christen des Mittelalters gegeben.

Die Bedeutung der Religion, und das ist klar zu verstehen, zieht eine Vorherrschaft der Priesterklasse nach sich, die als eifersüchtige Wächterin ihrer eigenen Privilegien immer dazu tendierte, die Erklärung des Göttlichen in ihren Händen zu konzentrieren, im Bewußtsein der fundamentalen Bedeutung, die ihre Funktion gegenüber dem Volk auf der einen Seite und den Mächtigen auf der anderen besaß. Oder vielleicht resultierte all das direkt aus einem unbewußten Wunsch nach Macht und Herrschaft seitens der Priesterklasse über die Aristokraten selbst. Auch in diesem Fall müssen wir schnell kapitulieren: Die Spärlichkeit der interpretierbaren uns zur Verfügung stehenden Quellen verbietet es uns, über einfache Vermutungen hinauszugehen, die sich fast einschränkungslos auf Wunschdenken gründen.

AIAX TÖTET SICH SELBST
(aus Populonia)

Eine elegante Bronzestatuette von hellenistischer Anmutung; dargestellt ist der tragische Augenblick der Selbsttötung des Aiax aus Verzweiflung darüber, daß nach dem Urteilsspruch die Waffen des getöteten Achill an Odysseus und nicht an ihn fallen sollten. Die Statuette gehörte zu den Beigaben eines Kastengrabes und war unter Schlacke aus der Eisenverhüttung begraben. Der Heros ist dargestellt, wie er sich gerade den Tod gibt, indem er sich in sein Langschwert stürzt; er ist nackt, der Kopf allerdings ist mit einem sehr großen Helm bedeckt, der einen prächtig gearbeiteten Helmbusch aufweist. Die Figur befindet sich in höchst lebendiger Bewegung: Aiax streckt den rechten Arm, im Gestus verzweifelten Flehens, nach außen von sich.

Um die Art Religion besser zu verstehen, die die Etrusker praktizierten, reicht es, die von Seneca[5] dazu gegebene Erklärung zu lesen; höchst geistreich bemerkt er einmal: »Der Unterschied zwischen uns und den Etruskern ist folgender: Wir halten dafür, daß Blitze entstehen, wenn die Wolken aufeinanderstoßen; sie glauben, daß die Wolken aufeinanderstoßen, weil Blitze entstehen. Sie haben in Anbetracht dessen, daß sie alles, was geschieht, dem Willen der Götter zuschreiben, folgende Meinung: Nicht daß die Dinge eine bestimmte Bedeutung haben, weil sie passieren, sondern umgekehrt, daß sie wegen der Bedeutung passieren, die sie annehmen müssen.«

SARKOPHAG DER LARTHIA
Seianti (aus Chiusi)

Ein bedeutender Sarkophag aus polychrom bemalter Terrakotta; er stammt aus einem Kammergrab der Nekropole von Marinella di Chiusi. Die junge Frau ist halb liegend dargestellt, wie sie sich im Spiegel betrachtet und letzte Hand an ihren Kopfputz anlegt und dabei den Mantel aus feinem Stoff über den Kopf zieht. Nicht weniger bedeutend als die Gestalt ist der Triglyphen-Metopen-Schmuck des Kastens. Im Sarkophag selbst wurde eine Münze gefunden, die das Datum in die Zeit zwischen 217 und 147 v. Chr. festlegt. Der Name der Verstorbenen, Frau von Svania, ist am Rand des Kastens eingraviert und auf dem Deckelrand aufgemalt. Larthia, aus dem Geschlecht Lars, ist ein recht vornehmer Name; Edelfrauen mit diesem Namen wurde die Tomba dei Letti e dei Sarcofagi des Tumulus 11 von Cerveteri geweiht, außerdem, ebenfalls in dieser Stadt, die reich ausgestattete Tomba Regolini-Galassi, wo der Name auf dem prachtvollen Silberensemble von fünf Bechern, sechs Tassen und einer Kleinamphora eingraviert ist.

CERVETERI, BANDITACCIA-NEKROPOLE

Cerveteri (auf etruskisch vielleicht Chaere, auf griechisch Agylla) war eine der angesehensten Städte an der Küste Etruriens; so bezeugen es auch der Historiker Dionysios von Halikarnaß und der Geograf Strabon von Apameia. Vom Ende des 8. bis zum Ende des 6. Jahrhunderts v. Chr. besaß sie dank florierender Landwirtschaft und dank dem Besitz reicher Erzlagerstätten bedeutende wirtschaftliche Macht. Hier kamen über lange Zeit die größten Künstler des Mittelmeerraums zusammen, v. a. Griechen und Phönizier, die letzten besonders auf Silberverarbeitung spezialisiert. Großartig sind ihre Nekropolen, von denen die Necropoli della Banditaccia mit zahlreichen Gräbern und Tumuli, alle in vorzüglichem Erhaltungszustand, die größte ist.

DIE SCHRECKLICHEN GÖTTER

Die etruskische Familie

Bei erster oberflächlicher Prüfung kann man den Eindruck haben, daß sich die etruskische Familie nicht sehr von der traditionellen der Griechen und Römer abhöbe, die als Institution in den wesentlichen Zügen bis in unsere Tage überlebt hat. Auch die Etrusker hatten nämlich als Grundlage einen von Vater und Mutter gebildeten Kern, in dem diese mit den Kindern und bisweilen mit Großeltern und Enkeln zusammenlebten. Und es scheint, daß es auch eine ziemlich feste Institution war, wie es uns durch eine große Anzahl Inschriften bezeugt ist, auf denen der Name der Frau und der Kinder, auch wenn sie noch lebten, neben dem des Verstorbenen wiedergegeben wird, wie um ihn liebevoll auf die lange Reise ins Jenseits zu begleiten.

Die Existenz einer höheren Form ehelicher Liebe wird uns in einleuchtender Weise durch den Eheleutesarkophag von Cerveteri bezeugt; man muß sie nur betrachten: leicht lächelnd (mit jenem geheimnisvollen spöttischen ›etruskischen Lächeln‹, auf das wir zurückkommen werden), gemeinsam auf dem Totenbett ausgestreckt, der Arm des Gatten in zärtlicher, schützender Geste um die Schultern der Frau gelegt, dem sich die Frau in völligem Vertrauen und grenzenloser Sicherheit ergibt. Zweifellos ist es das gleichsam sprechende Porträt des ›vorbildlichen Ehepaars‹.

Doch wenn wir aufmerksamer die Inschriften prüfen, die wir besitzen, entdecken wir, daß die Einrichtung der Familie bei den Etruskern sich beträchtlich von der griechischen und römischen unterschied. Es scheint nämlich nicht, daß die Gestalt des Vaters jene Züge rigider Strenge und absoluter Obergewalt gegenüber Kindern und Ehefrau besaß, die dem römischen *pater familias* eigentümlich sind. Ebenso taucht in vielen Fällen auf den Grabinschriften neben dem traditionellen Patronymikon auch der Name der Mutter auf, eine bei den Römern und selbst den Griechen absolut undenkbare Sache, die unbeugsam patriarchalisch ausgerichtet waren. Außerdem werden die Frauen mit zwei Namen bezeichnet: dem eigentlichen Namen (an etwas anderes hätten die Römerinnen gleich welchen Ranges überhaupt nicht denken können) und dem vorangestellten Vornamen; das wird als Hinweis darauf gedeutet, daß sie sich einer besonderen Wertschätzung erfreuten, sei es im Schoß der Familie, sei es im gesellschaftlichen Leben. Zudem noch, höchst ›suspekter‹ Umstand, genoß die etruskische Frau äußerst geringe Wertschätzung bei den zeitgenössischen Griechen und Latinern. Theopomp, der bekannteste Schwätzer der Antike, verstieg sich dazu zu behaupten, daß die Etrusker alle ihre Frauen als Gemeingut betrachteten, so daß niemand mit Bestimmtheit den Namen des eigenen Vaters kannte – eine Behauptung die völlig der Strenge der etruskischen Inschriften widerspricht. Doch diese Stimme steckte auch zuverlässigere Autoren an: Plautus bezichtigt in einer berühmten Passage seiner *Cistellaria*[1] die etruskischen Frauen sich zu prostituieren, um die Mitgift ›zusammenzulegen‹. Und schließlich bemerkt der gestrenge Aristoteles, daß sie sich, um zu speisen, unter derselben Decke auszustrecken pflegten wie die Männer.

All das sind klare Zeichen dafür, was nunmehr als sichere Gegebenheit erscheint; die etruskische Frau hatte eine gänzlich von der der Griechinnen und Römerinnen verschiedene gesellschaftliche Stellung: diese, als Königinnen des Hauses und des häuslichen Herdes, waren gezwungen, im Schatten zu leben, ihrem Herrn und Gebieter zu dienen, sich allein um die Kinder zu kümmern; jene dagegen genossen Freiheiten, die der römischen *gravitas* als umstürzlerisch vorkommen mußten: sie konnten viel ausgehen, nahmen ruhig an den zügellosesten Banketten teil wie auch an allen Ereignissen des öffentlichen und privaten Lebens, von Tanz bis zu Konzerten, bis hin sogar zu Wagenrennen und Faustkampfveranstaltungen. Zwischen Etruskern und Römern klafft ein Abgrund in der Vorstellung von der Frau. Nehmen wir irgendeine der zahlreichen lateinischen Grabinschriften für Frauen, welche Attribute finden wir dort? Sittsam, gefügig, begabt zum Weben, Hüterin des häuslichen Herdes, Dinge, die die Etrusker gewiß hätten lächeln lassen, die offenere und freiere Vorstellungen besaßen.

Wir dürfen jedoch nicht glauben, daß sich diese Freiheit der Frauen allein in der Teilnahme an den Spielen und Vergnügungen der Männer manifestierte; sie konnten am politischen Leben teilnehmen, und Titus Livius registriert ein wenig erstaunt, doch tief darunter auch mit einer gewissen Bewunderung, die bemerkenswerte Rolle, die eine gewisse Tanaquil in der Karriere ihres Gatten Tarquinius Priscus spielte, die in nichts geringerem gipfelte als in der Königswürde Roms.

Diese bemerkenswerte Bedeutung also hat viele Gelehrte dazu geführt zu meinen, daß die etruskische Kultur sich auf eine Gesellschaft matriarchalen Typs gegründet habe. Das brächte uns zurück zu dem, was Herodot zum Thema der Völkerschaften Kleinasiens, insbesondere der Lyder sagt. Tatsächlich sagt der ›Vater der Geschichtsschreibung‹, daß bei diesen Völkern die Kinder den Namen der Mütter erhielten und daß, »falls eine freie Frau einen Sohn von einem Sklaven hat, das Kind als von guter Abkunft gelten wird. Doch wenn ein freier Bürger sich mit einer Sklavin verbindet, wird das Kind als Sklave betrachtet«.

Aber sacht: Es wird damit nicht gesagt, daß die Bedeutung der etruskischen Frau in ihrer Gesellschaft ein weiterer Beweis für die östliche Herkunft der Tyrrhener sei (für entsprechende Einflüsse und eine asiatische Komponente, ja: darüber können meiner Ansicht nach keine Zweifel bestehen); doch einer aufmerksamen Prüfung des gesellschaftlichen Panoramas der Etrusker hält die Matriarchatshypothese nicht stand. Das Matronymikon ist einige Male bezeugt, doch immer mit dem Namen des Vaters dabei, der jedoch viel häufiger allein auftaucht. Bei den wichtigen Personen, von denen wir Inschriften haben, fehlen Frauen; sie bekleideten also nicht direkt öffentliche Ränge oder Ämter. Es handelt sich viel einfacher um eine gesellschaftliche Gleichheit, um eine viel größere Wertschätzung, die die Frau in der etruskischen Welt im Vergleich zur griechisch-römischen genoß. In knappen Worten gesagt: Wenn in der römischen Familie der Vater Gesetz war, sprach in derjenigen der Tyrrhener die Mutter ruhig ihr Wort, und oft, nicht anders als es immer häufiger auch in unseren Tagen geschieht, war sie es, die sich mit ihren Vorstellungen durchsetzte.

Sicherlich mußten einige Probleme auftauchen, als die etruskische und römische Welt in Kontakt miteinander traten: Können Sie sich eine strenge und sittsame Claudia oder Livia ausgelassen auf einem zügellosen Bankett vorstellen? Oder eine Velcha oder eine Vibia gezwungen, den ganzen Tag zu weben oder Wolle zu spinnen oder korrekt dazusitzen? Ohne Zweifel gab es einige Konflikte: doch gewöhnlich siegten die Römer; vom 3. Jahrhundert ab zeigen etruskische Darstellungen weibliche Gestalten nur noch in schicklicher Haltung.

Die Frauen bewahrten jedoch die Genugtuung darüber, eine Repräsentantin von größter Bedeutung im Olymp der Etrusker zu besitzen: Bei ihnen hebt sich nämlich unter den Gottheiten in einzigartiger Weise eine Göttin mit Namen Leukothea (≈ weiße Göttin) hervor, die in den verschiedenen Städten, in denen sie verehrt wurde, unterschiedliche Benennungen trägt (entsprechend den Unterschieden des Kultes), bekannt auch unter dem lateinischen Epitheton Mater Matuta; sie steht um einiges höher als irgendeine Hera oder Minerva bei den Griechen und Römern. Sie war die Muttergöttin, in vielen Fällen gleichzusetzen mit der Erde und als solche respektiert und gefürchtet, weil sie außergewöhnliche Ernten oder schreckliche Hungersnöte bestimmen konnte. Und, das sei nebenbei gesagt, auch die fortgesetzte Verwurzelung dieses Kultes, so wie das sog. etruskische ›Matriarchat‹, dessen Grenzen wir gesehen haben, stellen indirekte Zeugnisse der Intensität der orientalisierenden Einflüsse auf die tyrrhenische

EHELEUTESARKOPHAG
Rom, Museum in der Villa Giulia

Dieser außergewöhnliche Sarkophag – der sog. ›Eheleutesarkophag‹ – besitzt ein ähnlich gut erhaltenes Gegenstück im Louvre und bildet ein hervorragendes Zeugnis des hohen Niveaus künstlerischer Fähigkeit, das die Bildhauer von Cerveteri erreichten. Man beachte die Harmonie des Ganzen und die Finesse in den Einzelheiten, die beide zur Schaffung des außerordentlichen Eindrucks friedvoller Schönheit beitragen. In der Darstellung des auf dem Ehebett liegenden Paares treten jene Merkmale tiefer künstlerischer Inspiration zutage, die die Etrusker nicht immer zu erschließen verstanden und die sich hier in der Einfachheit offenbaren, die sichtbar wird in den für den Archaismus typischen Regeln, in der heiteren Haltung der beiden Gestalten, im geschickten Spiel der Hände, in der Geste des Ehemanns, die nicht Autorität, sondern zärtlichen Schutz ausdrückt. Vergleicht man diesen Sarkophag mit den vielen anderen, auf denen der Verstorbene in seinem realen Äußeren – häufig in voller Fettleibigkeit – dargestellt ist, erscheint es klar, daß der Bildhauer hier den für das tyrrhenische Volk typischen Verismus vermieden und eine recht ungewöhnliche Idealisierung versucht hat. Die zarten Gesichtszüge, das zurückhaltende Lächeln, die ovalen, leicht dreieckigen Gesichter gehören zu einem äußerlichen Typus, der in irgendeinem damals bekannten Teil der Welt hätte geboren werden, leben und sterben können. Das beweist, daß der Künstler nicht die Darstellung eines besonderen Individuums mit genau bestimmten physischen Merkmalen im Sinn hatte, sondern den ewigen Etrusker.

DIE ETRUSKISCHE FAMILIE

APOLLON VON VEJI
Rom, Museum in der Villa Giulia

Vom Tempel von Portonaccio in Veji, einem der bedeutendsten sakralen Zentren Südetruriens, stammt die berühmte Terrakottastatue des Apollon, zu datieren um 500 v. Chr. Sie bildete Teil einer auf dem Tempelfirst aufgestellten Skulpturengruppe und läßt deutlich die in Etrurien noch herrschenden griechisch-orientalischen Einflüsse spüren. Die Zuweisung der Gruppe ist nahezu unbestritten: Es dürfte sich um ein Werk des berühmten Vulca handeln, des etruskischen Bildhauers, dessen Name – als des einzigen – dank den Erwähnungen bei antiken Schriftstellern auf uns gekommen ist. Die Terrakottawerkstätten der Vejenter Bildhauer waren das ganze 5. Jahrhundert v. Chr. über bis zum Verlust der Unabhängigkeit dieser Stadt in Latium tätig.

Kultur dar und belegen eine unbestreitbare Fortdauer aus dem Osten gekommener Traditionen sowie einen ungewöhnlichen Überrest neolithischer Bräuche im westlichen Mittelmeerraum.

Bleibt kurz auf die Frage der Kinder und ihrer Erziehung einzugehen; ich habe gesagt kurz, weil es zu diesem Thema leider nur sehr wenige Zeugnisse gibt, einige Grabinschriften, die ein besonderes Interesse verraten. Es handelt sich um Kindern gewidmete Inschriften, die im frühesten Alter verstorben sind, mit zwei oder drei Jahren: Der Name des Kleinen oder der Kleinen wird zusammen mit dem angegeben, was mit fast absoluter Sicherheit ein Diminutiv ist (oder, wenn wir so lieber wollen, ein Kosewort). Als Beispiel mag dienen Ravntza oder Agatinia anstelle der gewöhnlichen Formen Ravntu oder Agatn (gut vergleichbar mit den bei den Latinern üblichen Formen wie Livilla oder Rufilla, ähnlich in anderen Sprachen). Hier haben wir ein unbestreitbares Zeugnis von Zuneigung vor uns, das fast gerührt machen könnte, wenn wir es im Abstand von zweitausendfünfhundert Jahren wieder lesen.

Schließlich zeigen uns einige Vasenmalereien den jungen Etrusker beim Üben mit Waffen oder während er dem Unterricht eines strengen Lehrers folgt. Nur wenige Schlüsse können wir daraus ziehen: Sehr wahrscheinlich existierten in diesem Punkt keine großen Unterschiede im Vergleich zu griechischen Sitten (athenischen, wohlgemerkt, mehr als spartanischen), die später von den Römern übernommen werden.

ANMERKUNGEN
1 Plantus, *Cistellaria*, 562 f.

DIE ETRUSKISCHE FAMILIE

Häuser nach Menschenmaß

Bis vor einigen Jahrzehnten war eines der Hauptprobleme des berüchtigten ›Rätsels‹ der Etrusker, das wir nach und nach zu enthüllen suchen, das des Städtbaus und das der damit eng verbundenen Hausarchitektur.

In der Tat war die Aktivität der Archäologen bis unmittelbar nach dem Krieg im wesentlichen auf die Nekropolen gerichtet, die dem Entdecker dank der Pracht der Funde mehr Ruhm einbringen konnten.

Die Untersuchung der Ortschaften wurde so oft vernachlässigt, und als Städte oder Dörfer gefunden wurden, zielten die Ausgrabungen in häufig überhasteter Weise mit größerer Aufmerksamkeit auf die Funde, die sie zutage brachten, als auf eine wissenschaftliche Untersuchung ihrer Struktur und Organisation. In den letzten Jahren hat sich dieses ziemlich deprimierende Bild radikal geändert: Die systematischen Grabungen in Marzabotto, wenige Kilometer von Bologna, oder im eigentlichen Etrurien in den Ansiedlungen von San Giovenale und von Acquarossa in der Provinz Viterbo haben es erlaubt, wenn nicht eine vollständige, so doch wenigstens deutlichere Anschauung von den Aspekten der Frage zu erhalten. Und, nebenbei gesagt, die laufenden, leider noch nicht endgültig publizierten Ausgrabungen von Roselle dürften uns entscheidende Erkentnisse bringen.

Marzabotto, das antike Misa oder Misma, bildete eine Anlage mit streng zueinander lotrecht und nach Himmelsrichtungen ausgerichteten Straßen, ein System, das bei der Gründung neuer städtischer Zentren die Regel werden wird; doch hier sind wir in der Ebene, und wir können nicht daran denken, eine derart strenge Stadtanlage wie die von Misa in den etruskischen Städten Mittelitaliens vorzufinden, die auf natürlichen Anhöhen liegen und von fast unangeifbaren Mauern umgeben sind, durchzogen – unübersehbar – von gewundenen, auf- und absteigenden Wegen. Überdies wurde Marzabotto im padanischen Etrurien sicherlich viel später gegründet und ganz zweifellos nach einem Plan, der ganz verschieden war von dem der großen erfolgreichen Städte Etruriens, dessen Macht im 7. bis 6. Jahrhundert in Blüte stand.

San Giovenale und Acquarossa haben eine erhellende Antwort geliefert: Die zum Wohnen bestimmten Gebiete besaßen einen unregelmäßigen Charakter von spontanem Zuwachs mit verstreuten Häusern auf der Akropolis ohne auch nur den geringsten regulierenden Plan. Die sakralen und profanen Baukomplexe hingegen, die das Zentrum des politisch-religiösen Lebens und der wirtschaftlichen Aktivitäten bildeten, scheinen eine regelmäßigere und geordnetere Anlage zu besitzen, so wie die in jüngerer Zeit erbauten Viertel. Auch die Mauern sind offenkundig in einem Zug errichtet; man kann daraus leicht ableiten, daß die etruskischen Städte über lange Zeit ohne sie auskommen konnten, da ihre Lage auf steil abfallenden Felsen, die sehr schlecht zu erklimmen waren, Schutz genug bot. Offenbar entschlossen sich die Etrusker dazu, ihre Städte zu befestigen, als der Fortschritt der Kriegstechniken ihren Fortbestand gefährdete; nachdem diese Entscheidung getroffen war, setzten sie sie ohne Rücksicht auf Kosten um: fast zehn Kilometer mißt der Mauerring von Tarquinia, neun der von Volterra, sieben der von Volsinii. Dabei wurden gleichzeitig immense bewohnbare Flächen auf lange Zeiten hin geschaffen (für Tarquinia hat man fast 160 Hektar errechnet), die freilich nicht alle für Bauten Verwendung fanden, sondern auch Parks, Weiden, Felder umfaßten.

Wieviele Einwohner mag es gegeben haben? Die Frage ruft eine Reihe disparater, häufig widersprüchlicher und fast immer aus willkürlich abgeleiteten Zahlen bestehende Antworten hervor. Heurgon[1] hat eine systematische Untersuchung der Frage versucht, wobei er sich auf die Prüfung der Nekropole von Caere stützte, die nahezu vollständig vermessen worden ist und wo die Toten der Stadt über sechseinhalb Jahrhunderte bestattet worden sind. Wenn man die Gräberzahl (ungefähr vierhunderttausend Tote in dieser Zeitspanne) der mittleren Lebensdauer gegenüberstellt und damit der Zahl der in der Stadt über sechshundertundfünfzig Jahre aufeinanderfolgenden Generationen, gelangt man zu einer Summe von ungefähr fünfundzwanzigtausend Einwohnern. Ein paar weniger vielleicht in den Anfangszeiten und in der Periode des Niedergangs, ein paar mehr während der Blütezeit; doch die Zahl scheint akzeptabel und kann sicher auch auf andere Städte des Zwölfstädtebundes mit einigen leichten Abwandlungen angewandt werden.

Wenn man zur Gründung einer neuen Stadt schritt, hatte man sich einer Reihe von Vorschriften zu unterziehen, die das Gelingen des Unternehmens sicherstellen sollten; die *Libri rituales* führen diese in allen Einzelheiten auf. Auch wenn wir nur recht wenig davon verstehen, kommen uns diesmal die Römer entscheidend zu Hilfe: Sie waren nämlich von dem Stadtgründungsritus außerordentlich fasziniert, so daß sie ihn selbst vollständig anwandten und uns darüber detailliert Rechenschaft geben, auch wenn sie sich auf das System der Stadtanlage beziehen, das Hippodamos von Milet im 5. Jahrhundert v. Chr. eingeführt hatte. Protagonist war der Haruspex, der die Stadt nach der Lage der Sonne ausrichtete; danach zog der designierte Gründer, indem er das Haupt mit der Toga verhüllte, mit einem von einem weißen Stier und einer weißen Kuh gezogenen Bronzepflug (wie wir schon gesehen haben) die Furche. Innerhalb dieses Kreises wurden dann die *insulae*, d. h. die Stadtviertel, und die Nebenstraßen abgesteckt. Die nach den Regeln errichtete Stadt mußte drei Tore, drei Tempel und drei Hauptstraßen haben.

Der von der Furche umschlossene Raum galt von da an für Fremde als unverletzlich, und nachdem die gunstheischenden Opfergaben an die Götter dargebracht worden waren, wurde feierlich verkündet, daß außerhalb davon zu bauen verboten war sowie daß man innerhalb nicht pflügen durfte.

Die Häuser der etruskischen Stadt erlauben einige interessante Beobachtungen: Während die Römer durchmischt wohnten und riesige Wohnblocks bauten, in denen verschiedene Familiengruppen in augenscheinlicher Harmonie zusammenlebten, gab es das in Etrurien nicht, wo jede Person oder jede Familie zur Befriedigung ihres Verlangens nach Frieden und Ruhe ein eigenes Haus besaß; das findet wenigstens bis zum 5. Jahrhundert v. Chr. seine genaue Entsprechung im Vorhandensein von Einzel- oder Einfamiliengräbern. Und weiter noch: So wie unsere Tyrrhener gegenüber den Gewohnheiten ihrer Frauen tolerant waren, waren sie auch gegenüber ihren Sklaven ziemlich liberal, so daß sie ihnen eigene persönliche Unterkünfte stellten.

Wie waren diese Häuser gebaut? Nach den antiken Quellen, insbesondere Vitruv, war der verbreitetste Bautyp das ›Atriumhaus‹, bei dem sich eine Reihe von Zimmern zu einem zentralen Atrium mit offenem Dach und Becken hin öffnete, in das das Regenwasser geleitet wurde. Schade nur, daß keine archäologische Ausgrabung jemals irgendwelche Häuser ans Licht gebracht hätte, die auch nur im entferntesten einer derartigen Beschreibung ähnlich wären. Versuchen wir, uns mit der Untersuchung der Gräber zu behelfen, unter dem Aspekt, daß die Bleibe des Verstorbenen fast immer der Spiegel der Wohnung des Lebenden ist; das gilt in noch höherem Ausmaß für die Etrusker, wenn wir ihr Verständnis vom Tod in Betracht ziehen. In einer sehr frühen Zeit sind wir mit einer Übergangsphase von ›hüttenartigen‹ Formen (wie den Villanova-Urnen) zu einer Wohnung mit geradlinigen Wänden konfrontiert, deren Grundriß schnell um eine Vielzahl von Räumen und mit dem Auftreten zunächst einer Art Hauptraum (das mykenische *megaron*?) angereichert wird, darauf des *atrium*, das es dem Baugrundriß der Häuser Pompejis immer ähnlicher werden läßt, ein typisches Beispiel des ›italischen‹ Wohnhauses. Und das würde Vitruv Recht geben. Warum also

ANMERKUNGEN

1 Heurgon, J., *Vita quotidiana degli Etruschi*, Mailand 1963, S. 204

wurden niemals ähnliche Beispiele dafür gefunden? Die Grabungen in Wohngebieten sind noch zu spärlich, als daß wir es uns erlauben könnten, zu definitiven Schlußfolgerungen zu gelangen, umso mehr, als die für San Giovenale oder Acquarossa erwähnten Grabungen Kleinstädte aus archaischer Zeit betreffen (Acquarossa insbesondere wurde um 500 v. Chr. aus immer noch mysteriösen Gründen zerstört und nie wiederaufgebaut). Wir dürfen nur hoffen, daß die künftigen Grabungen uns eindeutig bestätigen lassen, was jetzt noch alleinige Vermutung ist, nämlich daß Vitruv recht hätte und daß die kleinen Häuser mit zwei oder drei aneinandergefügten Räumen, wie sie in Acquarossa gefunden wurden, nur ein Beispiel für Wohnungen eines kleinen Dorfes Inneretruriens sind und daß die Häuser einer Stadt wie Vulci oder Caere hinsichtlich Bauweise und und Raumaufteilung sehr verschieden waren.

Was die Ausstattung betrifft – auch wenn wir nach dem, was wir von Etruskern wissen, meinen könnten, daß sie es sich an keiner Bequemlichkeit fehlen ließen –, können wir nach den uns zur Verfügung stehenden Fakten sagen, daß sie recht einfach war: Große Betten mit gedrechselten Füßen dienten dazu, sich um die Tische zu lagern und zu schlafen; im ersten Fall wurden vor ihnen niedrige Tischchen aufgestellt, auf denen die Speisen serviert wurden. Es gibt keine Spur von Schränken oder Kommoden, nur von einer Art Truhe, die offenbar zur Aufnahme von Wäsche und Garderobe diente, und von großen Tischen, auf denen das Geschirr aufgebaut gewesen sein mußte. Bis heute findet sich wenig Holz, ausgesprochen zahlreich hingegen waren die Gegenstände aus Bronze: massive Kandelaber, fein ziselierte Dreifüße, verzierte Kohlebecken gaben dem Raum ein weniger spartanisches Gepräge. Und die Stühle? Wir haben schon bemerkt, daß die Etrusker nicht so gern saßen; wenn sie nicht darum herum kamen, begnügten sie sich mit der Bettkante oder mit Klapphockern, wie man sie heute beim Camping benutzt. Praktisch keine Spur gibt es von Lehnsesseln, die die Römer so sehr schätzten, v. a. in der Kaiserzeit. Die Etrusker beschränkten sich auf Korb›sessel‹ mit runder Sitzfläche und gerundeter Rückenlehne; das wissen wir durch Darstellungen in einigen Gräbern, doch können wir ihre anscheinend vorhandene Bequemlichkeit nicht einschätzen, da wir sie nur auf dem Bild sehen.

HÄUSER NACH MENSCHENMASS

HÜTTENURNE
(aus Vetulonia)
Florenz, Archäologisches Museum

Gleichzeitig mit der Produktion bikonischer Vasen pflegten die Menschen der Villanova-Kultur den Brauch, die Asche ihrer Toten in Urnen der charakteristischen Hüttenform zu bewahren. Dieser Brauch war in Mittelitalien besonders verbreitet, dort, wo in den folgenden Jahrhunderten das Herz des eigentlichen Etruriens liegen sollte. Eine derartige Tradition zeigt schon deutlich starke kulturell geprägte Glaubensvorstellungen: sie offenbaren sich in der Absicht, die Überreste der Bestatteten in Behältnissen unterzubringen, die den Wohnungen ähnlich waren, in denen die Toten zu Zeiten ihrer irdischen Existenz lebten.

NORCHIA, FELSENNEKROPOLE

Die Felsennekropolen Südetruriens, die sich fast alle in der Gegend um Viterbo konzentrieren (die bedeutendsten sind Castel d'Asso, Barbarano, Norchia, Blera, Sovana), verdienen eine eigene Erörterung, da es sich um eine in ganz Kleinasien und im Osten überall bekannte Bestattungsform handelt, die in Italien jedoch nur bei den Tyrrhenern in einer geografisch sehr begrenzten Zone Verbreitung gefunden hat, und zwar in den Gebieten zwischen dem Bolsena-See und dem Bracciano-See. In diesen Landstrichen bietet sich die durch Tuffstein und Erosionstäler geprägte Landschaft natürlich zur Anlage von Gräbern an Felswänden an.

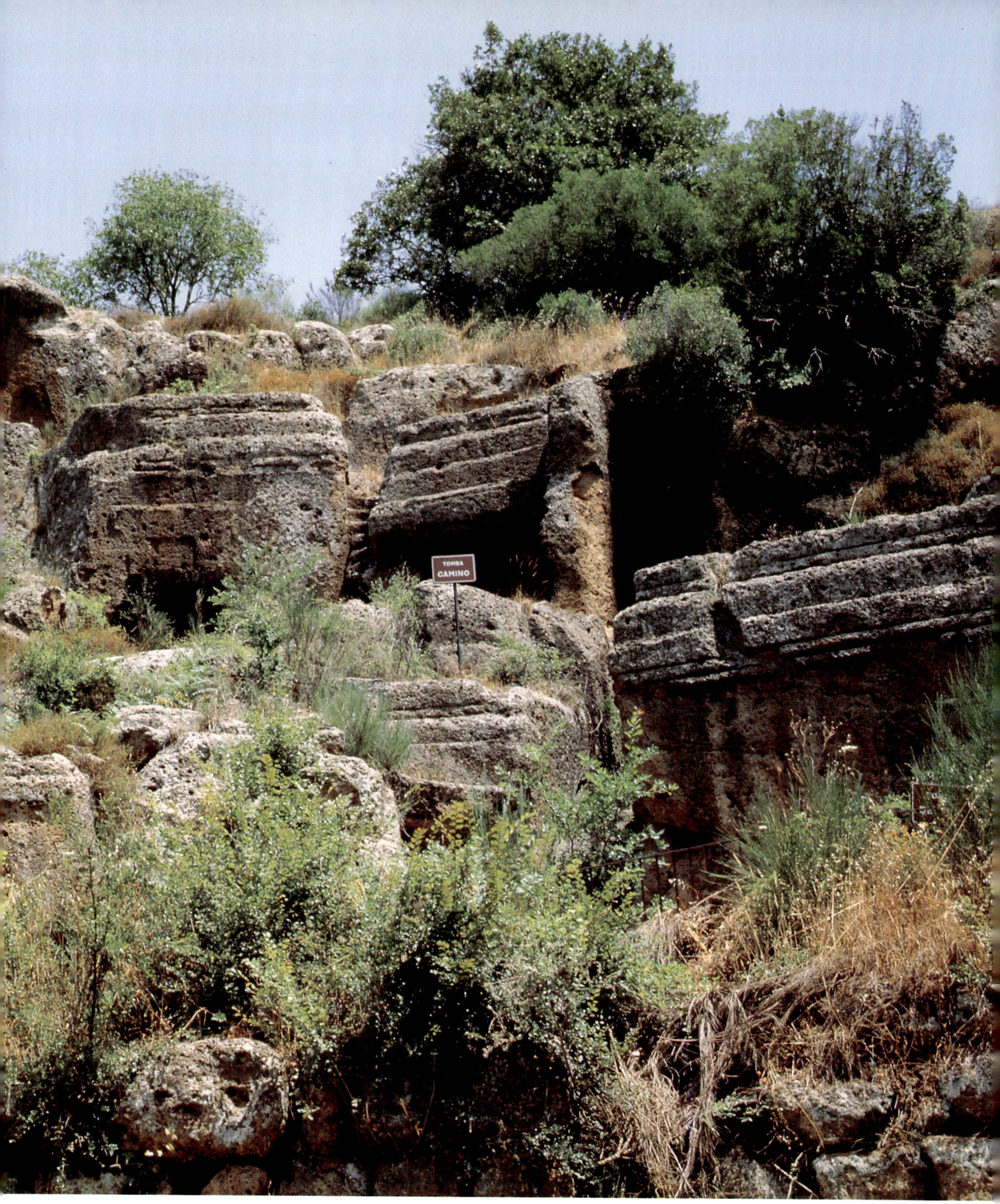
TOMBA
CAMINO

Äußere Erscheinung und Mode

Gehen wir an unsere etruskischen Freunde ein wenig näher heran; versuchen wir, sie von nahem in Augenschein zu nehmen. Wie sahen sie äußerlich aus? Wir sind so daran gewöhnt, daß es äußerlich keinen ›typischen‹ Italiener gibt (welche Ähnlichkeit kann es zwischen einem typischen Sizilianer und einem blonden Südtiroler geben?), daß wir uns ab und zu seltsame Vorstellungen über das Aussehen der alten Griechen, Römer, Gallier oder Kelten machen; dazu verleitet uns fälschlicherweise auch eine bestimmte moderne Ikonografie, die uns von ihnen ein an festgelegte Stilisierungen gebundenes Bild vermittelt, denen man sich nicht entziehen kann. Wer stellt sich Achill nicht hochgewachsen, schön, kräftig, bartlos (wieso eigentlich), mit blauen Augen und wallenden Haaren vor?

Was die Etrusker betrifft, gibt es kein Problem und noch viel weniger irgendein Geheimnis. Wir verfügen über zwei höchst wertvolle Untersuchungsverfahren, die uns auf fast vollständige Weise ein Bild liefern können: die medizinisch-biologischen Studien, die sich im wesentlichen auf die in den Nekropolen gefundenen Skelette stützen, und v. a. das Zeugnis der figürlichen Monumente, die – dem Himmel sei Dank – ausgesprochen zahlreich sind.

Das erste Hilfsmittel ist leider recht beschränkt: Die aufgefundenen Knochen zeigen uns deutlich, daß die Körpergröße der Etrusker bei den Männern im Durchschnitt nicht mehr als 1,60–1,65 m betrug, während die Frauen im allgemeinen etwa zehn Zentimeter kleiner waren. Es ist gelungen, ihre Blutgruppe zu bestimmen, die mit der bemerkenswerten Häufigkeit der Gruppe 0 nicht von der unter allen Mittelmeervölkern von damals bis heute abweicht. Etwas mehr kann uns die Untersuchung ihrer Schädel sagen, die zu überraschenden Schlußfolgerungen geführt hat wie denen des hervorragenden Wissenschaftlers Sir Gavin de Beer, Direktors des Victoria and Albert Museum von London, der übereinstimmend mit Coon in den Beschreibungen der Anthropologen ein Ebenbild des Paars vom Eheleutesarkophag in Cerveteri wiedererkennt: »längliches Gesicht, feine Nase, schmale, hohe Stirn ohne Verbreiterung nach oben hin, leicht länglicher Kopf«.

Aber waren die Etrusker alle so? Vom oben erwähnten Sarkophag her könnte man meinen, daß sie nicht nur recht gut aussahen, sondern sogar, daß Herodots These, von der zu Anfang die Rede war, über ihre östliche Herkunft die einzig undiskutierbar glaubwürdige sei. Die beiden Eheleute könnten ohne weiteres statt an den Ufern des Tyrrhenischen Meeres auch an den Hängen des Hymettos in Attika oder auf irgendeiner der Kleinasien vorgelagerten Inseln gefunden worden sein, so sehr haben sie etwas Ägäisches oder Orientalisierendes sowohl in der äußeren Erscheinung als auch in der Kleidung an sich, doch handelt es sich offensichtlich um eine idealisierte Form der Darstellung.

Andere Quellen, wenn auch aus einer ganz anderen Periode, kommen uns bei dieser notwendigerweise kurzen Rekonstruktion der äußeren Erscheinung unserer Leute zu Hilfe, nicht zuletzt die literarischen. Catull[1] stellt neben den Mann aus Lanuvium mit großen Zähnen und den urbanisierten Sabiner den »obesus Etruscus« (»wohlgenährten Etrusker«), während Vergil[2] von einem »pinguis Tyrrhenus« (»fetten Tyrrhener«) spricht, der dabei ist, vor den Altären der Götter auf einer elfenbeinernen Flöte zu spielen. Auch viele figürliche Kunstzeugnisse bestätigen die Hypothese, daß unsere Tyrrhener nicht gerade schlanke Gestalten waren.

Betrachten wir einen typischen etruskischen Sarkophag: Die Figuren zeigen gewöhnlich einen realistisch gezeichneten Mann, auf den Ellbogen gestützt wie bei einem Mahl während der Befriedigung seines robusten Appetits; er hat einen kurzen Bart, ein volles Gesicht, den runden Kopf auf die Hand gestützt und v. a. einen majestätischen,

ÄUSSERE ERSCHEINUNG UND MODE

gewaltigen Leib, der in seiner ganzen Nacktheit zwischen den Falten eines Mantels hervortritt, der sich in der Trunkenheit geöffnet hat.

Ich glaube, daß diese Art, seinesgleichen darzustellen, die ich als realistisch bezeichnet habe, in der Tat realistisch ist, ohne jede Übertreibung und in deutlichem Gegensatz zur Idealisierung der Eheleute von Cerveteri.

Die Etrusker liebten, wie wir im folgenden besser sehen werden, gutes Essen, guten Wein, überhaupt den Luxus, und insofern wurden sie von den Römern in der Zeit, als in Rom die *severitas* in Mode war, gebrandmarkt. Etwas Wahres muß jedoch an dem Klatsch, sie seien faul, weich und verfressen gewesen, sein. Und man muß sagen, daß sie wenig taten, um es zu verbergen, und daß sie sich dessen nicht im geringsten schämten. Woher können wir das wissen? Die Antwort ist nicht schwer. Bei welcher Gelegenheit neigt eine Person dazu, attraktiver zu erscheinen, als sie ist, möchte sie, wenn sie es denn könnte, schöner erscheinen, als sie in Wirklichkeit ist, wenn nicht dann, wenn sie sich darstellen – oder heutigentags: fotografieren – läßt? Wenn wir dann daran denken, daß

GOLDFIBEL
Florenz,
Archäologisches Museum

Der größte Teil der in den Gräbern gefundenen Schmuckstücke (Fibeln, Anhänger, Pektoralien, Ringe, Ohrgehänge) ist von erlesener Machart. Das verwandte Gold ist praktisch rein und von unbekannten Künstlern mit außerordentlichem Geschick bearbeitet; sie erreichten höchstes Niveau in den Techniken der Treibarbeit, der Ziselierung wie auch in der Kunst der Granulation, einer Methode, mit der man außergewöhnliche Resultate erzielte und die von wenigen Auserwählten geheim gehalten und gehütet wurde. Jede Spur von ihr ist schon in den ersten Jahren der christlichen Zeitrechnung verloren gegangen. Die hier auf der Fotografie wiedergegebene Fibel geht aller Wahrscheinlichkeit nach auf das 7. Jahrhundert v. Chr. zurück.

bei diesen etruskischen Persönlichkeiten das Porträt immerhin aus einer Skulptur bestand, die den Nachkommen ihre äußere Erscheinung bewahren sollte, müssen wir schlußfolgern, daß sie, weit davon entfernt, ihr Äußeres zu verhehlen, es ohne weiteres hervorkehrten; und das steht, wie wir noch sehen werden, perfekt im Einklang mit ihrer Mentalität, ein Zeichen dafür, daß sie sich zutiefst ihres Lebens freuten und von dieser Welt gingen, nachdem sie möglichst alle ihre Früchte genossen hatten, satt und glücklich berauscht.

An diesem Punkt wollen wir kurz untersuchen, was ihre mittlere Lebensdauer war, soweit wir das wissen können.

Auch in diesem Fall besitzen wir zwei wichtige Quellen, die uns nützliche Auskünfte geben können. Die einen stellen wieder die medizinisch-anthropologischen Studien dar; die Untersuchung der Skelette erlaubt uns nur eine recht ungenaue Analyse (wer kann sagen, wieweit Kriege verfrühte Todesfälle verursachen?), doch sie entspricht im wesentlichen dem anderen Hilfsmittel, über das wir verfügen, dem der Untersuchung der Grabinschriften, die im allgemeinen das Alter des Verstorbenen im Augenblick des Ablebens vermerken.

Untersucht wurden als Muster für eine wissenschaftliche Erforschung mehr als etwa hundert, die größtenteils in die Phase des Untergangs der etruskischen Macht, in die letzten Jahrhunderte vor Christi Geburt, gehören. Logischerweise ist die Mustersammlung extrem heterogen; neben in frühestem Alter verstorbenen Kindern finden wir Beispiele für eine gewisse Langlebigkeit wie einen Larth Vestarcnies, der im Alter von vierundachtzig Jahren glücklich verstorben ist. Das Ergebnis insgesamt ist einigermaßen beeindruckend und sagt viel über Lebenskraft und -lust der Etrusker. Als Ergebnis hätten wir eine mittlere Lebenserwartung von ungefähr einundvierzig Jahren, ein wenig höher bei den Männern im Vergleich zu den Frauen. Wenn wir bedenken, daß erst in den Anfangsjahren des 20. Jahrhunderts in Italien das Durchschnittsalter bei vierundvierzig Jahren lag und erst in jüngster Zeit fünfundsechzig erreichte, ist das Ergebnis, wie ich sagte, als außergewöhnlich zu beurteilen, und man darf nicht glauben, daß die Untersuchung sich ausschließlich auf Personen, die zu einer höheren Gesellschaftsschicht gehörten, richtete: es waren zahlreiche Sklaven und Freigelassene darunter.

Schauen wir jetzt kurz, wie die Etrusker gekleidet waren; natürlich finden wir zu diesem Thema viele Informationen auf den zahllosen Malereien, auf Vasen genauso wie auf Wänden, ganz abgesehen von der ungewohnten Redseligkeit der traditionellen Quellen zu dieser Materie.

In archaischer Zeit pflegten unsere Tyrrhener gewöhnlich halbnackt zu gehen, wenigstens die Männer mit unbedecktem Oberkörper, um die Hüften mit einem Lendenschurz bekleidet; erst zu Ende des 6. Jahrhunderts scheint eine Art enganliegender Jacke in Gebrauch zu kommen, bald darauf durch eine Tunika griechischen Typs ersetzt zu werden. Doch recht schnell muß dann die für die Etrusker typischste Bekleidung aufgekommen sein, die zum unersetzlichen Teil der nationalen Tracht wurde und die römischen Gewohnheiten entscheidend prägte, die sie zur Anregung für ihre Toga nahmen. Ich spreche von der *tabenna*, einem Mantel von äußerst einfacher Form, im allgemeinen kürzer als die Tunika, ursprünglich purpurfarben, später jedoch reich an allen möglichen Farben und verschiedensten Stickereien, aus Stoffen von beträchtlichem Wert und in tadelloser Eleganz getragen.

Die Frauen dagegen waren in diesem Fall ein bißchen weniger eitel. Wenn wir uns Velia und Ravnthur aus der Tomba degli Scudi in Tarquinia betrachten, sehen wir, daß sie ein Unterkleid tragen, eine leichte Leinentunika mit kurzen Ärmeln und einen sehr einfachen weißen, nur mit einem rot-schwarzen Rand verzierten Mantel, ein Kleidungsstück von deutlich griechischer Herkunft, im übrigen in seinen Hauptmerkmalen bei fast allen Völkern des Mittelmeerraumes vertreten. Auf dem Kopf trugen die Etruskerinnen einen seltsamen kegelförmigen weißen Hut, der stark an die Mitren und Turbane erinnert, mit denen die Frauen an den Ostküsten des Mittelmeeres ihr Haar zu bedecken pflegten. Außerdem finden wir bei den plastischen oder gemalten Darstellungen weiblicher Gottheiten einen anderen Typ Kopfbedeckung, den die Römer *tutulus* nannten: einen pyramidenartigen wollenen Hut, der die höchst kunstvoll angelegte Frisur aufnahm und stützte; offenbar jedoch war er nur bei rituellen Anlässen in Gebrauch und unserer etruskischen Matrone sonst nicht so willkommen, die ganz andere Gewohnheiten hatte. Die Männer gingen mit unbedecktem Kopf.

Eine besondere Bemerkung verdienen die Schuhe, für die die Etrusker ein lebhaftes Interesse gehabt haben müssen, wenn wir uns auf die Zeugnisse der Grabdarstellungen beziehen, wo man eine Reihe höchst verschiedener Schuhe von unterschiedlichster Form sieht, von Schnürstiefeln bis hin zu langen Pantoffeln aus farbigem Tuch mit gebogener Spitze. Favoriten waren indes Ledersandalen, auch wenn die Etrusker nie gänzlich die Halbstiefel aufgaben, die manchmal mit provokanten Spitzen versehen waren.

HOLZSCHATULLE
(aus Palestrina)
Rom, Museum in der Villa Giulia

Die Nekropole von Palestrina im Südosten Roms ist eine der bedeutendsten von denen, die nicht in die traditionelle Einteilung Etruriens in den Norden, die Toscana südlich von Florenz, und den Süden, das Gebiet von Latium (und einen Teil Umbriens) nördlich Roms, gehören. Obwohl sie gewiß nicht mit den großen Begräbnisstätten wie Vulci oder Tarquinia, Vetulonia oder Cerveteri konkurrieren kann, hat sie höchst kostbare Gegenstände freigegeben, unter denen diese äußerst seltene, staunenswerte Holzschatulle in Form eines hingekauerten Hirschkalbs mit rückwärts gedrehtem Kopf hervorsticht. Das außergewöhnliche Stück bezeugt, wie die Etrusker, mehr als nur große Maler, Goldschmiede, Vasen- und Metallkünstler, auch Holz auf hervorragende Weise zu bearbeiten verstanden.

ÄUSSERE ERSCHEINUNG UND MODE

ÄUSSERE ERSCHEINUNG UND MODE

ANMERKUNGEN
1 Catull, 39, 11
2 Vergil, Georgica 2, 193

ELFENBEINKAMM
(aus Marsiliana d'Albegna)
Florenz, Archäologisches Museum

Die emanzipierten Wesenszüge der etruskischen Frau sind bekannt. Die tyrrhenischen Frauen vergaßen jedoch zweifellos nicht, daß sie Frauen waren, das bezeugen die Toilettegegenstände von oft exquisitem Geschmack wie dieser äußerst fein mit Relief und plastischen Figürchen verzierte Elfenbeinkamm. Zu datieren ist er in eine Zeit (wir sind in der zweiten Hälfte des 7. Jahrhunderts v. Chr.), in der die orientalisierenden Einflüsse (man betrachte die beiden geflügelten Löwen mit menschlichem Kopf) noch vorherrschend waren.

Die Geschicklichkeit der tyrrhenischen Schuhmacher war weit über ihre Grenzen hinaus bekannt, so daß ihre Sandalen in Perikles' Athen überaus berühmt waren, und die Römer, die immer darauf bedacht waren, das zu übernehmen, was es, von anderen ersonnen, an bequemen Dingen gab und schon zur Hand war, beeilten sich, die Etrusker in ihrer Schuhmode nachzuahmen.

Wir kommen jetzt zum Schmuck, bei dem es sich dank der großen Zahl an Funden, die uns die Nekropolen geliefert haben, eher um Kunstobjekte als um Gebrauchsgegenstände handelt. In archaischer Zeit herrscht auf jeden Fall die Verwendung von Fibeln vor, sowohl von Frauen wie von Männern gebraucht; sie reichen von einfachsten, auch in frühhistorischer Zeit gemeinhin verwendeten Formen bis hin zu prachtvollen Stücken aus kostbaren Metallen, verziert mit Bernstein oder Glaspaste. Die Liebe zu Juwelen scheint bei den Etruskern allgemein verbreitet gewesen zu sein: große Pektoralien, Armreife, Ohrgehänge, Ringe zeigen deutlich die Üppigkeit und den Geschmack unserer Tyrrhener. Anfangs importierten sie diese Gegenstände aus Griechenland; dann lernten sie nach und nach, sie selbst zu bearbeiten, wobei sie Erfinder einer auch uns noch unbekannten Technik wurden, der Granulationstechnik. Sie besteht darin, die Oberfläche zur Verzierung mit hunderten kleinster Goldstaubkörnchen zu überstäuben, die dann mit ihr verbunden wurden (wie?), ohne daß sie ihre gleichmäßige Feinheit auf irgendeine Weise verloren.

Um den Wechsel vom 6. zum 5. Jahrhundert lag die Phase, die als die ›goldene Zeit‹ der Etrusker bezeichnet wurde, Manifestation eines Grades wirtschaftlicher Macht ohnegleichen (die Ursachen dafür werden wir noch sehen), die einen plötzlichen, drastischen Niedergang erfuhr, als die Krise des etruskischen Volkes allmählich spürbar wurde.

Eine letzte Bemerkung noch zur Bewaffnung. Die *situla* von Certosa, ein hervorragendes Werk vom Anfang des 5. Jahrhunderts, stellt eine regelrechte Militärparade dar, mit Kolonnen von Kavallerieschwadronen, Infanterieabteilungen, von mit Äxten ausgerüsteten Pionieren, die den Vergleich mit besten militärischen Überlieferungen nicht zu scheuen braucht. Wir wissen nicht viel von der Kriegskunst der Etrusker, doch die Überlieferung, die über die von den Römern erlittenen Niederlagen berichtet, und das archäologische Material, das zeigt, was diese alles hinsichtlich ihrer Bewaffnung von den Etruskern übernommen haben, lehren uns, daß sie ein hohes Niveau erreicht haben müssen. Die Etrusker kämpften mit zwei Speeren – einem schweren und einem leichteren –, mit einem Langschwert, das später verkürzt werden sollte, und einer Doppelaxt, die später nur noch eine Schneide auf einer Seite aufwies. Die Verteidigungsbewaffnung war die übliche: Schild (gewöhnlich rund), Harnisch (ursprünglich aus einfachem Stoff, später aus Metall), Beinschienen und ein federbuschbekrönter Helm von recht eigentümlicher Form.

Eine letzte vielleicht seltsame Anmerkung: Obwohl sie über eine Bewaffnung ersten Ranges wie der beschriebenen verfügten, blieben die Etrusker lange dem offensichtlich aus frühhistorischer bäuerlicher Tradition herrührenden Brauch treu, als Zeichen religiöser und politischer Macht einen großen Stab mit sich zu führen, dessen eines Ende später eine gekrümmte Form bekam und der später zur typischen Priesterinsignie wurde, wie sie noch heute im Krummstab unserer Bischöfe bezeugt ist.

ÄUSSERE ERSCHEINUNG UND MODE

HALSKETTE VOM CIRCOLO DEI MONILI
(Vetulonia) Florenz, Archäologisches Museum

BRONZESTATUETTE EINER ANDÄCHTIGEN
Florenz, Archäologisches Museum

Die Gräberkreise von Vetulonia verfügten über ziemlich reiche Beigaben, darunter der Circolo dei Monili ›Kreis der Geschmeide‹; wie der Name besagt, sticht er durch die große Fülle an Funden hervor, zum großen Teil Schmuckstücke von exquisiter Machart. Die Goldschmieden von Vetulonia zeichnen sich im Umkreis Etruriens durch ihre Verzierungen in Granulations- und Goldstaubtechnik aus, die durch das Aufbringen feinster Goldkörnchen auf der Oberfläche der Schmuckstücke erzielt werden. Es herrscht also ein zeichnerischer Stil vor, während in den Goldschmieden Südetruriens reiche plastische Applikationen überwiegen. Die Schmuckgegenstände waren nicht nur aus Gold: Auch andere Materialien wie Elfenbein, Glaspaste, Bernstein galten als kostbar und fanden insofern für Halsketten, Ohrgehänge oder Ringe Verwendung; stets erbrachten sie ein ästhetisch vortreffliches Ergebnis.

ÄUSSERE ERSCHEINUNG UND MODE

PYXIS (DOSE)
AUS ELFENBEIN
aus Marsiliana d'Albegna
Florenz,
Archäologisches Museum

Ein Volk mit Sinn für Freude am Leben

Wir haben schon gesehen, daß die Etrusker bei ihren Zeitgenossen im Ruf standen, großen Sinn für die Freude am Leben zu haben, sich keine Gelegenheit zu Vergnügungen entgehen zu lassen und sich auf jedem Gebiet durch Raffinesse auszuzeichnen. Offenbar waren sie Lieberhaber guten Essens, soweit z. B. Poseidonios von Apameia sagt, der Philosoph aus dem 2./1. Jahrhundert v. Chr. Er merkt mit einer Spitze des Mißfallens an, sie begäben sich zweimal täglich zu Tisch; dieser sei mit jeder Art raffiniertester Speisen gedeckt gewesen, mit Besteck und Geschirr aus Silber, als Diener habe eine wahre Schar von Sklaven zur Verfügung gestanden. Die empörte Beschreibung geht weiter, wenn auch ohne genauere Angaben zu bieten; interessant ist jedoch die Bemerkung »zweimal täglich«, die einen präzisen Hinweis gibt und ein deutliches Element der Abgrenzung von den übrigen antiken Völkern enthält. Die Griechen und Römer nahmen tatsächlich, obwohl sie dreimal täglich aßen, in Wirklichkeit nur einmal eine vollständige Mahlzeit am gedeckten Tisch zu sich; das ›Frühstück‹ dagegen war auf ein wenig Brot, vielleicht mit Salz und Öl gewürzt, dazu Wein beschränkt, und die andere Mahlzeit war nicht viel mehr als ein Imbiß aus kalten Speisen. Die Etrusker verdienten also mit ihren beiden gemütlichen, kompletten Mahlzeiten unter diesem Aspekt sehr wohl ihren Ruf als Vielfraße, die sich einfach den Freuden der Tafel hingaben.

Weiteres geben die schriftlichen Quellen leider nicht her, die in allen Einzelheiten den typischen Tageslauf eines *civis Romanus* schildern, uns über die Gewohnheiten des Etruskers jedoch völlig im dunkeln lassen. Daher müssen wir wiederum auf die archäologischen Zeugnisse zurückgreifen, die hier zum Glück überaus reichlich sind. Offenbar hatte besonders Poseidonios nicht völlig unrecht: Die Darstellungen von Banketten, die wir haben, zeigen uns deutlich auch die Küchen, in denen sich Bedienstete bei der Arbeit buchstäblich drängen; eine merkwürdige Einzelheit, die viel über die Gewohnheiten dieses Volkes sagt: Den Darstellungen der Köche sind ihr Name und Vorname beigemalt, Zeichen der unzweifelhaften Wertschätzung, die sie genossen.

Die Küche der Tomba Golini in Orvieto, die aus der zweiten Hälfte des 4. Jahrhunderts v. Chr. stammt, ist eine wahre Fundgrube für Informationen auch hinsichtlich der Speisen, die serviert wurden. Es erscheinen dort mit der Vorbereitung verschiedener Gänge beschäftigte Sklaven: ein ganzes Rind, Haarwild und Federwild, runde Kuchen, Eier, Trauben und Granatäpfel, Süßspeisen, alles steht zum Servieren bereit. Ein Sklave, über einen Mörser gebückt, handhabt den Stößel bei der Vorbereitung irgendeines Gemischs, das zur Würzung im Überfluß ausreichen dürfte. Und hier liefert uns Apicius eine interessante Bemerkung, der Autor von *De re coquinaria*, der ›König der Köche‹ der Antike: Er überliefert uns ein Rezept etruskischen Ursprungs, das er offenbar besonders schätzte; schauen wir es gemeinsam an: »Um eine Soße zum Hasen zuzubereiten, zerstoße Pfeffer, Liguster [etwas Ähnliches wie Sellerie], Selleriesamen, Eingeweide von Fischen aus dem Tyrrhenischen Meer, Silphion [eine exotische Pflanze], dazu gib reichlich Wein und Öl. … Leg den Hasen darin ein und laß ihn mürbe werden, um ihn lange in dem Gemisch zu kochen, nachdem du ihn nach Geschmack angeschmort hast.«[1] Offenbar waren die Etrusker nicht nur starke Esser, sondern auch raffinierte Feinschmekker. Und raffiniert wie sie waren, ließen sie auch jene anderen mit einer guten Mahlzeit verbundenen Freuden nicht außer acht: Luxus und Bequemlichkeit. Sie aßen im Liegen (eine Sitte, die die Römer offenbar begeistert nachahmten), und zwar paarweise, Ehemann und Ehefrau auf demselben Speisesofa ausgestreckt, auf bestickten bunten Decken mit naturalistischen (Blümchen oder kleinen Tieren) oder – häufiger – geometrischen Mustern. Der Tisch war mit jedem Luxus ausgestattet; Bronze, für andere Zwecke so beliebt, wurde rigoros beiseitegelassen, dagegen prangte da glänzendes, fein ziseliertes Silbergeschirr, das häufig mit dem Namen des Hausherrn versehen war. Teller, Schalen,

TERRAKOTTA-
STATUE
EINER GÖTTIN
(aus Veji, Tempel
von Portonaccio)

In den antiken Religionen reproduzierte die Welt der Götter exakt die Merkmale der menschlichen Gesellschaft. Während daher im griechischen Olymp mit Ausnahme Athenes – der indes zweifellos maskuline Charakterzüge zugesprochen wurden – den Göttinnen keine gleichen Rechte wie den Göttern zuerkannt wurden, ist es evident, daß die Göttinnen der Etrusker die egalitäre Stellung der etruskischen Frau genossen. Insofern können wir auch nicht mit Sicherheit feststellen, ob Voltumna, die beliebteste Gottheit der Etrusker, ein Gott oder eine Göttin war. Nach vielen Wissenschaftlern soll Voltuma das Symbol ewiger Weiblichkeit sein.

Tassen, Tabletts von erlesenem Geschmack bezeugen deutlich den Reichtum dieser Bankette, allerdings erst ab dem Beginn des 3. Jahrhunderts v. Chr. Davor begnügten sich die Etrusker mit Keramikgeschirr; ich sagte, sie begnügten sich, doch wenn wir aufmerksam hinsehen, bemerken wir, daß sie mit korinthischen Kratern, attischen *kylikes*, elegant verzierten feinen Buccherokrügen bedient wurden. Ein Service dieser Art wäre heute der Erfolg jedes Mahles.

Wein besaß die Stellung, die bei solchen Festessen angemessen war. Im übrigen waren die Etrusker, was den süßen Saft der Trauben betrifft, in jeder Hinsicht berühmt: als Produzenten, dafür spricht jedenfalls, daß Livius – vielleicht ein wenig übereilt – besonders dem Wein die Hauptschuld für den Kelteneinfall nach Italien zuschreibt, aber auch als Konsumenten.

Die Etrusker beschränkten sich aber nicht auf die Freuden der guten Tafel, sondern sie schätzten auch Spiele und Spektakel; wir verfügen dazu über eine leidliche Menge an Informationen in den überaus zahlreichen Gräbern von Tarquinia, wo Momente des Zeitvertreibs der Tyrrhener festgehalten sind, und das läßt uns eine recht klare Vorstellung davon gewinnen.

Die traditionellen Spiele der griechischen Welt, die schon von Homer im 23. Gesang der Ilias bezeugt werden und dann ihre ›Institutionalisierung‹ in den Olympischen Spielen erfuhren, scheinen die Etrusker stark beinflußt zu haben, doch mußten sie, wie Pallottino[2] scharfsinnig bemerkt, wahrscheinlich etwas von der ausgeprägt agonalen und männlich orientierten Seite der hellenischen Spiele opfern, um ihren prunkvollen Charakter entschiedener zu betonen.

Wie bei den Griechen fanden diese Veranstaltungen auch im Gebiet Etruriens und Latiums bei besonderen Gelegenheiten statt, z. B. bei Leichenfeiern irgendeines illustren Verstorbenen (man vergleiche neben den schon zu Ehren des Patroklos erwähnten die von Vergil für den dahingeschiedenen Anchises beschriebenen Feiern), oder sie waren an einen jahreszeitlichen Brauch gebunden, an die kritischen Zeiten des bäuerlichen Jahres wie Saat oder Ernte, weswegen sie in diesen Fällen darauf ausgerichtet waren, die Gunst der Götter zu erheischen; auch das stand eben im Einklang mit der religiösen Mentalität, die wir inzwischen schon kennen.

Diese Spiele liefen praktisch auf die gleiche Weise ab wie die in der olympischen Tradition, mit Laufwettbewerben, Pferderennen, athletischen Disziplinen, Ring- und Boxkampf, und fanden in richtigen Stadien oder Hippodromen mit wahrscheinlich beträchtlichem Fassungsvermögen statt, denn soweit wir schließen können, wurden sie von einer zahlreichen begeisterten Menge verfolgt. Manchmal handelte es sich um blutige Spiele, doch müssen wir in diesem Fall nicht notwendigerweise einen bestimmenden Einfluß auf die Römer und ihre Gladiatorenkämpfe annehmen, was man jedoch getan hat. Mir scheint jedenfalls richtig, was Heurgon[3] bemerkt, daß die Etrusker als äußerst aufmerksame Beobachter der griechischen Welt stets dem grausamen Brauch treu geblieben sind, die Kriegsgefangenen auf dem Grab ihrer gefallenen Krieger zu opfern, nicht anders als es Achilleus im zitierten 23. Gesang der Ilias tut, als er vor dem Scheiterhaufen des Patroklos zwölf gefangene junge trojanische Adlige opfert. Von hier bis zum Gladiatorenkampf ist der Schritt kurz, und bei der etruskischen Mentalität genauso wie bei der römischen mußte das als großer Fortschritt erscheinen, sozusagen als Akt der Großmütigkeit seitens der Sieger, die statt plötzlich alle Gefangenen abzuschlachten, ihnen die Bewahrung des Lebens für den Fall konzedierten, daß sie sich als gute Kämpfer bewiesen, indem sie als Sieger aus dem Kampf hervorgingen.

Erst nach Christi Geburt, halten wir das gut fest, wandelte sich all das auch in der Hauptstadt Rom zu einer Organisation professionellen Charakters. Doch scheint man

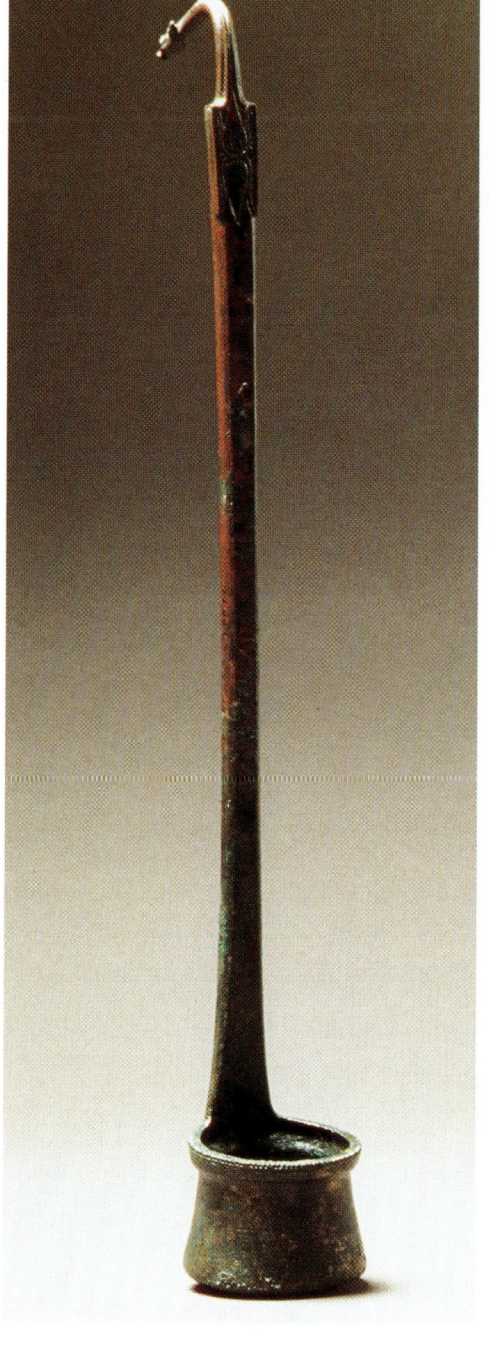

BRONZENES SIMPULUM
Florenz, Archäologisches Museum

Ein sehr elegantes simpulum *oder ein großer Löffel mit langem Griff; mit ihm wurde beim Opfer Wein aus dem Mischkrug geschöpft, um ihn auf den Boden zu gießen oder Krüge und Tassen damit zu füllen.*

mir nicht sagen zu können, daß es das auch in Etrurien gab, es sei denn in ganz sporadischer Weise. Es existiert jedoch die Darstellung eines ›Spiels‹ auf den Wänden eines Grabes, die einen ziemlich verblüfft und in ihrer Struktur genau das vorwegzunehmen scheint, was einige Jahrhunderte später im Kolosseum passieren wird: Ein nackter Mann, nur mit einem Schurz bedeckt, versucht, sich mit einem Knüppel vor den Attacken eines schrecklichen Bluthundes zu verteidigen, der ihn schon in verschiedene Körperteile gebissen hat. Das Unterfangen wird für den Bedauernswerten durch die Anwesenheit einer Art ›Schiedsrichters‹ (oder ist es der Trainer des Hundes?) schwer gemacht, der ihn mit einem Lasso am wirkungsvollen Einsatz seiner Gliedmaßen hindert, und v. a. durch den Umstand, daß der Kopf des Unglücklichen vollständig von einem Sack verhüllt ist, der ihn am Sehen hindert.

Handelt es sich um ein grausames Spiel, das dem Mann auch nicht die blasseste Chance läßt, den Angriff des Tieres zu überleben (im Unterschied zu den römischen *bestiarii*, die – wenngleich auch nicht durch Verteidigungswaffen geschützt – immerhin mit einem kräftigen Schwert ausgerüstet waren und die Bewegungen des Bären oder Löwen, der ihnen gegenüberstand, parieren konnten), oder um die äußerst raffinierte und grausame Form einer Verurteilung zum Tode für irgendeinen schwerster Verbrechen Angeklagten? Wir können keine sichere Antwort geben. Es bleibt indes die Tatsache, daß dieser inhumane Brauch, der ein wenig das Bild von Raffinesse und Geschmack stört, das wir uns gewöhnlich vom etruskischen Volk machen, trotzdem Teil ihrer Sitten war; doch vergessen wir nicht, daß wir hier von Leuten sprechen, die zweieinhalb Jahrtausende vor uns lebten!

Nehmen wir jetzt aber noch einen angenehmeren Aspekt aus der Vergnügungen der Etrusker in den Blick, so wie ihn uns die unbekannten Maler aus den Gräbern von Tarquinia bieten. In einem großen Zirkus sind vor einer großen Zuschauermenge (beiderlei Geschlechts versteht sich) die Laufwettbewerbe abgeschlossen; es beginnt gerade das am meisten erwartete und spektakulärste Spiel, das aus dem Osten kam und das Vergil unter dem Namen *Ludus Troiae* besungen hätte (im schon zitierten 5. Buch der Aeneis); an ihm nahmen die Sprößlinge der illustresten Familien der Stadt teil. Es handelte sich um einen Rennwettbewerb zu Pferde über einen mit Hindernissen versehene Parcours mit einem labyrinthähnlichen Verlauf.

Die Reiter mußten das Ziel erreichen, indem sie die Gegner ›abschüttelten‹; dabei waren angesichts der großen Zahl enger, windungsreicher Stellen alle Mittel erlaubt, die Widersacher zu behindern und zu versuchen, sie ›aus dem Sattel‹ zu bringen. Der Erfolg dieser sportlichen Disziplin wird durch die Tatsache bezeugt, daß diese Art Übung, die als wesentlich für die Ziele der Charakterbildung und der militärischen Ertüchtigung des *adulescens* angesehen wurde, bis zur römischen Kaiserzeit überdauerte.

Nur sehr wenig wissen wir hingegen über das Bühnen- oder Theaterschauspiel im antiken Etrurien; auch das lange Zeit irrtümlich als etruskischer Bau angesehene Amphitheater von Sutri gehört in die römische Epoche. Die Tyrrhener liebten den Bühnenbetrieb nie übermäßig. Manche wie Heurgon[4] haben geglaubt, in jener grausamen Person, die bei dem ›Spiel‹ zwischen dem am Kopf verhüllten Kämpfer und dem Bluthund als ›Schiedsrichter‹ fungiert, eine Vorwegnahme des römischen Theaters sehen zu können, insbesondere der Atellane, weil die fragliche Person in merkwürdiger Art gekleidet ist, mit einer spitzen Harlekinsmütze und maskiertem Gesicht. Mir scheint jedoch nicht, daß man daraus irgendeine Folgerung ableiten kann, v. a. weil die Maske einfach zum Schutz gegen eventuelle Reaktionen vonseiten des riesigen Bluthundes

WEIHRAUCH-
STÄNDER
(aus Artimino)
Florenz,
Archäologisches Museum

Man beachte bei dem hier wiedergegebenen bemalten Terrakottaexemplar die Eleganz der mittleren Schale, der die Form eines stilisierten Vogels zeigt und dem ganzen Fundstück elegante Leichtigkeit verleiht.

COLUM AUS BRONZE
Florenz, Archäologisches Museum

Ein kleiner Gegenstand zum täglichen Gebrauch, doch von sorgfältiger Machart, anmutiger Form und sehr schön proportioniert. Es handelt sich nur um ein normales Sieb und war für den Sommelier der damaligen Zeiten unverzichtbar, um den Wein zu filtern. Der süße Rebentrunk war während des Banketts in großen Krateren mit Dutzenden Litern Fassungsvermögen abgefüllt, die gewöhnlich in einer Ecke des Saales standen; daraus schöpften die Sklaven den Wein mit den oinochóai, *Weinkrügen, die an den Tischen die Runde machten, wo sich die Gelagegäste ausstreckten. Aus ihnen wurde er in die* kýlikes, *die eleganten Becher, ausgeschenkt, und zu diesem Zweck war das* colum *nötig, da es sich um gealterten Wein oft mit Depot handelte. Der äußerst kleine Durchmesser der Löcher in unserem Sieb zeigt, wieviel Wert man darauf legte, ihn gut durchseiht zu trinken.*

dienen könnte; überdies waren die Merkmale des römischen Theaters in den Anfangszeiten so wie im Falle des griechischen im wesentlichen komischer Natur: es gab Vielfraße, Bucklige, Geizhälse, erschreckende Dummköpfe, während die oben beschriebene Kampfszene gar nichts Komisches aufweist und im Gegenteil hoch dramatisch ist. Es bleibt nur festzustellen, daß, jedenfalls bis zum Augenblick, in der etruskischen Welt keine Spuren von Theateraktivitäten existieren.

Vielleicht glichen die Etrusker diesen Mangel an Interesse am Theater mit einer umso größeren Aktivität auf dem Gebiet der Musik und des Tanzes aus. Es gibt unzählige Dokumente der Wand- und Vasenmalerei, die Personen beim Spiel von Blas- und Schlaginstrumenten oder beim Tanz zeigen. Ohne Zweifel kann man sagen, daß die Etrusker alles beim Klang von Musik betrieben. Sie waren von melodischen Klängen begleitet bei ihren Banketten, bei ihren Spielen, auch bei ihren Kriegshandlungen (die *tuba tyrrhenica*, die gerade Trompete, die in einen Trichter ausläuft, mit durchdringendem, aufforderndem Ton, wird das Instrument, mit dem später die Legionen bei Zama wie bei Philippi, bei Kynoskephalai wie bei Actium angespornt werden). Aber genauso, wie ein Aristoteles zwischen Bestürzung und Belustigung anmerkt,[5] schunden, peitschten, schlugen die Etrusker ihre Sklaven unter Flötenbegleitung. Besonders die Flöte ist das Nationalinstrument der Etrusker; der gebräuchlichste Typ war die Doppelflöte mit zwei Mundstücken, doch die Vielzahl der verschiedenen auf den Gräberwänden vorhandenen Formen ist beeindruckend; sie reicht von Instrumenten, die stark an die moderne Oboe oder Klarinette erinnern, bis hin zu komplizierten, gebogenen Gegenständen, die mehr an ›Karnevalsscherze‹ denken lassen als an Gegenstände, denen man musikalischen Töne entlocken kann.

Vor allem jedoch diente die Flöte zur Begleitung der Tänzer, die sich elegant bei einer Art Kriegstanz drehten; bekleidet waren sie dabei mit Mänteln in lebhaften Farben oder auch vollständig bewaffnet. Der Tanz diente wahrscheinlich der Besänftigung der Götter vor der drohenden Schlacht. Viel kann man über diese – kriegerischen oder sakralen – Tänze nicht sagen, auch nicht über die vielleicht ausgelasseneren Tanzformen,

EIN VOLK MIT SINN FÜR FREUDE AM LEBEN

FOCULUM
MIT BESTECK
Florenz,
Archäologisches Museum

Wie schon gesagt, pflegten die Etrusker in ihren Gräbern die Gegenstände zu deponieren, die sie im alltäglichen Leben gebraucht hatten und die ihnen am meisten lieb und teuer waren. Daher legten sie dort das ›gute‹ Geschirr ab und die feinsten Hausratgegenstände. Der Leichnam wurde mit den Paradewaffen eingekleidet, wenn es sich um einen Mann handelte, im Falle einer Frau mit den kostbarsten Schmuckstücken; den Kindern wurden die Spielzeuge zur Seite gegeben, an denen sie ihren Spaß gehabt hatten. Häufig nahm man auf die ewige Reise auch ganz gewöhnliche Gegenstände mit sich, wie es dieses foculum bezeugt, ein kleines Kohlebecken, auf dem im irdischen Leben die Speisen gewärmt wurden, dazu das ganze Besteck, denn die Kohlen wurden glühend gehalten.

die ausschließlich dem Vergnügen der Teilnehmer eines Banketts dienten. Der bevorzugte Rhythmus war vielleicht der, der sich im Römischen unter dem Namen *tripudium* erhalten hat, ein Rhythmus in drei Takten, der von einem Einzelnen, Mann oder Frau, oder auch paarweise getanzt wurde; der Tanz besaß zahlreiche Schrittfolgen, die auf den Gemälden deutlich zu erkennen sind. Auch in Etrurien ging der Ursprung des Tanzes aller Wahrscheinlichkeit nach auf den dionysischen Trauben- und Weinkult zurück. Wir wissen mit Sicherheit, dabei halten wir uns an Livius' Erzählung,[6] daß die etruskischen Tänzer in Rom großen Eindruck hervorriefen.

ANMERKUNGEN

1 Apicius, *De re Coquinaria*, VIII, 8, 1
2 Pallottino, M., *Etruscologia*, Mailand 1968, S. 237
3 Heurgon, J., *Vita quotidiana degli Etruschi*, Mailand 1963, S. 285
4 Heurgon, J., op. cit., S. 286
5 Aristoteles, *Fragmenta*, II, 132
6 Titus Livius, *Ab urbe condita libri*, VII, 2, 6: »[Die Tänzerin] wurde wegen ihrer gefälligen Bewegungen und ihrer jedes Lobes werten Anmutigkeit bewundert.«

EIN VOLK MIT SINN FÜR FREUDE AM LEBEN

HYDRIA
Florenz,
Archäologisches Museum

Etrurien importierte Unmengen an Keramik aus Griechenland, bevor es ab der zweiten Hälfte des 6. bis zum Anfang des 3. Jahrhunderts v. Chr. dazu überging, das benötigte Geschirr eigenständig herzustellen; dabei erreichte es Resultate, bei denen zuweilen griechische Herkunft oder Eigenproduktion nur schwer zu bestimmen ist. Bei der sog. schwarzfigurigen Technik, die in die Zeit zwischen dem Ende des 7. und den letzten Jahrzehnten des 6. Jahrhunderts v. Chr. zu datieren ist, wurden die Figuren wie die Krieger auf diesem Beispiel ganz in schwarz auf den natürlich rötlichen Vasengrund gemalt. Auf dem hier wiedergegebenen Gefäß sieht man das Fortbestehen der alten geometrischen Motive auf der Lippe, dem Hals und dem oberen Teil des Körpers.

EIN VOLK MIT SINN FÜR FREUDE AM LEBEN

CIPPUS MIT
TANZSZENEN
(aus Chianciano)
Florenz,
Archäologisches Museum

Dieser Cippus (Grenzstein) aus pietra fetida, *wenig höher als einen halben Meter und 35 cm breit, trug einstmals wahrscheinlich einen – leider verloren gegangenen – kugelförmigen Abschluß. Noch zu sehen ist jedoch die ihn schmückende hervorragende Reliefdarstellung: Auf allen vier Seiten ist er lebendig mit Szenen von Tanz- und Musikdarbietungen verziert, oben erkennt man vier wunderbare Stierfiguren mit menschlichem Kopf. Der Cippus gehört zur wirkungsvollen mit Flachreliefs verzierten archaischen Bildhauerproduktion, die im Umfeld von Chiusi durch eine geschickt gegliederte Komposition charakterisiert ist. Sie zeigt weiche, klar abgegrenzte Züge, bisweilen inspiriert von der attischen Vasenmalerei oder dem figurativen Stil der griechischen Kolonien des Ostens. Der Stein gehört in die erste Hälfte des 5. Jahrhunderts v. Chr.*

ZUG VON OPFERNDEN
(Teil einer Wandmalerei)
Tarquinia, Tomba dei Leopardi

Eine Schar junger Leute nähert sich Teilnehmern eines Banketts in fröhlicher, glücklicher Stimmung. Hinreißend die Chlamys (Mäntel), die sie tragen, schlank und anmutig ihre Gestalten. Einige spielen die üblichen Saiten- oder Blasinstrumente, andere tragen Opfergaben: einer ein Alabastron (Salbgefäß), ein anderer eine Pyxis (›Dose‹), eine dritter eine Kylix (Trinkschale). Zwischen ihnen ragen dunkle Beeren tragende Bäume auf. Vielleicht keine andere Szene erklärt besser das Gefühl, das die Etrusker noch – wir sind in der ersten Hälfte des 5. Jahrhunderts v. Chr. – gegenüber dem Tod hegen.

EIN VOLK MIT SINN FÜR FREUDE AM LEBEN

BANKETTSZENE
(Teil einer Wandmalerei)
Tarquinia, Tomba degli Scudi

Musik, erlesene Speisen, guter Wein: Für die Etrusker – und nicht nur für sie – bildete das Bankett einen der fröhlichsten Augenblicke des Lebens. Während des Symposions liebten sie es, sich mit charakteristischen Spielen zu entspannen, für die sie gewöhnlich die bei Tisch übrig gebliebenen Reste benutzten. Eines dieser Spiele war der ›kottabos‹: dabei wurde Wein aus einem mit Zeigefinger und Daumen gehaltenen Becher gegen einen Metallteller geschleudert, so daß das damit getroffene Metall einen Klang von sich gab; aus der Intensität und der Art des hervorgerufenen Klangs wurden dann – oft mit erotischen Anspielungen – Deutungen abgeleitet. Ein anderes Spiel bestand darin, Eierschalen in einem mit Wasser gefüllten Gefäß schwimmen zu lassen und sie dann zu versenken, indem man Wein hineinspritzte, bis sie voll waren.

EIN VOLK MIT SINN FÜR FREUDE AM LEBEN

TOMBA DELLA CACCIA
E DELLA PESCA
Tarquinia, Nekropolis von Monterozzi,
Ortschaft Calvano

EIN VOLK MIT SINN FÜR FREUDE AM LEBEN

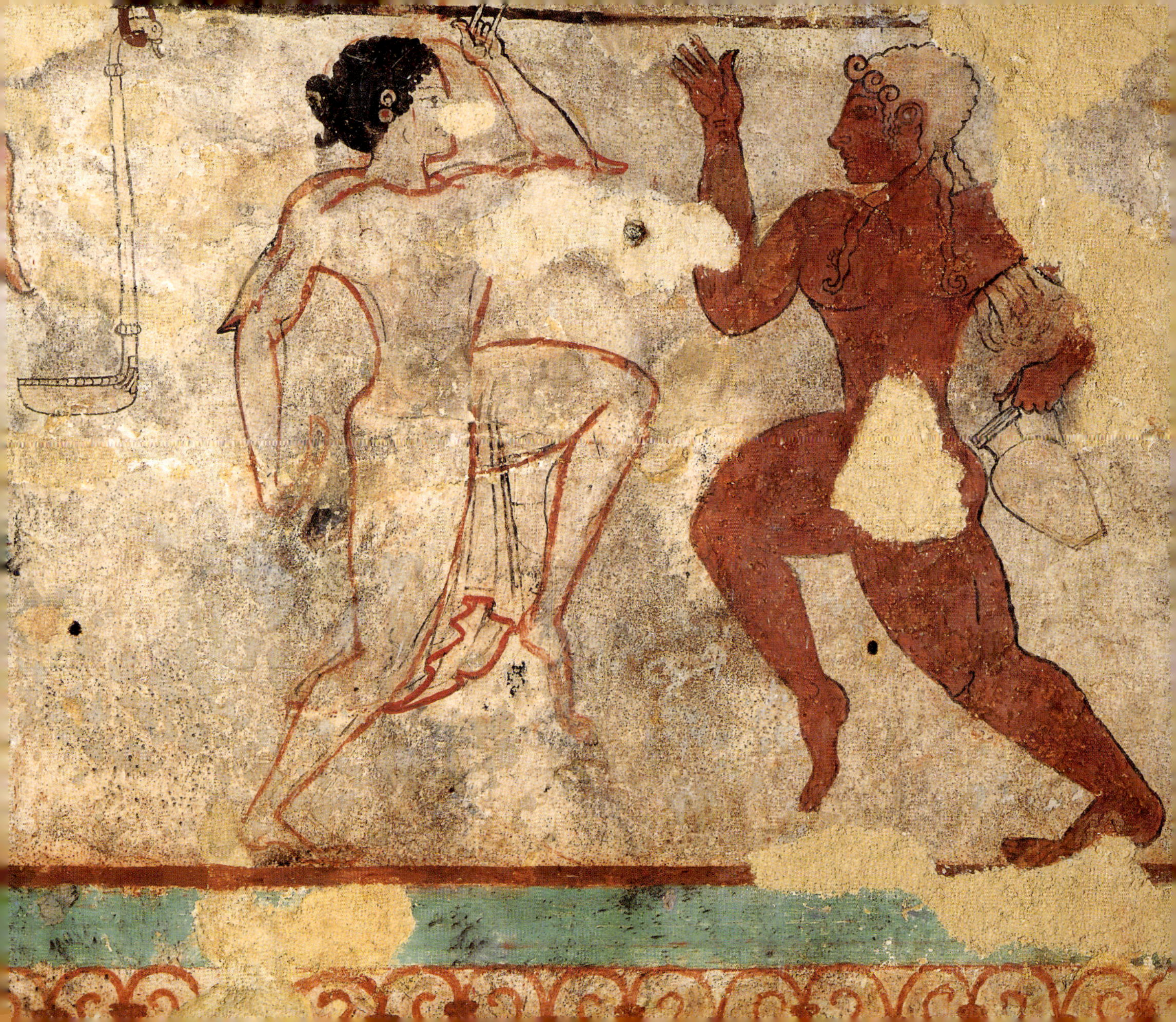

TANZSZENE
(Teil einer Wandmalerei)
Tarquinia,
Tomba delle Leonesse

Auch der Tanz stellte wie die Musik eines der bevorzugten Mittel zur Entspannung dar. Auf diesem Gemälde, das sich auf der rechten Wand der Tomba delle Leonesse befindet, führt ein Tänzerpaar – er nackt, in rot gemalt; sie mit von einem transparenten Schleier kaum verhüllten weißen Körper und Kastagnetten in den Händen – einen Tanz wahrscheinlich in drei Takten auf, das von vielen literarischen Quellen verewigte tripudium. Beide Tänzer stampfen mit einem Fuß auf den Boden, heben das andere Bein und schwingen gleichzeitig einen Arm in die Höhe. Man beachte indes die Asymmetrie: rechter Arm und rechtes Bein bei ihm, die linken bei ihr – ein malerischer Kunstgriff, der zweifellos nicht dem wirklichen Tanz entsprach.

TÄNZERIN
(Teil einer Wandmalerei)
Tarquinia,
Tomba delle Leonesse

Diese Tänzerin, die kaum einen Meter von dem auf der vorherigen Abbildung wiedergegebenen Paar entfernt dargestellt ist, kontrastiert in ihrer kompletten Bekleidung stark mit der Nacktheit ihrer Partner. Bei ihr kommt eines der Charakteristika des etruskischen Tanzes zum Ausdruck, nämlich die stärkere Bewegung der Arme gegenüber den Beinen; das Spiel der Arme und die gebogene Fingerhaltung zeigen das deutlich.

SZENE MIT PHERSU
(Teil einer Wandmalerei)
Tarquinia, Tomba degli Auguri

Ein mysteriöses, blutiges Spiel: Ein fast nackter Mann mit behaarter Brust wehrt sich verzweifelt gegen den Angriff eines grimmigen Hundes; vergebliche Abwehr: sein Kopf ist mit einem Tuch verhüllt, seine Bewegungen werden von einer anderen Person neben ihm mit einem Lasso behindert. Die Bestie hat den Armen schon an mehreren Körperteilen gebissen und schlägt ihre Zähne jetzt in seine Beine. Der Mann mit dem Lasso – auch er hat einen Namen: Phersu – verfolgt zynisch die Szene. Er ist mit einer dunklen, kurzärmeligen Jacke bekleidet und trägt auf dem Kopf einen hohen spitz zulaufenden Hut. Vielleicht handelt es sich um eine Antizipation der blutigen Gladiatorenspiele im Circus von Rom.

DIE RINGKÄMPFER
(Teil einer Wandmalerei)
Tarquinia, Tomba degli Auguri

Auf der rechten Wand der Tomba degli Auguri stehen zwei muskulöse, kräftige Ringkämpfer einander gegenüber; ihre östliche Herkunft ist deutlich. Ihnen zur Seite stehen zwei weitere Personen, von denen eine die Kämpfer aufmerksam beobachtet: Es ist der Schiedsrichter, der mit seinem lituus, *dem Krummstab als Autoritätssymbol, über den Ausgang der Begegnung entscheiden wird, während der andere das Publikum zum Zeugen dafür anruft, daß der Griff regelkonform ist. Unterhalb der Arme der Gegner erkennt man den Preis, der auf den Sieger wartet: drei große Bronzegefäße. Wie in Griechenland so besaß auch in Etrurien die Athletik eine herausragende Stellung unter den sportlichen Disziplinen und den Schauspielen.*

Die Geschichte eines Volkes

Die Etrusker wurden als Bauern und Hirten geboren, das ist so gut wie sicher. Diese Tätigkeiten wurden niemals aufgegeben, auch wenn man sehr schnell der Reichtümer an Bodenschätzen gewahr wurde, die im Boden Etruriens und Latiums lagerten, und mit der Entwicklung der Aktivitäten zur See gelangte man dazu, ein sehr dichtes Handels- und Verkehrsnetz aufzubauen.

Doch v. a. ist Etrurien ein äußerst fruchtbares Land, und seine Bewohner wußten von dessen Gaben in vollem Umfang zu profitieren. Die Getreideproduktion war überaus reich, so daß Rom, bevor es seine traditionellen ›Kornkammern‹ eroberte (Sizilien und später Ägypten) oft auf Getreideimporte aus Etrurien zurückgriff, um die Folgen mancher Hungersnöte zu lindern. Das Korn von Arezzo galt als besonders qualitätsvoll so wie der Emmer von Chiusi, den die Römer für ihren traditionellen Getreidebrei – *puls*, eine Art Polenta – schätzten.

Die landwirtschaftliche Ausrüstung war von erster Güte, wenn man die Zeit bedenkt; wir haben das Glück, im Museum von Florenz eine vollständige Sammlung eiserner Geräte bewundern zu können, Pflugscharen, Hacken, Sicheln, Spaten, die einen bemerkenswert hohen Entwicklungsstand der Bodenbearbeitung aufzeigen. Die Pflüge waren von einfachster Art, sehr leicht und an die besondere Natur und Beschaffenheit des Bodens angepaßt. Es gibt auch weiterhin Bronzegeräte, doch die dürften eher Votivcharakter besessen haben wie die Pflüge, die zum Furchenziehen bei der Gründung neuer Städte verwandt wurden.

Bezüglich der Arbeitstechniken verfügen wir über eine hervorragende Quelle: den Traktat über den Ackerbau von einem etruskischen Fachmann namens Saserna, ihn finden wir oft bei Varro und Plinius mit dem Ausdruck größter Bewunderung zitiert. Wir erfahren so, daß ein Mann es schaffte, ungefähr einen Hektar Boden in anderthalb Monaten mit der Hacke zu bearbeiten, und daß der typische Besitz eines tyrrhenischen Landwirts ungefähr vierzig bis fünfzig Hektar umfaßte.

Es finden sich dort auch interessante Bemerkungen meist zu populären Heilmitteln, die einen amüsanten Beigeschmack haben und ein Lächeln hervorrufen; ein Beispiel soll genügen: Saserna lehrt, sich den Körper zur Enthaarung mit einem Apfel einzureiben, der bis auf die Hälfte seiner Größe zusammengekocht wurde. Diesmal wirklich ein Geheimnis.

Großer Raum war für die Kultivierung der Trauben reserviert, den Stolz der etruskischen Landwirtschaft: Der Wein Etruriens war in Griechenland höchst geschätzt, weniger bei den Römern, die statt seiner den Wein aus dem Sabinerland und aus Kampanien vorzogen. Jedenfalls waren Orvieto, das Gebiet des Chianti, die Hügel Umbriens damals wie heute mit endlosen Reihen von Weinreben bedeckt. Seltsamerweise scheint das andere typische Produkt des etruskischen Bodens, der Olivenbaum, weniger Anklang gefunden zu haben. Seine Kultivierung ist in Italien bis zum Ende der Königszeit unbekannt, und merkwürdigerweise finden sich auch in den landwirtschaftlichen Abhandlungen Catos und Varros nur ganz spärliche Bemerkungen zum Öl etruskischer Provenienz. Das bedeutet nicht, daß unsere Tyrrhener kein Öl verwandt hätten; man braucht nur auf eine Tonamphora aus archaischer Zeit zu verweisen, die eine leicht zu deutende Inschrift trägt: *aska eleivana*, was fast vollständig dem griechischen *askós elaíou* (›Ölschlauch‹)[1] entspricht. Müssen wir daraus schließen, daß sie Öl aus Griechenland importierten? Das wäre sehr wahrscheinlich.

Das gleiche absolute Schweigen herrscht über die Erzeugnisse aus den etruskischen Gemüse- und Obstgärten; auch das erscheint seltsam, wenn man daran denkt, daß die Römer ausgesprochen gierig nach Obst und Gemüse waren und daß die Texte buchstäblich voll sind von Erwähnungen dieses oder jenes Erzeugnisses; hingegen finden wir nur einmal eine Kirschsorte aus der Gegend um Perugia genannt. In diesem Fall sind auch die bemalten Gräberwände keine Hilfe, weil die Maler sie lieber aus Treue zu einem Ornamentstil von eindeutig orientalisierender Tendenz mit Bäumen, Blättern und Früchten deutlich exotischen Charakters verzierten.

Es scheint mir unstrittig, daß die Landwirtschaftspolitik Etruriens eine ganz klare Richtung hatte: sie vernachlässigte Obstbäume und Gemüse und stützte sich stattdessen vollständig auf die Produktion von Korn und Trauben, gewiß zum Zweck der Erzielung eines größeren Gewinns und der Ermöglichung eines umfassenderen Handelsaustauschs. Man widmete sich aber auch der Tierzucht, sowohl zur Fleisch- wie zur Milchproduktion. Auch hier gibt es eine merkwürdige von Varro[2] berichtete Besonderheit: Wir haben gesagt, daß die Etrusker alles unter Musikbegleitung machten; nun, anscheinend erzogen sie im buchstäblichen Sinn des Wortes die Ferkel dazu, dem Klang der Trompete zu folgen, so daß zwei oder drei mit Trompeten ausgestattete Hirten reichten, um riesige Schweineherden auf die Weide zu treiben, Tiere, die bekanntlich jeder Ordnung und Disziplin abhold sind, hier aber fügsam den Melodien der Bläser folgten.

Jagd und Fischfang wurden überall praktiziert; als Beispiel dafür genügt ein Blick auf das Grab von Tarquinia, das entsprechend ›Tomba della Caccia e della Pesca‹ heißt. Im übrigen ist das Tyrrhenische Meer bei den Römern immer als überaus fischreich gefeiert worden, und das Wildschwein, zu jenen Zeiten jedoch auch jede andere Art von Wild, ist auch jetzt noch in der Maremma weit verbreitet.

Kommen wir nun zu den Handelsaktivitäten. Sie waren so bedeutend, daß die Historiker feststellen mußten, daß zu einem gewissen Punkt das westliche und südliche Mittelmeer vollständig der etruskischen Seeherrschaft unterworfen waren. Man braucht nur daran zu denken, daß die Bezeichnungen für seine beiden größeren Teile sich auf die Etrusker beziehen: das Tyrrhenische Meer direkt auf ihren antiken Namen, die Adria, das Adriatische Meer auf eine ihrer bedeutendsten Städte: Hadria / Adria.

Die Etrusker besaßen den Ruf, alles andere als friedliche und ausschließlich dem Handel hingegebene Seefahrer zu sein; es begleitete sie immer der Begriff ›Piraten‹, und die Quellen berichten von vielen gewiß nicht erbaulichen Unternehmungen, Diebstählen, Plünderungen, Raubzügen. Wir müssen daher annehmen, daß die Seeherrschaft oder wenigstens die Möglichkeit, ungestört die Meeresstraßen befahren zu können, eine äußerst wichtige Sache war, von der sogar das Überleben eines Volkes abhängen konnte. Daher ist es logisch, daß es zur Verteidigung dieser Vorherrschaft zu Schlachten kam und daß manche Aggressionsakte – oder vielleicht auch legitime Verteidigungshandlungen – von demjenigen negativ dargestellt wurden, der nicht von den Folgen betroffen war; erinnern wir uns daran, daß die bekanntlich wenig zu Wagnissen auf dem Wasser neigenden Römer ihre Expansion tatsächlich erst begannen, als sie sich im 3. Jahrhundert v. Chr. dazu entschlossen, Schiffe zu bauen und an Bord zu gehen. Die Folge waren gewaltsame Episoden, die eine traditionellerweise als ruhig betrachtete Aktivität wie die des Handels in Unruhe stürzten.

Der Hauptwarenaustausch fand mit den Griechen statt, nicht zuletzt wegen der beachtlichen Nähe Etruriens zu den Basen, die Hellas sich in Süditalien geschaffen hatte; zwischen den großen Städten Kumai (Cumae), Messina, Syrakus, Kroton und den etruskischen Häfen von Caere, Tarquinia, Vulci entwickelte sich ein äußerst dichter Verkehr, der durch die antiken Quellen und das archäologische Material klar belegt ist. Intensive Kontakte existierten jedoch auch mit Sardinien, Nordafrika, Spanien und Frankreich bis hin zu den östlichen Völkern Kleinasiens.

Etrurien, schon von sich aus eine reiche Nation, wurde mit der Herrschaft über die Meere noch ungleich reicher. Unwiderleglicher Beweis dafür ist der deutliche Anstieg des Lebensstandards, der durch die Reichtümer der von kostbaren Gegenständen überquellenden Nekropolen bezeugt ist; wertvolle Metallobjekte und hervorragend verzierte Keramik fanden sich zu zehntausenden von Stücken. Etrurien konnte es sich erlauben, dem reinen Luxus dienende Gebrauchsgegenstände zu importieren, die oft nicht einmal benutzt, sondern unberührt in den Gräbern der Verstorbenen deponiert wurden. Woher kam dieser Reichtum, der den Erwerb so luxuriöser, allerdings Leuten mit raffiniertem Geschmack ebenbürtiger Gegenstände gestattete? Gewiß nicht, es sei denn in begrenztem Maße, vom Getreide oder den landwirtschaftlichen Erzeugnissen, die für derart umfassende Importe entschieden nicht ausreichten. Der wahre, verborgene Reichtum Etruriens bestand in den Bergwerken der nördlichen Zone, aus denen die Etrusker Kupfer und Eisen gewannen, nach denen die Griechen buchstäblich gierten und für deren Erwerb sie bereitwillig ihre Edelmetalle und die besten Zeugnisse ihrer großartigen Kunst hingaben. Livius[3] gibt ein vollständiges Bild der ökonomischen Ressourcen Etruriens zu Ende des 3. Jahrhunderts v. Chr., als er die 205 v. Chr. von den wichtigsten tyrrhenischen Städten für den zweiten Punischen Krieg geforderten Beiträge erwähnt, den Scipio auf den afrikanischen Boden zu tragen im Sinn hatte; hier die bei Pallottino[4] zitierte Aufzählung: Caere: Getreide und andere Lebensmittel; Tarquinia: Segeltuch für die Schiffe; Roselle: Getreide und Holz; Perugia: Getreide und Holz; Chiusi: Getreide und Holz; Volterra: Getreide und Pech; Arezzo: Getreide, Waffen und Arbeitsgeräte; Populonia: Eisen.

Hinzufügen muß man noch die metallreichen Hügel von Vetulonia, die unerklärlicherweise von Livius nicht erwähnt werden, und die Alaunsteingruben (unverzichtbar für die Gerbung von Häuten) der Tolfa-Berge rund um Allumiere,[5] damals schon länger unter der direkten Herrschaft Roms und insofern in der livianischen Beschreibung nicht enthalten.

An diesem Punkt kann man leicht eine Wirtschaftskarte Etruriens zeichnen, das in seinen inneren Zonen und in denen an der Mittelmeerküste vorwiegend von Agrar- und Forstwirtschaft gekennzeichnet ist und in seinem nördlichen Teil von gewerblichen (Arezzo) und bergbaulichen Aktivitäten (Populonia, nicht weit von Piombino, direkt gegenüber der Insel Elba, überaus reich an Eisen- und Kupferbergwerken, doch auch die ganze Region zwischen Volterra und Massa Marittima). In diesen Gebieten wurden intensiv Erz abgebaut und Metall geschmolzen, worunter Kupfer sicherlich das bedeutendste Produkt war, bis Eisen ein entschiedenes Übergewicht über Bronze bekam. Darauf verlor die Kupfergewinnung nach und nach an Bedeutung, bis sie gegen das 3. Jahrhundert v. Chr. völlig zum Erliegen kam, auch infolge der verschärften Konkurrenz durch die Minen Spaniens und Britanniens; diese waren jetzt durch die in der Seefahrt erreichten Erfolge recht leicht zugänglich. Die Eisenvorräte waren jedoch praktisch unerschöpflich, wenn man die Schürftechniken der Zeit und den deutlich begrenzten Bedarf der Zeit in Betracht zieht. Der Eisenreichtum war so beträchtlich, daß Strabon[6] ein wenig naiv anmerkt, daß die Minen Elbas sich wieder mit neuem Erz füllten, das das abgebaute ersetzte.

Anfänglich wurde das Metall direkt auf der Insel geschmolzen, dann zog man es angesichts dessen, daß auf dem Festland alles leichter zu bewerkstelligen war, vor, es im Rohzustand über einen Weg von nur sechs Seemeilen nach Populonia zu transportieren, was die etruskische Handelsflotte perfekt abwickelte. Wir befinden uns im 5. Jahrhundert v. Chr., und Populonia wurde nunmehr das führende Eisenverarbeitungs-

VULCI, ETRUSKISCH-RÖMISCHE BRÜCKE VON ABBADIA

In einer der größten Städte Südetruriens, nur etwas mehr als hundert Kilometer nördlich von Rom, überquerte schon in etruskischer Zeit diese Brücke den Fluß Fiora; sie war integrierender Bestandteil des noch wenig bekannten Straßennetzes. In seiner heutigen Form ist das Werk in das 1. Jahrhundert v. Chr. zu datieren, doch es gibt deutliche Hinweise darauf, daß der ursprüngliche Bau auf das 6. Jahrhundert v. Chr. zurückgeht. In jedem Fall handelt es sich um ein imposantes Werk mit drei Bögen, darunter eine aus Nenfro (vulkanischem Tuff) und Travertin gearbeitete Blendarkade mit mächtigen Stützpfeilern aus Tuffgestein. Die mittlere Arkade, die bemerkenswerte Travertinkonkretionen aufweist, mißt in lichter Höhe beachtliche zwanzig Meter.

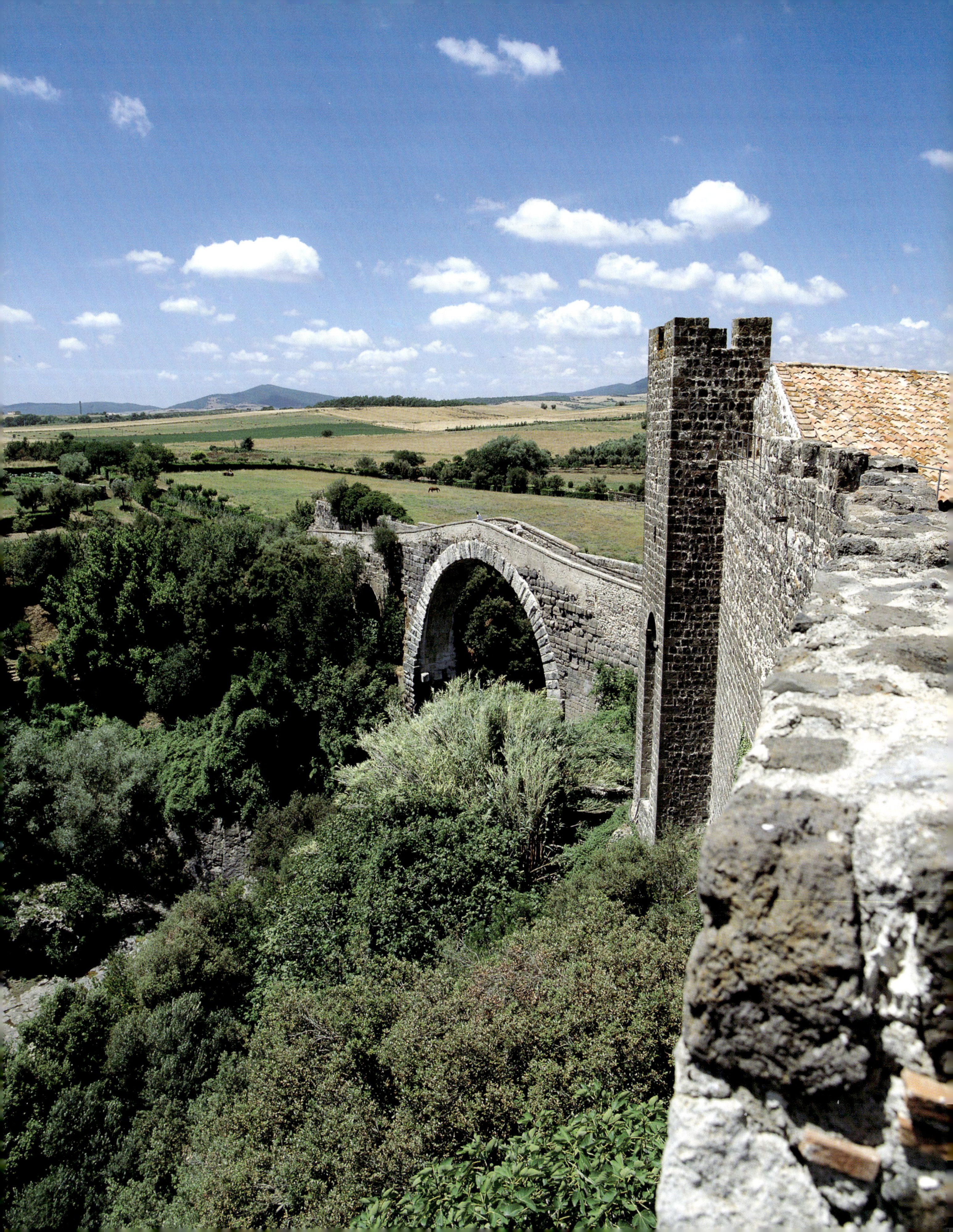

TOMBA ILDEBRANDA
Sovana

Die Reste der Tomba Ildebranda (so genannt nach dem Taufnamen des berühmtesten Bürgers von Sovana, des Papstes Gregor VII.) vermitteln eine deutliche Vorstellung eines Prachtgrabs aus späthellenistischer Zeit (d. h. zu datieren in das 2. Jahrhundert v. Chr.), in komplizierter Weise durch Podium und Treppenstufen gegliedert und mit Säulen mit Volutenkapitellen geschmückt. Das Innere unterscheidet sich wie alle Gräber der Felsnekropolen nicht sehr von den üblichen tyrrhenischen Grabkammern; Architektur und Grabstätten zeigen jedoch Merkmale ausgeprägter Majestät, was auf den Umstand der Anlage des Ganzen im natürlichen Felsambiente zurückgeht.

DIE GESCHICHTE EINES VOLKES

zentrum des gesamten Mittelmeers, das »Pittsburgh der Antike« nach einer gelungenen Definition von Livio Cambi.[7]

Über die Schmelztechnik besitzen wir nur wenige Nachrichten, die sich zumeist auf die Niedergangsperiode der Erzgewinnungsaktivitäten an den Küsten des Tyrrhenischen Meeres beziehen. Tatsächlich ist kaum zu glauben, daß auch zwei oder drei Jahrhunderte zuvor passierte, was Poseidonios[8] berichtet, daß nämlich in Populonia im 2. Jahrhundert v. Chr. »Klumpen so groß wie Schwämme« zutage gefördert wurden, die man nach Pozzuoli schickte.

Sicherlich – und das belegen auch die archäologischen Funde – ging man in der Zeit der größten Expansion in Populonia auch zur Herstellung von Eisengegenständen über: Doppeläxte, landwirtschaftliche Geräte, Waffen kamen fertig aus den Händen der geschickten etruskischen Schmiede, und das fertige Produkt gelangte bis auf die entferntesten Märkte, bis nach Zypern und Kleinasien. Dann kam langsam der Niedergang: Zu Beginn der christlichen Zeitrechnung sah Strabon die Öfen von Populonia noch am Rauchen, doch gewann er einen Eindruck von beunruhigender Trostlosigkeit im äußeren Anblick der Stadt, vielleicht ein Zeichen dafür, daß man die Herstellung fertiger Produkte schon aufgegeben hatte. Und als im 5. Jahrhundert n. Chr. Rutilius Namatianus[9] dort an Land geht, findet er nur noch einen Haufen Ruinen und Schutt. Die Fortschritte in der Handelsschiffahrt erlaubten es, andere Seewege zu befahren, um sich Eisen zu besorgen; Populonia ist tot; von der entfesselnden Aktivität, dem drückenden Rauch der Hochöfen ist nur noch die Erinnerung geblieben.

Es blühte also der Handel zur See; doch auch ins Innere erstreckte sich ein dichtes Netz von Verkehrsverbindungen, wenngleich offensichtlich von geringerer Bedeutung. Zu den vorher existierenden Straßen kamen dann nach der Eroberung die großen römischen Konsularstraßen, von denen vier, die Aurelia, Cassia, Clodia und Amerina das Gebiet der Tyrrhener durchzogen. Und am Unterhalt der Nebenstraßen waren die Römer absolut nicht interessiert; ihnen lag nur an den großen ›Autobahnen der Antike‹, auf denen sie ihre Heere bewegen konnten, mit dem Ziel der Eroberung Galliens oder Germaniens. Die etruskischen Straßen, eng und gewunden, ohne Pflasterung, bisweilen tief in den Fels geschnitten, waren diesem Ziel in keiner Weise dienlich und wurden nicht mehr benutzt.

Unter diesen Umständen ist es leicht zu verstehen, daß es heute gänzlich unmöglich ist, nach mehr als zweitausend Jahren eine offen liegende Straße von einer im 19. Jahrhundert erbauten und dann aufgegebenen zu unterscheiden. Wenn auch in sehr beschränkter Weise kommen uns einige Inschriften oder am Verlauf der Straßen gelegene freigelegte Gräber zu Hilfe. Doch die Rekonstruktion ist leider sehr lückenhaft und partiell; man kann ausschließlich die Folgerung daraus ziehen, ist, daß die Etrusker ein gewundenes Straßensystem vorzogen, welches, wie Heurgon[10] richtigerweise bemerkt, »ein pragmatisches Kreuzundquer von Straßen und einen regionalen Partikularismus« ausdrückt, »die bestätigen, was man schon wußte: das für die etruskische Welt typische Fehlen eines Zentralismus«. Die Römer dagegen wählten ohne zu zögern den direktesten und schnellsten Weg, ohne sich auch nur im geringsten darum zu kümmern, auch wichtige Zentren zu berühren, und ohne sich für die schwerwiegenden Konsequenzen zu interessieren, die sie auf diese Weise hervorriefen. Bedauerlicherweise ist das alles zu unserem Nachteil, denn wenn die Etrusker das römische System des »alle Straßen führen nach Rom« befolgt hätten, hätten wir heute nur den etruskischen Straßen folgen müssen, um ihren Konvergenzpunkt zu finden, d. h. den Ort ihres geheimnisvollen Zentrums, das *Fanum Voltumnae*.

DIE GESCHICHTE EINES VOLKES

FELSENGRAB
IN SOVANA

Im 8. und zu Beginn des 7. Jahrhunderts schäumte das Mittelmeer buchstäblich über: Schiffe jeder Größe und jeder Herkunft transportieren Waren überallhin, Rohstoffe, aber auch Kunstgegenstände. Und was diese betrifft, erfolgte die Hauptbewegung direkt von Osten nach Westen, von Gebieten her, in denen sich über Jahrhunderte schon fest eine Kultur ausgebildet hatte, zu Regionen hin, in denen man gerade aus der Frühgeschichte heraustrat und noch eine lange Strecke auf dem Weg zur Ausbildung einer entwickelten Kultur zu durchlaufen hatte.

Wir haben schon gesehen, daß Erze und vielleicht in der Anfangszeit auch Getreide und Holz von den Küsten des Tyrrhenischen Meeres eine starke Anziehungskraft auf die Völker des Mittelmeerraumes ausübten, die gewiß ihre Handwerkserzeugnisse als Tauschobjekte mitbrachten, zumeist reine Luxusgegenstände, die die reichen Etrusker nicht besaßen.

Diese Objekte von zweifellos künstlerischem Wert trugen nicht wenig zur Ausrichtung und Bildung des Geschmacks der Etrusker bei. So entsteht über den Import von Kunstgegenständen die etruskische Kunst, eine Kunst, die wie vielleicht keine andere das historische und ökonomische Schicksal der Tyrrhener widerspiegelt und ihr Denken sowie ihre Mentalität dokumentiert. Haben wir versucht zu beweisen, daß die Etrusker einen höchst erlesenen Geschmack besaßen? Eine Bestätigung dafür werden wir auch in den Gegenständen finden, die ihren ästhetischen Geschmack befriedigten, sowohl in den importierten wie in den selbst produzierten. Haben wir ihre Originalität und Vitalität betrachtet? Wir werden sehen, daß auf den bemalten Wänden ihrer Gräber entschiedene Bestätigungen dafür nicht fehlen. Alles, eingeschlossen ihre Religion *sui generis*, das bisweilen melancholische Bewußtsein von der Hinfälligkeit ihres irdischen Tageslaufs, ist durch ihre eigene Produktion genau bezeugt.

Viele Gelehrte haben die Originalität der etruskischen Kunst ernsthaft in Frage gestellt; mancher hat ihr wie Ranuccio Bianchi Bandinelli fast jeden Wert abgesprochen, sie für bar jeder Individualität gehalten, ausschließlich der griechischen Kunst unterworfen; keinen eigenen Beitrag hätten sie zur Entwicklung der antiken Kultur geleistet.

Zum Teil mag das wahr sein: Die Etrusker besaßen bis auf einige Ausnahmen nie einen eigenständigen Ansatz gegenüber dem Faktum der Kunst, nie gelang es ihnen (aber vielleicht haben sie sich nie die Frage gestellt), irgendein Ausdrucksproblem zu lösen, wie es ihrerseits die Griechen und auch, mit der Zeit, die durch Hellas erzogenen Römer taten. Doch auch das fügt sich mit ihrer Wesensart zusammen: Wie könnten wir nämlich auf die Ausarbeitung theoretischer ästhetischer Prinzipien seitens eines Volkes Anspruch erheben, das ganz gewiß eines der pragmatischsten der ganzen antiken Welt war? Wie könnten wir von den Etruskern eine einheitliche Sehweise von der Kunst verlangen, wenn sie immer jene ›Vielfalt in der Einheit‹ bewahren wollten, auf die sie so stolz waren? Und wie könnten wir volles Bewußtsein vom kreativen Akt von Völkern erwarten, die immer eine Spur Bizarrheit besaßen, eine Vorliebe für die Improvisation und das Spiel?

Es ergibt sich daraus zweifellos, daß die etruskische Kunst zum großen Teil von der griechischen beeinflußt wurde, wenig homogen war, keine eigene Linie besaß. Doch es bleibt die Tatsache, daß auch wir heute, so wie sie in ihre künstlerischen Erzeugnisse verliebt waren, ihrer nicht zu leugnenden Faszination unterliegen. Wir können ihre Meisterwerke nur bewundern, die unserer modernen Mentalität oft so nahestehen und Ausdruck einer Ursprünglichkeit sind, die bei den Tyrrhenern immer fortbestand, des intensiven Sinnes für das Unbewußte, das erst die moderne Psychoanalyse am Ende des 19. Jahrhunderts zu erschließen verstand.

ANMERKUNGEN

1 Griechisch wohlgemerkt ›Schlauch‹; den ledernen Schlauch benutzten die Griechen v. a. zur Aufbewahrung von Wein (Anm. des Übersetzers).
2 Varro, *Rerum rusticarum libri tres*, II, 4, 20
3 Titus Livius, *Ab urbe condita libri*, XXVIII, 45
4 Pallottino, M., *Etruscologia*, Mailand 1968, S. 239
5 Dieser moderne Ortsname bedeutet »Alaungrube« (ital. allumiera; Anm. des Übersetzers).
6 Strabon, *Geographia*, V, 2, 6
7 Cambi, L., in: *Tyrrhenica*, Florenz 1957, S. 57
8 Zitiert bei Diodorus Siculus, *Bibliotheca*, V, 13
9 Rutilius Namatianus, *De reditu suo*, 411
10 Heurgon, J., *Vita quotidiana degli Etruschi*, Mailand 1963, S. 177

Bewegen wir uns also durch die Straßen ihres wechselnden Geschmacks und Stils, die häufig die Wandlungen ihrer politischen und ökonomischen Situation widerspiegeln, und weniger auf den Pfaden der künstlerischen Entwicklung des etruskischen Volkes. Gehen wir gemeinsam, in Kürze, denselben Weg, den sie durchlaufen haben, und halten bei den Objekten besonderen ästhetischen Wertes inne, an den wichtigsten Etappen dieses idealen Rundgangs.

DER TAUCHER
(Teil einer Wandmalerei)
Tarquinia, Tomba della Caccia e della Pesca

Auf dieser Wandmalerei ist der typische örtliche Geschmack gut zu erkennen, der in sorgfältiger, minutiöser Weise auf die Beschreibung der kleinsten Episoden des täglichen Lebens und die lebendigsten Aspekte der täglichen Realität gerichtet ist. Eine entsprechende, sehr ähnliche Gestalt eines Tauchers wurde in einem griechischen Grab in Paestum gefunden; wegen der Parallelität hat man an die direkte Beteiligung griechischer Künstler an den Grabwänden von Tarquinia gedacht. Allerdings ist nur die Existenz gleicher ikonografischer Muster bewiesen, und jedenfalls schließt der Rückgriff auf Vorbilder der griechischen Malerei von etruskischer Seite die selbständige Ausarbeitung gleicher Sujets nicht aus; deutliche Beispiele dafür finden wir auch in der Tomba degli Auguri und in der Tomba delle Olimpiadi.

DIE GESCHICHTE EINES VOLKES

JAGD- UND FISCHFANGSZENE
(Teil einer Wandmalerei)
Tarquinia, Tomba della Caccia e della Pesca

Die etruskische Wirtschaft stand – wenigstens in der Zeit, auf die diese Wandmalerei zurückgeht (ca. 520 v. Chr.) – in höchster Blüte, und weder Jagd noch Fischfang waren als Quelle für das Überleben der tyrrhenischen Völker vonnöten. Die zweite Kammer dieses Grabes von Tarquinia zeigt daher einen Moment der Flucht aus dem Alltag, des Vergnügens, in dem die Natur der große Protagonist ist, die hier mit Delphinen, Vögeln mit ausgefalteten Flügeln, dem Blau des Meeres und des Himmels in Szene gesetzt wird.

DIE GESCHICHTE EINES VOLKES

BANKETT MIT MUSIKANTEN
(Teil einer Wandmalerei),
Tarquinia, Tomba della Caccia e della Pesca

Unter den Dekorationen der Tomba della Caccia e della Pesca, deren Merkmal die lebendige Bewegung in den einzelnen Szenen ist, konnte die Darstellung eines Banketts nicht fehlen. An ihm nimmt hier nur ein Paar teil, das jedoch mit äußerster Feinheit gezeichnet ist: Er, kräftig und mit einem Becher in der Hand, wendet sich in schützender Geste seiner Gemahlin zu, während sie ihm – mit jeder Art Schmuck reich geschmückt, um ihm zu gefallen – mit Grazie nicht ohne Koketterie eine Krone darreicht; Sklaven und Dienerinnen sind ringsherum beschäftigt. Wir befinden uns am Ende des 6. Jahrhunderts v. Chr., der glücklichsten Zeit Etruriens.

Die ersten Handelskontakte im Mittelmeer

Wir sahen schon, daß Erze und vielleicht in der Anfangszeit auch Getreide und Holz von den Küsten des Tyrrhenischen Meeres eine starke Anziehungskraft auf die Völker des östlichen Mittelmeerraumes ausgeübt haben und daß die von ihnen zum Tausch gegen ihre Einkäufe mitgebrachten Waren eine gewaltige Faszination auf ein Volk ausübten, das, erinnern wir uns daran, gerade aus dem halbbarbarischen Status einer Hirtenkultur, wie es die Villanovakultur war, herausgetreten war. Die in den Besitz von Gold- und Silberschalen von unzweifelhaft ägyptischer Provenienz, von feingearbeiteten Elfenbeingegenständen, von figürlichen Bronzegefäßen, von aller möglichen Art kostbarer Juwelen gelangten Etrusker mußten sich (das soll nicht respektlos scheinen: wir versuchen, sie ein wenig zu entmythologisieren, um sie besser zu verstehen) vorkommen wie die Indianer Amerikas, nachdem Christoph Columbus ihnen bunte Perlen ausgeteilt hatte. Doch recht schnell paßten sie sich diesem neuen aus dem Osten gekommenen Stil an, der die ersten von der Villanovakunst verschiedenen Ausdrucksformen einer eigenen etruskischen Kunst unmittelbar charakterisieren sollte. Vor allem pompös, raffiniert, bisweilen ›barockisierend‹ bis zur Geschmacklosigkeit waren die Goldgegenstände, Fibeln, Ohrgehänge, schweren Armreifen, alles mit üppigsten Verzierungen; und die Etrusker lernten recht schnell, sie selbst herzustellen, und eigneten sich, wie schon bemerkt, sofort die Granulationstechnik an, mit der sie hervorragende Ergebnisse erzielten.

Diesem üppigen oft ausschließlich zu Bestattungszwecken bestimmten Prunk in der Goldschmiedekunst entsprach auch eine neue Tendenz in der Grabarchitektur. Die Etrusker ließen recht schnell die Erinnerung an die relativ ärmlichen Aschenbestattungen der Villanovamenschen mit den bikonischen, durch einen Deckel verschlossenen Urnen hinter sich. Ihre Ritzdekoration, wenn auch kompliziert und exakt in ihrer streng geometrischen Anlage, verlor angesichts der für die Bronzegefäße, die Löwen- oder Greifenprotomen, die gebogenen Blattgoldohrgehänge typischen Treibtechnik ihren Reiz. Objekte dieser Art konnten nur in solchen Gefäßen ebenbürtigen Gräbern deponiert werden, mehr vielleicht als der Person ebenbürtig, die dort für immer ruhen sollte. Man dachte, daß ein Verstorbener, der so lange Zeit in seinem Haus derartige Schmuckstücke aufbewahrt hatte, auch im Tode ein Haus wie das haben sollte, in dem er gelebt, um dort seinen Schatz aufzubewahren.

Damit will ich nicht sagen, daß der orientalisierende Einfluß der bestimmende Grund für die Aufgabe der Brandbestattung ihrer Toten seitens der tyrrhenischen Bevölkerungsgruppen gewesen sei. Gewiß aber war er ein wichtiger Faktor für diese Mentalitätsänderung, der auch dem – allerdings nie vollendeten – Übergang von der Einäscherung zum Begräbnis zugrundeliegt.

Bleibt das Faktum, daß von diesem Moment an die etruskische Kultur monumentale Gräber errichtet, angefangen bei in den Fels gehauenen Kammergräbern bis hin zu großartigen Tumuli, die bis fast fünfzig Meter Durchmesser erreichen, und bis zu Tholos-Gräbern, richtiggehenden aus Steinblöcken errichteten Bauten, die mit vorkragenden Steinlagen bedeckt waren.

Nehmen wir das reichste je gefundene Tumulusgrab, die Tomba Regolini-Galassi, so genannt nach dem Namen seiner beiden Entdecker. Das 1836 darin gefundene Material füllt den wohl immer noch größten Raum im Museo Gregoriano Etrusco des Vatikans. Es handelt sich um eine gewaltige Menge von Stücken: Grabbeigaben aus Keramik und Metall, zwei Wagen, ein Silberservice aus elf Teilen mit dem eingravierten Namen des Verstorbenen (Larthi) und einer Unzahl anderer ›kleinerer‹ Funde. Besonders interessant jedoch ist der Umstand, daß die beiden Archäologen das Glück hatten, den Leichnam der dort bestatteten unbekannten Prinzessin unversehrt vorzu-

---

GRABBEIGABEN
(aus Casale Marittimo)
Florenz, Archäologisches Museum

In der ältesten Zeit, in einer Periode, die wir (nicht sehr wissenschaftlich) als prätruskisch bezeichnen können, waren die Toscana und Latium – aber auch in bemerkenswerter Weise die Emilia-Romagna – von höchster Bedeutung für die Blüte der Villanovakultur, die die gesamte Eisenzeit beherrschte. Charakteristisch für sie war die Verwendung der bikonischen Aschenurne, die mit einem Deckel verschlossen war oder seltener wie bei dem hier wiedergegeben Exemplar mit dem höchst begehrten, kostbaren Bronzehelm. Ein glücklicher, seltener Fund liegt in dem kompletten Ensemble von Grabbeigaben aus Casale Marittimo (bei Pisa) vor: Neben den üblichen Grabbeigaben erscheinen Waffen in großer Zahl und Gegenstände des täglichen Gebrauchs (man beachte das bronzene Rasiermesser unten fast in der Mitte).

finden; sie war reich mit Schmuck ausgestattet: einem Kleid mit Goldbesatz, einem Pektoral aus reinem Gold, das mit klar östlichen Pflanzen- und Tiermotiven verziert ist, zwei Armreifen, kostbaren Halsbändern, Ringen, Fibeln und v.a. einer großen goldenen Fibel, die den Mantel an der Schulter zusammenhielt, einem unvergleichlichen Beispiel der etruskischen Goldschmiedekunst aus der 1. Hälfte des 7. Jahrhunderts v. Chr.: ein oberes halbrundes Schlußblech zeigt fein eingraviert fünf von einer doppelten Palmenkrone eingeschlossene Löwen; unter dem Blech enthalten zwei durch Scharniere miteinander verbundene röhrenförmige Traversen ein in Granulationstechnik verziertes Goldblättchen mit fünfzig rein goldenen, regelmäßig angeordneten kleinen Gänsen von allerfeinster Machart.

Die außerordentliche Geduld und Erfahrung des Goldschmieds kommen in dieser auf gewalztem Gold, meinen wir, ausgeführten Arbeit vollendet zum Ausdruck; die kleinen Figuren, wenig größer nur als ein Stecknadelkopf, haben beim Schmelzvorgang ihre Form und den Abstand untereinander perfekt und exakt bewahrt. Dieses kostbare,

DIE ERSTEN HANDELSKONTAKTE IM MITTELMEER

OINOCHOË DES RONDINI-MALERS
(aus Vulci, Osteria-Nekropole)
Rom, Museum in der Villa Giulia

Ein schönes Gefäß mit schwarzbraun gefirnißter Kleeblattmündung und Fuß und auf dem Körper in drei Registern verziert: auf dem oberen Blumen und umgekehrte Lotosknospen; auf den beiden darunter eine Reihe weidender Steinböcke, umgeben von Rosetten und Punkten, sozusagen die Signatur dieses Künstlers von ostgriechischer Herkunft, der um 620 v. Chr. nach Vulci übergesiedelt ist. Von ihm kennt man etwa zehn Vasen.

BUCCHEROVASEN
Florenz, Archäologisches Museum

höchst raffinierte Objekt, auf dem die aus dem Osten herstammenden Motive sich abwechslungsreich und völlig harmonisch entfalten, ist vielleicht das vollkommenste Beispiel des in dieser Zeit herrschenden orientalisierenden Stils.

Doch in dieser Zeit setzt sich auch ein neuer Stil durch. Es werden nämlich im zunächst protokorinthischen, dann korinthischen Stil bemalte Keramikvasen importiert. Es handelt sich dabei um nicht weniger üppig als im Falle des orientalisierenden Stils verzierte Gefäße in lebhaften Farben, mit Darstellungen oft fantastischer Tiere und stilisierter Blumen. Der Töpfer vor Ort ahmt sie nach, auch wenn er bisweilen zu ein wenig primitiven und naiven Ergebnissen gelangt, oft von entschieden niedrigerem Niveau als die aus Griechenland stammenden Produkte. Doch sehr bald geht man von der Imitation zur Erfindung über; die wohlbekannte etruskische Fantasie muß sich nur austoben, etwas Eigenes schaffen, und, voilà, gegen Mitte des 7. Jahrhunderts kommt es zum triumphalen Auftritt des für die tyrrhenischen Gebiete typischen Gefäßes: der Buccherovasen. Diesen Namen trägt eine besondere Art Keramik von eindeutig etruskischer Herkunft: stets auf der Töpferscheibe hergestellt, ist sie durch ein unverwechselbares Schwarz charakterisiert, das sowohl am Bruchrand wie auf der Oberfläche jedes Gefäßes deutlich zu erkennen ist. Das hauptsächliche Produktionszentrum war aller Wahrscheinlichkeit nach Cerveteri, doch die neue Technik breitete sich mit großer Geschwindigkeit nach Veji, Tarquinia, Vulci hin aus, bis sie praktisch das ganze Gebiet des eigentlichen Etruriens eroberte und Regionen erreichte, in denen der etruskische Einfluß nur marginal war. Zunächst werden die Vasen in der ›sottile‹ (›fein‹) genannten Technik geformt, mit Wänden von geringer Stärke und kaum sichtbaren

Die Buccherokeramik in leuchtendem Schwarz bis zum selteneren grauen Bucchero ist typisch etruskisch; sie wurde auf der Töpferscheibe gearbeitet und findet sich auch weit entfernt von Etrurien in Gegenden, die nicht seinem direkten Einfluß unterlagen. Sie entsteht wahrscheinlich (Cerveteri war das erste und bedeutendste Produktionszentrum) zu Beginn des 7. Jahrhunderts v. Chr.; in einer ersten Phase haben wir das sog. ›Bucchero sottile‹ (feine Bucchero), das von den eleganten Formen griechischer Bronzegefäße inspiriert ist, deren Schimmer es auch nachahmt. Es ist nicht verziert bzw. weist eingeritzte fächerförmige Zeichnungen oder aber Szenen auf, die mittels eines feinen zylinderförmigen, drehbaren Stempels eingedrückt wurden. Das Bucchero ›sottile‹ setzt sich bis 620–610 v. Chr. fort, als das Bucchero ›pesante‹ (schwere B.) mit barocken Formen, dicken Wänden und plastischen Verzierungen aufkommt, die eine Tendenz zu plumperem Dekor ausdrückt. Diese Produktion wird um die Mitte des 5. Jahrhunderts v. Chr. immer seltener und bleibt in der Folgezeit auf Schüsseln und Tellerchen beschränkt. Die Verschiedenartigkeit der Formen ist beträchtlich, wie man an den hier abgebildeten drei Stücken sehen kann: eine Oinochoë, ein Schöpfgefäß (oder kýathos), ein Becher.

DIE ERSTEN HANDELSKONTAKTE IM MITTELMEER

Verzierungen aus eingeritzten Zeichen auf nur einem kleinen Teil der Oberfläche. Gegen Ende eben des 7. Jahrhunderts aber beginnt die Wandstärke zuzunehmen, und die Verzierung wird auf die Weise ausgeführt, daß man vor dem Brennen mit einem kleinen Prägezylinder Formen in den Ton drückt und so Relieffiguren hervorbringt, die sich im allgemeinen nicht vom gewohnten Repertoire des orientalisierenden Stils abheben.

Im Laufe des folgenden Jahrhunderts vervielfacht sich die Zahl der Fabrikationszentren, und die Techniken werden weiterentwickelt. Der Hauptort der Produktion wird Chiusi, berühmt für sein ›pesante‹ (›schwer‹) genanntes Bucchero, für das sehr kompakte Wände und ein mehr ›barockisierender‹ Dekor mit oft extrem komplizierten plastischen Reliefs kennzeichnend sind. Darauf verschwinden diese Gefäße nach einigen Modifizierungsversuchen (v. a. im Gebrauch des Firnis) vollständig (erste Hälfte des 5. Jahrhunderts v. Chr.).

Die Herstellungstechniken der in Oberfläche und Zusammensetzung schwarzen Keramik sind noch nicht zureichend geklärt, auch wenn, nach den Täuschungen zu urteilen, denen die Fachleute oft erliegen, die Fälscher unserer Zeit sich ihrer perfekt bemächtigt haben. Es bleibt die Tatsache, daß die Buccherovasen vielleicht den echten Anfang einer originalen etruskischen Kunst bilden. Möglicherweise aus Gründen der Sparsamkeit entstanden (d. h. um in Form und Farbe die wertvollsten Bronzegefäße zu imitieren, etwa so wie die roten Erzeugnisse des Dianastils im frühen Neolithikum Süditaliens), bilden sie ein Zeugnis jener – wenn auch beschränkten – etruskischen Originalität, die man oft in Abrede hat stellen wollen.

DIE ERSTEN HANDELSKONTAKTE IM MITTELMEER

OINOCHOË
DES AMPHIARAOS-
MALERS
(aus Vulci,
Osteria-Nekropole)
Rom, Museum
in der Villa Giulia

Das Grab mit mehreren Kammern, aus der dieses elegante Gefäß stammt, wurde 1963 ausgegraben. Mündung und Griff dieser Oinochoë sind schwarz gefirnißt. Auf dem Hals sieht man zwischen zwei Löwen zwei einander gegenüberstehende Sphingen; auf dem Körper finden sich drei figürliche Zonen: vier Stiere auf dem ersten Fries, zwei Löwen zwischen drei einander gegenüber gestellten Reitergruppen auf dem zweiten, sechs Vögel auf dem dritten. Reiche Baum- und Pflanzenmotive ergänzen die vortreffliche Dekoration dieses herrlichen Kruges, die er der Kunst eines Malers verdankt, der über ein reiches Repertoire an gekonnten Tiermotiven verfügt, während seine oft inkonsistenten, disproportionierten Darstellungen menschlicher Gestalten weniger überzeugend sind. Das Werk ist um 520 v. Chr. zu datieren.

Wir werden dafür noch ein weiteres Zeugnis in einem anderen für unsere Tyrrhener typischen Produkt finden, das dieses Mal in den Bereichen des Landesinneren (weit noch von den Einflüssen der Kaufleute entfernt, die über das Meer aus dem Osten kamen) als Folge der fortbestehenden alten Einäscherungssitten entsteht und sich entwickelt. Es handelt sich um die Gefäße aus der Gegend von Chiusi, die sog. ›Kanopen‹. Der Name leitet sich von den entsprechenden ägyptischen Gefäßen ab, auch wenn kein nordafrikanischer Einfluß bezeugt ist und auch nicht angenommen werden kann.

Bei diesen zur Aufnahme der Asche des verbrannten Verstorbenen bestimmten Gefäßen wird der alte Verschlußdeckel der Villanova-Vasen in einen großen Deckel

ORIENTALISIEREN-DER LAKONISCHER KRATER
aus der Nekropole vom Monte Abatone Cerveteri, Archäologisches Museum

umgebildet, der menschliche Züge annimmt, bis daraus ein echtes Porträt des Toten von volkstümlicher Naivität wird, die sich in der häufigen Stilisierung ausdrückt. Indes, der Einfluß der Küstenbewohner und der vom Meer aus herandrängenden Völker wird immer mächtiger.

Auch Chiusi, obwohl im Landesinneren gelegen und ohne bedeutende Verbindungswege zur Küste, beginnt daher zu Anfang des 6. Jahrhunderts seine Kanopen mit Tierfiguren zu dekorieren und sie oft auf Bronze- oder Keramikthrone zu stellen – ein Zeichen dafür, daß der Osten bis in die entlegensten Orte und die Städte Inneretruriens vorgedrungen ist.

DIE ERSTEN HANDELSKONTAKTE IM MITTELMEER

AMPHORA
Rom, Museum in der Villa Giulia

Mit dem Begriff ›Impasto‹ werden allgemein Keramikerzeugnisse bezeichnet, deren Herstellung in frühhistorischer Zeit mit der Verwendung von Ton begann, dem feinste mineralische Bestandteile wie Glimmer, Quarz, Sand beigemischt wurden, wodurch die Festigkeit der Tonmasse während des Brennens erhöht wurde. Die Einfachheit des Verfahrens begleitete über Jahrhunderte die Technik der Modellierung mit der Hand, ohne Verwendung der Töpferscheibe, und den Gebrauch nur primitivster Brennöfen. Erst mit Beginn der ersten Kontakte zur griechischen und phönizischen Welt kam es zur Verwendung neuer Materialien, die sich einem neuen, aus dem Osten inspirierten Geschmack anpaßten. Auch die Technik entwickelte sich: Gegen Ende des 8. Jahrhunderts v. Chr. wurde die Töpferscheibe eingeführt, die Ornamentmotive traten hervor, der Einritzung folgte die Bemalung. Die italisch-geometrische Keramikproduktion setzt in Etrurien gegen 780 v. Chr. ein; fast immer handelt es sich um hellgrundige, in Rot bemalte Vasen mit Motiven, die primitiv oder monoton erscheinen könnten, die sich jedoch bei aufmerksamer Betrachtung ebenso wie die Vasenformen als recht elegant erweisen: Mäander, gerade, sich überschneidende Linien und die Einführung des Metopenfeldes mit Vogelfiguren wie auf dem Stück rechts. Die aus Cerveteri stammende Amphora links ist dagegen von etruskisch-korinthischem Stil und zeigt eine schöne figürliche Zone mit einem Zug von Tieren nach rechts sowie getupften Rosetten mit Einritzung und einem Kreuz. Zu datieren ist sie um 600 v. Chr.

ITALISCH-GEOMETRISCHE HYDRIA
aus Tarquinia,
Selciatello di Sopra
Florenz,
Archäologisches Museum

Das Entstehen der etruskischen Kunst

Der orientalisierende Einfluß sollte jedoch, auch wenn er – logischerweise – mit Verzögerung in die Gebiete des Apennins vordrang und in Etrurien das ganze 6. Jahrhundert v. Chr. über anhielt, nicht von langer Dauer sein. Wie schon gesehen, gelangten die Etrusker auf einer Seite zu einer Produktion, die man als einheimisch bezeichnen kann, nämlich der Buccherokeramik, auf der anderen Seite entwickelten sich bestimmte Charakteristika aus ihren frühgeschichtlichen Wurzeln wie die Kanopen von Chiusi.

Ein weiterer Versuch fand statt, als sich tiefgreifende Veränderungen auf dem ökonomischen Sektor des Meerhandels vollzogen, die das Mittelmeer erfaßten. Die aus Kleinasien sowie von den Inseln Kreta und Rhodos kommenden Schiffe machten sich immer rarer, während der entstehende Druck, dem die tyrrhenischen Küsten seitens der Griechen ausgesetzt waren, Besorgnisse weckte. Die hatten sich bisher feste Stützpunkte in den Häfen Süditaliens geschaffen und zielten wohl insgeheim auf die Eroberung weiterer Basen in Mittelitalien, vollkommen unbeeindruckt vom Aufstreben einer Stadt, Roms nämlich, die jedoch sehr bald ihren Namen und ihre Autorität in die Waagschale werfen sollte.

Etrurien verbündete sich mit den Karthagern gegen die Griechen und besiegte sie 540 v. Chr. zu Wasser bei Alalia auf Korsika; ein Seesieg hatte jedoch nur wenig zu bedeuten, nur wenig hatte man der stets anwachsenden griechischen Macht auf dem Felde des Handels entgegenzusetzen. Und als die Etrusker mit den griechischen Handwerkern in Kontakt kamen, waren sie ohne Zweifel fasziniert von der attischen Vasenmalerei. Diese, um die Mitte des 6. Jahrhunderts v. Chr. entstanden, hatte dank ihrer neuen schwarzfigurigen Technik über die korinthische triumphiert. Sie entwickelte eine sicherere erzählerische Sprache, die dem veränderten Geschmack der Käufer näher kam; dann, ab 530 v. Chr., hatte sie buchstäblich jede Konkurrenz durch ihre neue rotfigurige Technik aus dem Felde geworfen. Dabei wurden die Figuren auf dem rötlichen Grund der Tonmasse ausgespart und ringsum vom schwarzen Firnis begrenzt, der so den Hintergrund der Zeichnung bildete, während die Details der Figuren durch wenige ebenfalls schwarze Firnisstriche angegeben wurden. Diese neue Technik erlaubte ein entschieden höheres Spektrum an Effekten als alle anderen Darstellungsformen, und das Gefäß erreichte durch die Variation der Intensität des verwandten Firnis so starke Farbeffekte, daß sie sogar die wunderbare Polychromie der korinthischen Vasen hinter sich ließ. Auch das Themenrepertoire der Keramikgefäße war faszinierend; nicht mehr prachtvolle, aber monotone Reihen von aufeinanderfolgenden Tieren, nicht mehr exakte, aber sich wiederholende geometrische Friese, sondern Szenen des alltäglichen Lebens, Darstellungen fast vergessener Mythen, echte Illustrationen zu Ilias oder Odyssee auf Keramik.

Natürlich reizte all dies die Fantasie und den Geschmack der etruskischen Käufer, und ebenso natürlich wurde der Import attischer Keramik schnell ansehnlich, auch wenn die korinthische Produktion das ganze 6. Jahrhundert über anhielt.

Neben diesen Importprodukten fand der unerschöpfliche tyrrhenische Genius ein ›selbständiges‹ Produkt, das die Bedürfnisse der besitzenden Reichen gut befriedigen konnte, ohne daß man eine massive Ausgabe von ›Devisen‹ oder Rohstoffen auf sich nehmen mußte. Man kreiert sehr wahrscheinlich mithilfe inzwischen nach Etrurien eingewanderter Künstler jenen speziellen Typ ›Pontischer‹ Vasen – so genannt, weil man ihre Herkunft vom Schwarzen Meer angenommen hatte; ihre Produktionswerkstätten wurden jedoch in Vulci ausgemacht, wo diese Erzeugnisse hergestellt wurden, die sich über alle Küstenregionen Etruriens verbreiteten (die reichhaltigsten Funde davon wurden in Caere gemacht). Die polychromen Caeretaner Hydrien von halbovoidaler Form und mit flachen Schultern, die mit den Reihen oft fantastischer Tiere noch die

KYATHOS DES AMPHIARAOS-MALERS
(aus Vulci, Osteria-Nekropole)
Rom, Museum in der Villa Giulia

Über den Amphiaraos-Maler – die Benennung geht auf die Aufbruchsszene mit dem Heros zurück, die auf seinem bekanntesten Werk, einer in München aufbewahrten Amphora, dargestellt ist – wissen wir, daß er am Ende des 6. Jahrhunderts v. Chr. in Vulci arbeitete. Von ihm kennen wir mit Sicherheit etwa zwanzig Vasen. Von bemerkenswerter Qualität ist die Verzierung dieses kleinen Kyathos, einer 15 cm hohen und 11 cm im Durchmesser betragenden Tasse zum Schöpfen und Einschenken von Wein; sie zeigt einen Fries mit sehr verschiedenartigen Tiergestalten: dargestellt sind zwei Schwimmvögel, ein Panther, eine Sphinx, zwei Rösser im Galopp, außerdem eine zweite Sphinx, die auf der Innenseite des Griffs auf den Hinterbeinen steht. Auch die Vasenform, die an Buccherogefäße erinnert, ist von großer Eleganz.

DAS ENTSTEHEN DER ETRUSKISCHEN KUNST

ROTFIGURIGE AMPHORA
Florenz, Archäologisches Museum

Ab dem Beginn des 5. Jahrhunderts v. Chr. überläßt in Griechenland, wenig später in Etrurien, die schwarzfigurige Keramik ihren Platz nach und nach der raffinierteren, anspruchsvolleren rotfigurigen Technik: Bei ihr wird die Vase ganz mit schwarzem Firnis versehen, nur die Figuren werden ausgespart, so daß sie die rötliche Farbe der Vase erhalten. Im Innern der Figuren vervollständigt der Maler die Zeichnung mit ebenfalls schwarzem Firnis mittels eines Pinsels. Die Produktion dieser Ware erreichte größte Ausmaße, die ästhetischen Resultate dieser neuen, schwierigen Technik waren von höchstem Niveau; die dargestellten Szenen stammten aus allen Bereichen, besondere Aufmerksamkeit galt Szenen aus der Mythologie und dem täglichen Leben.

DAS ENTSTEHEN DER ETRUSKISCHEN KUNST

TOPF (OLLA)
(aus Bisenzio)
Rom, Museum in
der Villa Giulia

Dieses große Impastogefäß stammt aus Bisenzio (Visentium) in der lucumonia von Tarquinia, der Herrscherin über die Ufer des Bolsena-Sees und die umliegenden Gebiete, bevor sie die Vorherrschaft an Volsinii abtreten mußte. Die ganze Region ist voll von etruskischen Gräbern, war jedoch schon in frühhistorischer Zeit dicht bewohnt und stieg in der Eisenzeit zu hoher Blüte auf. Die Vase besteht aus einem kugelförmigen Körper ohne Henkel mit weiter Öffnung. Der hohe Fuß hat eine so geringe Standfläche, daß der Topf unstabil und unproportioniert erscheint. Der Körper selbst ist mit roten und schwarzen geometrischen Mustern dekoriert. Den Abschluß der Dekoration bildet ein umlaufendes Band von stilisierten Tänzern, je drei rote wechseln sich mit drei schwarzen Figuren ab.

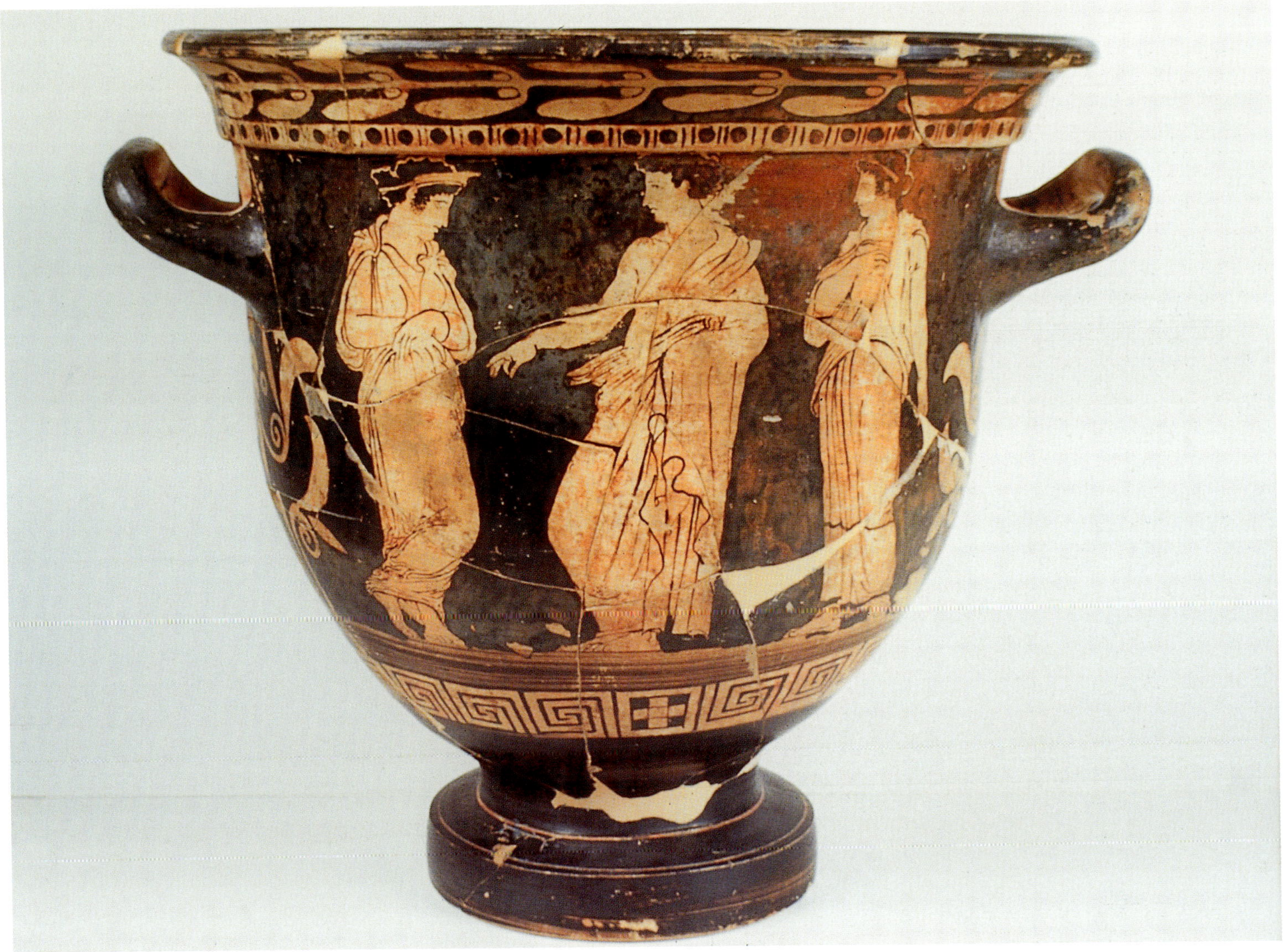

ROTFIGURIGER SOG.
›ARGONAUTEN‹-KRATER
Seite A und B
Florenz, Archäologisches Museum

Erinnerung an die korinthische Keramik bewahren, repräsentieren einen der vielen etruskischen Versuche, sich der von außen kommenden künstlerischen Invasion zu widersetzen, auch wenn sie das Werk eingewanderter ionischer Vasenmaler sind. Ein gescheiterter Versuch; vielleicht, doch kann man das nur mit dem ›verspäteten Einfall‹ behaupten, hätten sie stärker an der Buccheroware festhalten sollen, dem echten typischen Produkt Etruriens. Tatsächlich versuchte man etwas in diesem Sinn: Die schon erwähnte Veränderung der Ware von ›sottile‹ zu ›pesante‹ kann als letzter Versuch erklärt werden, die einheimischen Produkte immer mehr den Bronzegefäßen anzugleichen, die sie, wie gesehen, zu imitieren und vielleicht zu ersetzen suchten.

Es gibt jedoch eine typische Ausdrucksform der Kunst, die die Etrusker aus offensichtlichen Gründen nicht von anderen Völkern entlehnen konnten, nämlich die religiöse Architektur. Das etruskische Heiligtum konnte nämlich in seinen architektonischen Linien nicht dem griechischen Vorbild folgen, zu verschieden waren die Erfordernisse des Kults, zu wenig verwandt die religiösen Glaubensinhalte. Der tyrrhenische Tempel ist zur Betrachtung von vorn angelegt, im Gegensatz zur polylogistischen griechischen Sehweise in Holz statt in Marmor, plump und ziemlich schwer in seiner Struktur und mit Terrakotta verziert. Den Metopen, die Phidias im 5. Jahrhundert v. Chr. zu höchster Vollendung brachte, setzten die Etrusker zur selben Zeit, gepackt von der schon erwähnten Liebe zur ionischen Kunst, ihren Fries mit Reihen von Wagen und Reitern entgegen, mit Gruppen von Gottheiten, die gnädig die Ehrerbietung ihrer Gläubigen entgegennehmen. Der beim griechischen Tempel auffällig verzierte Giebel ist beim etruskischen fast schmucklos, was jedoch durch einen figürlichen Reichtum auf dem Feld der Antefixe in der Dachzone kompensiert wird. Auch die Säule ist von eigenem Typ, so daß Vitruv den Begriff ›tuskanisch‹ dafür prägt, um sie von den drei hauptsächlichen traditionellen griechischen Säulenordnungen zu unterscheiden. Die etruskische Säule war aus Holz, bei deutlicher Identität der Kapitellform entfernt dem dorischen Stil ähnlich, doch besaß sie einen glatten, nicht kannellierten Rumpf und einen Fuß.

Bleibt die Tatsache, daß die Etrusker, von unabhängigem Wesen und als Individualisten, die sie waren, es auch auf dem Gebiet der religiösen Architektur nicht schafften, wirkliche Regeln festzulegen. Die örtliche Vielfalt blieb, und die Gräben zwischen den einzelnen Stadt vertieften sich, anstatt sich zu füllen; jeder Künstler schafft, wie es ihm gefällt, und folgt den Einflüssen, mit denen er in Berührung kommt, ohne sich um bestimmte allgemeine Regeln zu kümmern.

Genau in dieser Periode setzt sich eine andere höchst bedeutende Ausdrucksform etruskischer Kunst durch: die große Wandmalerei. Ihr unbestrittenes Zentrum ist, vielleicht dank dem Werk eines großen Künstlers, des Korinthers Demaratos, Tarquinia. Dieser bringt das mit sich, was eindeutig als erster richtiger Grabstil Etruriens bezeichnet werden kann; man muß nur die Tomba degli Auguri mit dem unmenschlichen Kampf zwischen dem Hund und dem Verurteilten betrachten, die wir schon erwähnt haben; die Tomba della Caccia e della Pesca mit ihrem hinsichtlich der Natur und des Tierlebens so typisch etruskischen Bild; vor allem die Tomba dei Tori, etwa auf 530 v. Chr. zu datieren, die anscheinend nur einen griechischen Mythos darstellt, den berühmten Hinterhalt Achills für Troilos, die jedoch in der Dekoration deutliche Bezüge zu noch orientalisierenden Motiven aufweist wie die Bäume und die Palmen, vermischt mit ionischen Einflüssen, die in den menschlichen Figuren klar sichtbar werden, und mit originalen etruskischen Elementen wie z. B. dem Brunnen von der Art, wie man sie noch heute auf so vielen Plätzen Latiums oder der Toscana sehen kann.

Von einer echten Plastik hingegen scheint man noch nicht sprechen zu dürfen; jedoch verbreitet sich der Gebrauch des Basreliefs enorm. Man muß nur an die Terrakottagrabplatten aus Caere erinnern, die umfangreiche Sammlung von Chiusi, die Felsstelen von Fiesole im Freien. Die Kritiker haben den Stil dieser etruskischen Basreliefs im Vergleich mit dem griechischen Repertoire derb genannt. Doch welche Spontaneität offenbaren bei aller Ferne zu griechischer Originalität bestimmte Grabskulpturen von Chiusi, von Castro, von Vulci!

Man muß jedoch Becatti[1] recht geben, wenn er feststellt, daß »die echtesten etruskischen Gaben von Frische, Unmittelbarkeit, Lebendigkeit mehr als in der Bildhauerkunst, die gegensätzliche Qualitäten strenger Kontrolle erfordert, ihren Ausdruck in der Choroplastik finden können«, d. h. der Kunst, die Figur direkt aus weichem Ton zu formen, um sie dann zu brennen und ihr so feste Substanz zu geben.

Um sich davon zu überzeugen, muß man nur das schon genannte Ehepaar vom aus Caere stammenden Sarkophag in der Villa Giulia betrachten. Die ionischen Einflüsse sind klar zu erkennen, doch die Hand des Künstler ist sicher etruskisch; dafür finden wir unwiderlegliche Zeichen in der Art der Haarbehandlung und mehr noch bei den Augen und Lippen mit dem klassischen Ausdruck des ›etruskischen Lächelns‹. Dieses Lächeln scheint anfangs bei den Tempelstatuen angewandt worden zu sein, die man von unten betrachten sollte. Für einen perspektivischen Effekt nämlich zeigt ein Mund in normaler Haltung, von unten nach oben betrachtet, einen traurigen, verärgerten Ausdruck; um den zu vermeiden, griffen die Etrusker daher zum Trick, ihre Götter mit einem Lächeln auf den Lippen darzustellen, so daß sie von unten ernst erschienen. Und wir haben schon gesehen, daß entsprechend ihrer Mentalität die Gottheiten recht wenig zu lächeln hatten.

ANMERKUNGEN

1 Becatti, G., *L'età classica*, Florenz 1965, S. 116

FRANÇOIS-VASE
Florenz, Archäologisches Museum

Aus der Nekropole von Fonte Rotella bei Chiusi stammt der große Volutenkrater, die sog. ›François-Vase‹ – nach dem Namen des Florentiner Archäologen französischer Abkunft –, der sie 1844 fand und dem auch die Entdeckung der ausgemalten Gräber von Vulci zu verdanken ist. Das Stück ist von Ergotimos und Kleitias signiert, d. h. dem Töpfer und dem Maler, und ist in die Zeit um 550 v. Chr. zu datieren. Der Dekor ist in sechs übereinander liegende Streifen unterteilt, auf denen Erzählungen aus dem Theseus-, Achilleus- und Meleagerzyklus dargestellt sind. Aus der Geschichte dieses außergewöhnlichen Stückes ist auch an die exaltierte Person zu erinnern, die am Ende des 19. Jahrhunderts einen Hocker auf die Vase warf und so zerstörte.

FRANÇOIS-VASE
Florenz, Archäologisches Museum

Die François-Vase ist das größte und vielleicht schönste der bekannten rotfigurigen Stücke dieser Art. Wir befinden uns in der Zeit, in der die etruskische Herrschaft über das tyrrhenische Meer ihren Höhepunkt erlebte: Nach der Schlacht von Alalia vor der Westküste Korsikas, in der eine etruskisch-phönizische Allianz über die Griechen siegte, wichen diese nach Süden zurück. Für die Etrusker scheint sich damit eine Zeit unangefochtener Herrschaft zu öffnen; doch aus den verbündeten Karthagern werden schnell gefährliche Widersacher, und Rom, das sich 510 von der Dynastie der Tarquinier befreite und zur res publica *wurde, wird immer bedrohlicher.*

Der Einfluß Griechenlands

Als im 5. Jahrhundert v. Chr. alle Versuche fehlgeschlagen sind, der erfolgreichen attischen rotfigurigen Keramik eine eigene Produktion entgegenzusetzen, muß Etrurien sich damit abfinden. Man versucht, das stimmt, die hellenischen Vorbilder handwerklich zu imitieren, doch diese bleiben unerreichbar, und die etruskischen Imitationen sind deutlich unterlegen; sie werden zumeist in kleinen Ateliers ohne jene verfeinerten Brenn- und Farbfixierungstechniken hergestellt, die sich die Griechen ihrerseits vollständig angeeignet hatten. Der griechische Einfluß – und Griechenland, nicht zu vergessen, befindet sich auf dem Gipfel seiner Macht! – setzt sich in Etrurien in unwiderstehlicher Weise durch.

In Griechenland haben Vasenmalerei und die Kunst generell höchstes Niveau erreicht; der entwickelten, doch, wenn wir so wollen, relativ primitiven Mythenerzählung nach der archaischen Tradition folgen neue durch neue, schwer zu definierende Gefühle gekennzeichnete Darstellungsweisen: *pathos* und *ethos*. Immer häufiger hört man noch heute höchst berühmte Namen: Polygnotos, Mykon, Myron; die Gefäßformen werden immer verfeinerter, das Studium der Anatomie feiner und exakter. Das menschliche Leben nimmt die Stelle des göttlichen ein; den Banketten des Zeus und seines Hofes auf dem Olymp mit Nektar und Ambrosia treten Szenen des täglichen Lebens gegenüber, weniger fern, mehr in der Reichweite von allen; die Künstler ziehen ihre Inspiration aus den Palästren, den Bädern, der Schule, den mit ihren Hetären und ihren Spielen denen der Götter ganz ähnlichen Gelagen, doch gerade deswegen ansprechender – alles ein unzweifelhaftes Zeichen für die Größe der athenischen Demokratie.

Etrurien nimmt dieses ganze pulsierende Leben wahr und nimmt es in sich auf, es kann auch nicht anders. Zu groß ist der Unterschied zwischen der etruskischen und griechischen Kunst, zu schwach die Versuche (die, wie wir sehen werden, doch weiter andauern werden), als daß das tyrrhenische Volk sich gerade in diesem Augenblick dem griechischen Einfluß entziehen könnte.

Athen, nicht zu vergessen, herrscht auch politisch über das Mittelmeer; das verhängnisvolle Abenteuer des Peloponnesischen Krieges liegt noch in der Zukunft und scheint weit entfernt. Etrurien, obwohl es Veji immer stärker von Rom bedroht sieht, scheint sich darum nicht zu sorgen und ignoriert die durch Syrakus, das sich jetzt im Kampf mit dem Mutterland befindet, gebildete Gefahr, indem es das Bündnis mit dem starken Athen sucht.

Ihren Lebensprinzipien entsprechend lebten die Etrusker weiter wie immer; doch noch einmal wandelte sich ihr Geschmack. Der Einfluß der rotfigurigen Keramik, aber v. a. der direkt aus Athen importierten Produkte wurde beträchtlich; die tyrrhenischen Häfen, doch auch die von Adria und Spina am Adriatischen Meer nahmen weiter die Erzeugnisse der Werkstätten Attikas auf und verteilten sie ins Landesinnere; der Handelseifer wuchs und wuchs, niemand hätte den drohenden Niedergang und das fast nahe Ende diagnostizieren können.

Etrurien lebt sein ›carpe diem‹. Absorbiert aus Griechenland, was es kann: imitiert werden die Gefäße der attischen Vasenmalerei, man übernimmt den griechischen Mythos als Sujet; doch auch wenn die Personen sozusagen übernommen werden – nur ihre Namen werden nach der lokalen Schreibweise und Aussprache angepaßt –, all das bleibt der etruskischen Tradition fremd. Nehmen wir zum Beispiel die Spiegel, eines der typischsten Erzeugnisse der etruskischen Kunst: höchst elegant in der Form, nahezu perfekt in leuchtender Bronzelegierung gegossen, trugen sie fast immer auf der Rückseite der griechischen Mythologie entnommene Szenen mit Namensinschriften wie z. B. Achilleus, Aeneas, Paris, Helena; wenngleich ins Etruskische ›übersetzt‹,

BRONZEKANDELABER
Florenz, Archäologisches Museum

Ab der Mitte des 6. Jahrhunderts v. Chr. begann sich in vielen großen etruskischen Zentren die Produktion von Bronzegegenständen durchzusetzen, die bald sehr bedeutend wurde und über viele Jahrhunderte in ganz Italien höchst begehrt war. Zu den wichtigsten Zentren gehörten Vulci, Arezzo und Cerveteri. Dreifüße, Statuetten, Zisten und mit figürlichen Griffen dekorierte Vasen, Weihrauchständer und Kandelaber sind Zeugnisse der Raffinesse und der Perfektion in der Formgebung bei der Anwendung dieser Technik.

DER EINFLUSS GRIECHENLANDS

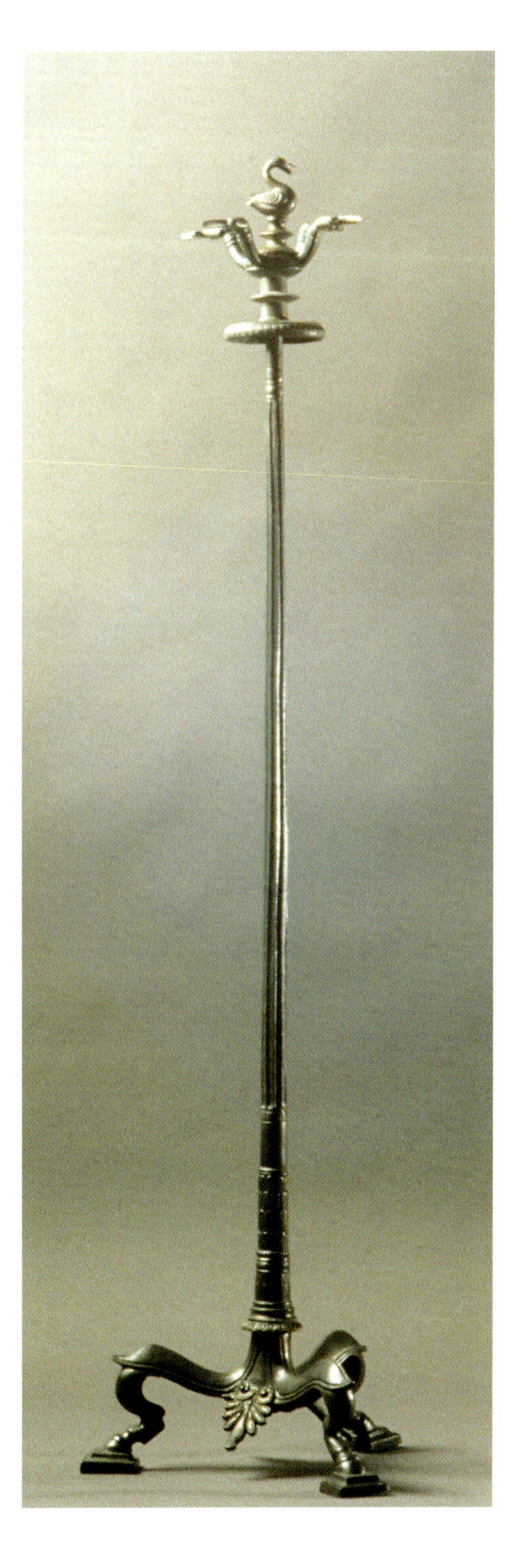

stand hinter ihnen doch immer eine dem Großteil der Käufer völlig unbekannte Geschichte. Äußerst hübsche Gegenstände, nicht anders zu sagen, doch fremd der Wirklichkeit eines Volkes und einer Nation, die sich allein aus eigener Kraft behauptet hatte.

Neben den Spiegeln produzierten die tyrrhenischen Gießer einen weiteren für die weibliche Klientel bestimmten Gegenstand, die Ziste, *cista*, einen bronzenen zylindrischen Behälter, in dem man die zur ›Toilette‹ benötigten Gegenstände unterbringen konnte. Es gibt davon ausgesprochen schöne Stücke, die ein deutliches Zeugnis für das Geschick des lokalen Handwerks ablegen.

Vielleicht sind wir am entscheidenden Punkt: Hätte Etrurien es verstanden, aus allen empfangenen Anregungen einen ganz eigenen Kunsttyp herauszuarbeiten, der es hätte aus der sklavischen Abhängigkeit vom Ausland heraustreten lassen, die stets eines ihrer Charakteristika gewesen ist, wäre vielleicht nicht nur die Geschichte der Archäologie eine andere gewesen, sondern – ohne Übertreibung – auch die Geschichte der Welt.

Doch die Etrusker lebten in einer Haltung der Abhängigkeit. Die ihnen angeborene Vitalität hatte sich der Bequemlichkeit hingegeben und – vielleicht unterstützt durch die ihnen in Gestalt der unerschöpflichen Minen geschenkte wirtschaftliche Sorglosigkeit – dem Gefallen daran, die schönsten importierten Kunstobjekte zu besitzen. Sie hatten einen künstlerischen Geschmack entwickelt, aus dem sie bedauerlicherweise nichts Eigenständiges zu machen verstanden; sie eigneten sich ihn auch nicht derart an, daß sie ihn den anderen aufnötigten. »Graecia capta ferum victorem cepit et artes intulit agresti Latio« (»das eroberte Griechenland eroberte den wilden Sieger und brachte die Künste in das bäuerliche Latium«), sagt Horaz[1] über die Römer, der die Etrusker ihrerseits nur als Zauberer und Wahrsager erwähnt.

Während aus dem Kontakt Roms mit Hellas sich entscheidende Konsequenzen für die römische Kultur ableiteten, resultierte aus der Begegnung mit den Etruskern fast nichts; wahrscheinlich durch den Umstand, daß es ihnen nicht gelang, eine einheitliche Nation zu bilden, besaßen sie keine philosophischen und religiösen Grundlagen. Die Römer, außerstande, sich eine Religion zu schaffen und philosophische Lehren auszuarbeiten, liehen sie sich aus Prestigegründen (denn im Grunde glaubten sie niemals daran) aus Griechenland. Es wäre für sie viel leichter gewesen, sie zwei Jahrhunderte früher in Etrurien zu suchen, und Tullius oder Gaius wären mit viel geringerem Aufwand nach Vulci oder Arezzo statt nach Athen studieren gegangen und hätten sich so auch die Mühe einer langen Überfahrt erspart. Doch das war nicht möglich, weil den Etruskern genau diese Art systematischer Organisation ihrer Kultur fehlte, welche die Griechen ihrerseits bis zum Exzeß pflegten.

Doch, um zum Thema zurückzukehren, wir dürfen nicht glauben, daß in Etrurien keine Zeugnisse selbständiger künstlerischer Aktivität existierten. Während einige Orte v. a. an der Küste, wie leicht zu verstehen ist, beständigen Austausch mit den griechischen Strömungen hatten, stehen wir im Landesinneren einer – oft um fast ein Jahrhundert – verzögerten Durchdringung gegenüber und insofern gerade hier der Behauptung des lokalen Handwerks.

Ein interessantes Zeugnis etruskischer Interpretation griechisch inspirierter Themen ist die Tomba delle Bighe in Tarquinia, ein wahres Epos der Athletik, das deutlich von den Rennen in Olympia beeinflußt, aber gemäß den etruskischen Bräuchen interpretiert ist. Vom eisigen Ambiente olympischer Wettkämpfe gelangen wir in eine warme, empfindsame, typisch tyrrhenische Darstellung des etruskischen Brauchs auf dem Gebiet der Athletik. Der eigentliche Protagonist ist das Publikum, das nach etruskischer Sitte aus Männern und Frauen besteht und sich auf die verschiedenen Sitzreihen verteilt; die liegen auf einer Art Tribüne, vielleicht einer der wenigen eigenen Einfälle der Tyrrhener, wenn wir bedenken, daß die Griechen fast immer Erdböschungen als Zuschauer›ränge‹ benutzten. Dieser Erfindung bemächtigten sich die Römer sehr schnell, bis hin zu den bekannten großartigen Beispielen.

Doch kehren wir zur Keramik zurück. In diesem Horizont stehen wir einem noch griechisch-orientalischen Repertoire von deutlich ionischer Provenienz mit einigen sizilischen Einflüssen gegenüber. Man hat in einigen Fällen großer Kunstfertigkeit gerade die Anwesenheit von Handwerkern vermutet, die, angezogen von den möglichen Verdiensten im Westen Griechenland verließen, nachdem sie sich einige Zeit in Sizilien aufgehalten hatten, und dann ihre endgültige Beschäftigung in Etrurien fanden. Man bediente sich zweifellos etruskischer Arbeiter, und all das trug dazu bei, daß die Erzeugnisse ihrer Werkstätten, obwohl sie in ihrer generellen Linie den Vorbildern des Mutterlandes treu blieben, nach und nach eigene Merkmale mit unverkennbar originellen Charakteristika annahmen.

Die antiken Schriftsteller griechischer Sprache beurteilten diese Vasenmaler als die schlechteren, da sie besonders wegen ihrer geringen Fähigkeiten gezwungen gewesen seien, ihr Glück im Westen zu suchen. Im Licht der jüngsten Studien erweist sich das als nicht richtig: Künstler wie der Rondini-Maler oder wie der einzige, dessen Namen wir kennen – Aristonothos – offenbaren deutlich Techniken und figurative Fähigkeiten, die anderen Produkten des Mittelmeerraumes in nichts nachstehen. Dasselbe kann man für die attische rotfigurige Malerei sagen. Der wahre künstlerische Triumph der Etrusker ist neben der üppigen Blüte der Grabmalereien in der religiösen Architektur auszumachen. Wie gesagt, ist von den zu großem Teil in Holz errichteten Tempeln selbst nur sehr wenig über den Grundriß und die Fundamente hinaus erhalten. Doch glücklicherweise besitzen wir zahlreiche ursprünglich auf dem Dachfirst aufgestellte Terrakottastatuen, die zusammen mit den Antefixen und den Verkleidungsplatten die Dekoration des Sakralbaus darstellten. Sie stammen zumeist vom sog. Apollontempel zu Veji und sind an das Ende des 6. Jahrhunderts v. Chr. zu datieren. Man weiß nicht genau, wie sie angesichts ihrer Größe aufgestellt gewesen sein mögen, vielleicht in einer Weise, die in überraschender Art an das Balkenwerk der Hüttenurnen der Villanovakultur erinnerte. Als fast sichere Zeugnisse einer besonders bedeutenden lokalen choroplastischen Schule enthüllen sie die Großartigkeit der etruskischen plastischen Kunst.

Unter ihnen sticht das unbestrittene Juwel, der Apollon von Veji, hervor, eine rundplastische Statue, die praktisch unversehrt auf uns gekommen ist, es fehlen nur der gesamte linke Arm und die rechte Hand. Anscheinend haben die Römer, offenbar in der Absicht, den Tempel für verschiedene Gottheiten zu benutzen, die Skulpturen abgenommen und begraben, und dem ist ihre Unversehrtheit zu verdanken. Der Apollon zeigt einen deutlichen Einfluß der gleichzeitigen griechischen Werke, doch die Ausgestaltung der energischen Bewegung, von seiner für einen Dahinschreitenden typischen Pose unterstrichen, und das rätselhafte, fast spöttische Lächeln sind typisch etruskisch und besitzen jene Ursprünglichkeit, die man an vielen Werk der tyrrhenischen Kultur bemerken kann.

Auch die übrigen Statuen des Tempels von Veji bestätigen diesen Eindruck, weswegen man inzwischen völlig die 1916 – dem Jahr ihrer Entdeckung – aufgestellte Hypothese aufgegeben hat, es handele sich um das Werk eines eingewanderten griechischen Künstlers.

In dieser Periode kommt auch eine andere Kunstform auf und entwickelt sich: die Metallbearbeitung. Wir wissen z. B., daß es in Vulci eine blühende Werkstatt für Bronzedreifüße gab. Doch scheint es hier wichtiger, mit unserer Aufmerksamkeit bei einigen Objekten von seltener Schönheit zu verweilen, die auch historisch recht bedeutend sind.

DER EINFLUSS GRIECHENLANDS

Beginnen wir mit den Goldblechen von Pyrgi, dem Hafen von Caere, die im vom Lukumonen (dem Stadtkönig) Thefarie Velianas der Göttin geweihten Heiligtum gefunden worden sind; wir haben uns mit ihnen schon im Zusammenhang mit der etruskischen Sprache beschäftigt. Sie sind eine klare Bestätigung für die überaus engen Beziehungen, die zwischen Karthago und Etrurien existierten, als beide eine Koalition gegen die Griechen bildeten; sie reichten offenbar vom militärischen und kommerziellen Bereich bis hin zum religiösen und kulturellen.

Wir befinden uns noch am glücklichsten Zeitpunkt des tyrrhenischen Volkes: Kolonien werden im Norden und Süden gegründet, und sie genießen Wohlstand durch das Mutterland, da sie gleichzeitig als ›Puffer‹ gegen den gallischen und griechischen Druck dienen. Gerade aus Norditalien, aus der Umgebung Bolognas, kommt eines der interessantesten Objekte der gesamten etruskischen Kunstgeschichte: die Situla von Certosa. Es handelt sich um ein großes Bronzegefäß in Eimerform, das zur Aufnahme der Asche eines Verstorbenen diente. Zu datieren ist es auf den Beginn des 5. Jahrhunderts v. Chr., und es zeigt in vier Abteilungen in Treibtechnik verschiedene Szenen

ANTEFIX
AUS TERRAKOTTA
Florenz,
Archäologisches Museum

Das Hauptmerkmal der etruskischen Religiosität ist die durchgehende Beachtung der zahllosen verschiedenen Naturphänomene, die als Zeichen des göttlichen Willens interpretiert wurden; wie in allen Religionen äußert sie sich auch in der Errichtung von Gebäuden zu Ehren der Götter und zur Durchführung des ihnen zukommenden Kults. Im Unterschied zu den griechischen Vorbildern lassen die etruskischen Tempel viel Raum für die Verzierung durch Terrakotta. Ein Beispiel dafür sind die Antefixe, skulptierte und fast immer bemalte Ziegel, die an der Stirnseite des Dachbalkens oder auf dem Dachgesims des Tempels angebracht waren. Ihre oft groteske Gestaltung drückt die ganze Originalität des tyrrhenischen Geistes aus.

ANMERKUNGEN
1 Horaz, *Epoden*, II, 1, 156

etruskischen Lebens, die von sich aus vieles besser erklären können als viele schriftliche, schwer interpretierbare Dokumente. Erhellend ist die Darstellung des Heeres auf dem Marsch, die Kavallerie an der Spitze, gefolgt von der Infanterie und dann in Reih und Glied von drei Abteilungen Angriffsschützen; die Reihe wird geschlossen von den damaligen Sturmtruppen, den Leichtbewaffneten. All das liefert nicht nur ein Zeugnis für die Militärformation der Etrusker, sondern v. a. verdeutlicht es, daß die überlieferte Struktur der berühmten und fast unbesiegbaren römischen Legion mit den Reihen der *hastati*, der *principes* und der *triarii*, davor die *velites*, von den Etruskern abgeleitet wurde, die sie – diesmal sicher – nicht von den Griechen übernommen hatten, die andere Kampfweisen gewohnt waren.

Außerdem werden auf der Situla Figuren von Opfernden, Szenen auf dem Felde und bei der Hasenjagd, Frauen mit – wie heute noch – Bündeln von Brennholz auf dem Kopf dargestellt; es sind durch das tägliche Leben der Etrusker inspirierte Szenen von außerordentlichem Realismus, denen sich die üblichen Elemente des orientalisierenden Stils wie die geflügelten Löwen in der unteren Abteilung zugesellen. Auch die Bläser durften nicht fehlen: man sieht sie auf dem vorletzten Streifen an einem Tisch von raffinierter, wenn auch, frei gesagt, eher bizarrer Form sitzend.

Ein weiteres Metallobjekt weist ziemlich bemerkenswerte Charakteristika auf. Ich meine den großen Bronzeleuchter im Museum von Cortona, in seiner Art ein einzigartiger Gegenstand, gebildet aus sechzehn Armen, deren Teller mit Öl gefüllt wurden, dazwischen die höchst geschickte plastische Darstellung eines Stierkopfes mit menschlichen Gesichtszügen. Die Verzierung der Arme besteht aus mit dem universellen Wald- und Weinkult verbundenen Motiven wie Silenen und Doppelflöte spielenden Satyrn oder aus dem ebenfalls universellen Meereskult entstammenden Gestalten wie singenden, von Musik begleiteten Sirenen. Ein vielfältiges Repertoire, das zu denken gegeben hat: Viele Gelehrte haben darin irgendeine Symbolik unmittelbar kosmischen Charakters gesehen, besonders in der Gestalt der von Schlangenköpfen umzingelten und von einem Wellenmotiv umgebenen Gorgo, auf dem sich Meeres- und Landkreaturen abzeichnen (unterer Teil des Kandelabers). Unvermeidlich entzieht sich uns seine Bedeutung, doch gelänge es, sie zu erklären, trüge es unzweifelhaft zu unserer Kenntnis der komplexen etruskischen Mentalität bei. Der Reiz dieses Gegenstandes wird noch vermehrt durch das Geheimnis, das die bis jetzt vollständig unbekannten Umstände seiner Entdeckung betrifft.

DER EINFLUSS GRIECHENLANDS

RHODISCHE BRONZE-OINOCHOË
aus Populonia,
Tomba dei Flabelli
Florenz,
Archäologisches
Museum

Etrurien importiert und schafft Kunst

Während in Griechenland die unvergleichliche rotfigurige Vasenmalerei triumphiert, versucht Etrurien noch einmal zu reagieren und dem exuberanten Import hellenischer Produkte seine eigenständige künstlerische Produktion entgegenzusetzen. So gewahren wir den eher naiven und zu katastrophalen Ergebnissen führenden Versuch, die roten Figuren direkt in rot auf schwarzen Grund aufzumalen, ein unübersehbar vergebliches Streben nach Imitation. Es ist der Moment, in dem Etrurien noch für kurze Zeit vom griechischen Geschmack bestimmt ist. Die tyrrhenischen Häfen Mittel- und Süditaliens sowie die in der nördlichen Adria werden buchstäblich von attischen Vasen überschwemmt.

Besondere Bedeutung erlangt in dieser Periode eine fast an der Mündung des Po gelegene, in Luxus und Glanz blühende Stadt: Spina, die als Vorläuferin einer anderen Handelsmacht bezeichnet worden ist, nämlich Venedigs, die später mehr als ein Jahrtausend die Adria beherrschen sollte. Spinas ökonomische Bedeutung war durch die klassischen Quellen bekannt, insbesondere Plinius und Strabon, doch erst die nach einer sorgfältigen Erkundung aus der Luft durchgeführten Grabungen in der Zeit zwischen den beiden Weltkriegen vermittelten ihr genaues Ausmaß. Der Fund ihrer gigantischen Nekropole, die jetzt mehr als tausendfünfhundert Gräber zählt, dokumentiert tatsächlich die außerordentliche Bedeutung dieses Zentrums. Prachtvolle Grabbeigaben, tausende und abertausende in das 6. bis 4. Jahrhundert v. Chr. zu datierende attische Vasen, goldene Gegenstände und Geschmeide aus wahrscheinlich einheimischer Produktion stellen nur ein blasses Zeugnis dessen dar, was damals an die sumpfige adriatische Küste gelangte.

Spina, genau wie Venedig mit einem künstlichen ›Canal Grande‹ erbaut, in dem auch die größten Schiffe der Zeit sichere Zuflucht finden konnten, mit einem Stadtplan, der ein dicht bewohntes Stadtzentrum und ein klar davon abgegrenztes Viertel am Meer zeigt, war zur Haupthandelsbasis für griechische Schiffe und ihre kostbare Fracht geworden.

In dem Jahrhundert, in dem Phidias den Parthenon und die Zeusstatue von Olympia vollendet, in dem Polyklet uns den ersten repräsentativen Kanon der Darstellung des Menschen liefert, erreichte die attische Vasenmalerei gleichfalls ihren höchsten Glanz; die Maler beherrschen jetzt vollkommen die perspektivische Verkürzung und Ansicht und beginnen, große Vasen wie Kratere und Hydrien zu bevorzugen, auf denen sie die Helldunkelmalerei in noch größerer Pracht entfalten können, die gerade entdeckte neue Technik. Ein berühmter Name setzt sich vor allen anderen durch: Polygnotos. Dieser Schöpfer einer neuen Raumkonzeption, die sich auf Effekte höchst moderner Perspektivgestaltung gründet, begründet zusammen mit seinem Mitarbeiter Mykon die attische Klassik in der Vasenmalerei, die sich gegen die Mitte des 5. Jahrhunderts endgültig durchsetzt.

Syrakus bedroht die tyrrhenischen Küsten jetzt von nahem und hat schon entscheidende Siege bei Cumae errungen, womit es der Expansion der etruskischen Flotten einen tödlichen Schlag versetzt; diese mußten auch den Verlust des kampanischen Zwölfstädtebundes registrieren, der in die Hand der Samniten gefallen war. Veji wird immer stärker von den Römern bedrängt, Korsika und auch die eisenreiche Insel Elba sind in Gefahr; doch Etrurien bleibt noch reich und stark und imstande, der Welt seine wirtschaftliche Macht aufzuzwingen und weiterhin Gegenstände zu kaufen, die ausschließlich dem reinsten Luxus dienten.

Nicht nur: Architektur und die Schmückung der Grabwände erreichen höchstes Niveau, ein Zeichen dafür, daß die Sorgen noch fern sind; sie verschiebt man in größter Ruhe auf später. Es lohnt sich, ein wenig bei den Grabfresken zu verweilen und die Ergebnisse in den Vordergrund zu rücken, zu denen mehr als zwei Jahrhunderte künstlerischer Bemühungen geführt haben. In Tarquinia, wie schon wiederholt bemerkt, bildete sich eine Malschule heraus, die gegenüber den übrigen Zentren (ausgenommen das spätere Beispiel von Vulci, wie wir sehen werden) eine Avantgardeposition einnahm. Auch bei der Grabmalerei unterliegen die Etrusker ohne Zweifel griechischen Einflüssen, doch gerade auf diesem Gebiet ist ihre Originalität hervorstechend. Warum? Vielleicht war diese Art Kunst ihrem Geschmack besonders kongenial und mehr noch ihrem Naturell, das die für den Vasenmaler nötige Reflexion bei der Ausarbeitung scheute und auf den weißen Grabwänden seiner Fantasie freiesten Lauf konnte. Die unbekannten Künstler schufen wie nie zuvor auf den bemalten Wänden wahrhaft neue, originale Darstellungen, besonders aus dem Leben des tyrrhenischen Volkes.

Die Technik stand dem in nichts nach: Die durchgeführten Studien haben deutliche Hinweise darauf gegeben, wie der Künstler arbeitete; zunächst skizzierte er eine vorbereitende Zeichnung, die eine leichte Rille auf der geweißten Wand hinterließ, bisweilen eine durchgehende Linie ohne jede Unsicherheit, was ein eindeutiges Zeichen für die Existenz eines Modells ist, einer Arbeitsfassung auf Karton; in anderen Fällen gewahren wir die ›Korrekturen‹ des Künstlers, der offensichtlich nach freier Inspiration schuf: das sind die lebendigsten, spontansten, entschieden die besten Werke. Dann ging es an das farbige Ausmalen, in einer Technik halb zwischen Tempera und Fresko, angepaßt an die zeitlichen Umstände, doch leider zeigt die Technik jetzt die Grenzen ihrer Haltbarkeit, wo die Gräber geöffnet sind und täglich von hunderten von Personen besucht werden.

Die Künstler waren allesamt Etrusker. Das hätte auch nicht anders sein können angesichts dessen, daß ein Grieche sich seinerseits wohl kaum an die typisch etruskische Konzeption des Grabes als der Wohnung des Verstorbenen angepaßt hätte. Bemerkenswert sind die Expressivität, die Vitalität, der entschiedene Sinn für Farbe und Dekoration dieser Malereien, die einen der bedeutendsten malerischen Zyklen aller Zeiten darstellen, trotz der Unterschiedlichkeit der Künstler und der Komplexität des Stils.

Es ist viel über die unbezweifelbar zwischen den beiden Taucherfiguren anzutreffende Parallelität geschrieben worden, der aus dem gleichnamigen Grab in Paestum (Tomba del Tuffatore) und der aus der Tomba della Caccia e della Pesca in Tarquinia; dabei hat man eine Beteiligung griechischer Maler an der Ausschmückung der Wände der etruskischen Nekropole vermutet. Man weiß dazu nichts Sicheres; die moderne Kritik neigt sogar dazu, eine derartige Hypothese auszuschließen. Tatsache bleibt, daß eines der Gräber, das stets als Beispiel für die etruskische Natürlichkeit und Lebendigkeit im Gegensatz zum in dieser Periode herrschenden strengen griechischen Stil angeführt wird, sein genaues Gegenstück auf einer Wand mit rein hellenischem Ambiente findet. Doch das ist nicht allzu verwunderlich. Sicher hatten die tyrrhenischen Maler bestimmte Vorbilder auf griechischen Vasen vor Augen, die dann nach ihrem Geschmack und ihrer besonderen Erzähl- und Beschreibungstechnik abgewandelt und interpretiert wurden.

Dasselbe geschah in größerem Ausmaß im Bereich der griechischen Kolonien in der unmittelbar nachfolgenden Periode; tatsächlich ist sich die Wissenschaft fast einvernehmlich in der Datierung des Grabes von Tarquinia in die Zeit 530–510 v. Chr. einig, während das Grab von Paestum auf 480–470 zurückgehen soll.

Auch weitere Schöpfungen auf anderen künstlerischen Gebieten sind einheimischen Ursprungs, v. a. solche von kunsthandwerklichem Charakter. Noch einmal gelangen Importe aus dem Osten nur sehr langsam und mit deutlicher Verzögerung in die Gebiete Inneretruriens, während in Spina und den anderen Küstenzentren riesige Mengen rotfiguriger Vasen eintreffen; in Chiusi beispielsweise gibt es Zeugnisse für die Fortsetzung eines ausgeprägt orientalisierenden Stil. Diesen Phänomenen der Verzögerung entspricht gewöhnlich eine größere Intensität in der kunsthandwerklichen Produktion. So findet in einem land- und weidewirtschaftlichen Gebiet wie dem von Chiusi, das aus sich heraus konservativer ist – fast unangefochten wird hier die Praxis der Einäscherung beibehalten –, weiterhin die Produktion von Kanopen statt. Die Gesichter der Verstorbenen besitzen jetzt keine porträthaften Züge mehr und werden immer stereotyper (es gibt Stilisierungen nach festen Typen: der Junge, der Alte, der Ernste, der Lächelnde ...); dann werden auch die Kanopen immer weniger, bis sie zu Beginn des 5. Jahrhunderts v. Chr. verschwinden. Sie werden Sitzstatuen mit beweglichem Kopf Platz machen, die in ihrem hohlen Leib die Asche des Verstorbenen aufnehmen, regelrechten Statuenurnen, die in ihren äußeren Zügen, besonders im Gesicht, deutlich die gleichen Motive zeigen wie die archaische Plastik der griechischen Kolonien.

Doch die plastische etruskische Kunst ist jetzt, und besonders im Innern des Landes, zur Schaffung ganz ›überraschender‹ Werke in der Lage; als ein solches kann man sicher die große Chimären-Bronze bezeichnen. 1554 bei Arezzo gefunden (einer Stadt mitten im Landesinnern, doch wegen ihres gewerblichen Charakters besaß sie umfassendere und zahlreichere Kontakte zu den überseeischen Völkern als Chiusi), hat sie Ströme von Tinte fließen lassen; ihre Schönheit wurde gepriesen und ihre etruskische Wurzel infragegestellt. Gehen wir bei der Frage der Reihe nach vor. Es handelt sich um eine rundplastische Darstellung des dreiköpfigen mythischen Wesens (mit Löwenkopf, einem Ziegenkopf etwa auf der Mitte des Rückens und einem Schlangenkopf am Schwanzende), dargestellt in ungewöhnlich kraftvoller Haltung beim Abwehrversuch gegen den Angriff eines Feindes (es scheint gerade nicht, wenn man die Pranken und den Körper aufmerksam betrachtet, möglich zu sein, darin eine aggressive Haltung zu sehen, wie dennoch manche meinen). Man lasse sich nicht von dem Ziegenkopf irreführen: es handelt sich um eine Ergänzung aus der Renaissance; ursprünglich war dieser wahrscheinlich gegen den Angreifer gerichtet. Auf der rechten Pranke ist deutlich die Inschrift *tinscvil* zu erkennen (zu übersetzen mit »Weihgeschenk«), die offenbar direkt in der Gußform enthalten war und nicht in das fertige Werk eingraviert wurde. Diese Aufschrift deutet daher darauf hin, daß wir uns vor einem zweifelsfrei für einen etruskischen Tempel bestimmten oder wenigstens für einen solchen in Auftrag gegebenen Werk befinden, gewiß nicht vor einem Kriegsbeutestück oder einer zufälligen Erwerbung. Bestimmte Vergleiche mit einigen sizilischen Münzen haben Anlaß gegeben, das Stück einem großgriechischen Künstler zuzuschreiben, und es ist offenkundig, daß der klassische Stil auf die Chimäre einen entscheidenden Einfluß gehabt hat; daher ist ihre Erschaffung ohne griechische Erfahrung nicht denkbar. Ein einflußreiches Wort dazu haben Ranuccio Bianchi Bandinelli und Antonio Giuliano gesprochen, die feststellen, daß »jede Zuschreibung zu einer nichtetruskischen Werkstatt wegen einiger typologischer Merkmale fallengelassen werden muß, die sich nie im griechischen Schaffen finden: besonders der Anschluß der Ohren hinter, nicht vor der Mähne. Dieses Merkmal wie auch das unter den Nasenlöchern grimmig zusammengezogene Maul sind Züge, die in die etruskische Kunst nach Vorbildern orientalischer Löwen Einzug gehalten haben, die, ab dem 7. Jahrhundert imitiert, dort aufrechterhalten sind, auch wenn der besondere Typus der Chimäre in Etrurien auf den zurückgeht, der sich als charakteristisch für die Kunst Korinths zeigt«.[1]

Viel wurde auch über die Datierung dieses Meisterwerks diskutiert, für das einmal einmütig das Ende des 5. Jahrhunderts v. Chr. bestimmt wurde, während man es in jüngerer Zeit auf die erste Hälfte des 4. Jahrhunderts heruntergedatiert hat. Bedeutender scheint hingegen ein anderes Problem: Sollte die Chimäre ein für sich stehendes Ge-

ETRURIEN IMPORTIERT UND SCHAFFT KUNST

WANDMALEREI
(aus Vulci)
Rom, Villa Albani

Ein ganz besonderes Fresko, sehr verschieden von den farbenprächtigen Szenen mit Banketten, Jagd und Fischfang, Tanz oder – im Gegensatz dazu – von den schaurigen Darstellungen der Unterwelt, die man in Tarquinia bewundern kann. Auch in diesem Fall bezieht sich die Malerei auf den Tod, jedoch in einer recht charakteristischen Weise, die Anlaß zu kontroversen Interpretationen gegeben hat. Der Verstorbene (ihm ist sein Name beigegeben, Vel Sathies, Angehöriger einer sehr vornehmen Familie), mit einem eleganten Chiton bekleidet, steht in steifer Stellung mit ernstem Blick da und fixiert etwas, den Blick starr nach vorn gerichtet. Der Junge unten (nach einigen der Sohn, nach anderen ein einfacher Diener), nur mit einer Tunika bekleidet, hält zwischen den Fingern einen Vogel als Symbol des aus dem Erwachsenen entwichenen Lebens, das er statt seiner noch in Händen hat. Das Ganze ruft ein Gefühl süßer Melancholie und schwebender Trauer hervor.

MATER MATUTA
Florenz,
Archäologisches Museum

Im großen Universum der etruskischen Religion sticht die Allmacht einer weiblichen Gottheit hervor, der Matuta, der Göttin des Morgens und der Morgenröte. Zunächst wurde sie mit der Mutter Erde gleichgesetzt, später mit der griechischen Gottheit Leukothea (›Weiße Göttin‹) oder Albunea, schließlich – auch im Kult – mit Ino oder Juno. Sie wird ziemlich häufig dargestellt, immer in mütterlicher Gestalt, sowohl in Form von Statuen oder Cippi aus Stein als auch – seltener – in der Vasenmalerei.

schenk bilden oder war sie Teil einer bedeutenderen, großartigeren Gruppe? Ein in der Villa Giulia aufbewahrter Spiegel zeigt eine Szene, auf der ein diesem sehr ähnliches Tier heftig von Bellerophon auf seinem geflügelten Pegasus angegriffen wird. Es ist sehr wahrscheinlich, daß die Chimäre Teil einer derartigen Gruppe gewesen ist, in der auch irgendein Angreifer auftauchte; das zeigt die sterbende Haltung des Ziegenkopfes, auf der in äußerst realistischer Weise eine breite Wunde klafft, aus der reichlich große Blutstropfen hervorquellen.

Als Weihegabe kann unsere Skulptur jedoch sehr gut allein stehen. Es ist sicher, daß, sollte sie Teil einer Gruppe gewesen sein, es sich um einen Skulpturenkomplex von unbeschreiblicher Großartigkeit und Schönheit gehandelt haben muß, deren Verlust für uns nur höchst betrüblich ist.

Schmerzlicherweise besitzen wir nicht zahlreiche weitere Zeugnisse der Bronzekunst der Etrusker, aber immerhin ein weiteres neben der Chimäre sicher tyrrhenisches Werk: den sog. Arringatore (»Redner«), der jedoch auf das letzte Jahrhundert v. Chr. zurückgeht, als Etrurien schon endgültig und vollständig jeden Rest seiner Unabhängigkeit verloren hatte. Doch wissen wir mit absoluter Sicherheit, daß die Etrusker auf dem Gebiet der Bronzekunst höchst versiert waren.

Als auch die letzte *lucumonia*, Volsinii, im Jahre 265 v. Chr. den immer heftigeren römischen Offensiven nach einer langen Belagerung, die die Geduld und Kriegskunst der Römer auf eine harte Probe gestellt hatte, erlag, gab es Plünderungen ohne gleichen; die Quellen sprechen von zweitausend nach Rom verbrachten Bronzestatuen (waren die Invasoren in das Fanum Voltumnae eingedrungen?), die dort eingeschmolzen wurden und zur Prägung der Münzen dienten, die für die Unternehmung des schon drohenden Krieges gegen Karthago nötig waren, die alte Freundin und Verbündete der Etrusker. Dem Verlust der tyrrhenischen Unabhängigkeit steht auf der anderen Seite der – für uns schwere – Verlust einer Menge von Skulpturen gegenüber, die uns zweifellos eine tiefere Kenntnis auf diesem Feld der etruskischen Kunst ermöglicht hätten. Stattdessen müssen wir uns fast ausschließlich auf kleine Bronzeobjekte stützen, insbesondere auf eine große Zahl von Spiegeln; diese zeugen von ihrer unbezweifelbaren Geschicklichkeit als Metallgießer, doch weisen sie ziemlich unterschiedliche Charakteristika auf. Zumeist bestätigen sie jenes Fehlen organischer Harmonie im etruskischen Kunstschaffen, das wir schon mehrere Male festgestellt haben.

Ich habe von nur zwei Exemplaren von Großplastik aus Metall aus zweifelsfrei etruskischer Produktion gesprochen. Tatsächlich unsicher und immer mehr in Frage gestellt ist die Statue des sog. Mars von Todi im Museo Gregoriano, die ein Fortleben des griechischen strengen Stils zu bezeugen scheint und tyrrhenische Merkmale nur im Typ des Brustharnischs aufweist; recht unsicher auch die berühmte dem Mars heilige Wölfin vom Kapitol, die den Römern (die ihr auch die Gestalten von Romulus und Remus hinzufügten) besonders ans Herz gewachsen war, auch weil sie ein Zeichen des Himmels trug, nachdem 65 v. Chr. ein Blitz in sie eingeschlagen war. Von den unzähligen Meistern der Skulpturenkunst, die im noch in Blüte stehenden Etrurien des 5. Jahrhunderts v. Chr. ihre Werkstatt gehabt haben müssen, ist uns nur ein Name überliefert, der von Vulca aus Veji (vielleicht der Schöpfer des Apollon), der der gefeiertste und außergewöhnlichste der etruskischen Choroplasten gewesen ist.

ANMERKUNGEN

1 Giuliano, A., Bianchi Bandinelli, R., *Etruschi e Italici prima del dominio di Roma*, Mailand 1973, S. 202

CHIMÄRE VON AREZZO
Florenz, Archäologisches Museum

Arezzo war nicht nur Wirkungsstätte bedeutender Choroplasten, sondern auch offen für die Aufnahme von Anregungen, die aus der gleichzeitigen griechischen Kunst kamen, und ebenfalls eines der wichtigsten Zentren der Bronzekunst und der Metallproduktion in industriellem Maßstab. Das bezeugt auch der Umstand, daß es die einzige etruskische Stadt war, die Scipio mit Objekten aus Bronze oder Eisen belieferte, als er zu Ende des 3. Jahrhunderts v. Chr. die Landung in Afrika vorbereitete. Ein noch bedeutenderer Beweis indes für das hervorragende in der Bronzeverarbeitung erreichte künstlerische Niveau findet sich in den hier gefundenen Kunstwerken, unter denen das bekannteste zweifellos diese außergewöhnliche Chimäre mit drei Köpfen ist, einem Löwenkopf, einem Ziegenkopf auf der Mitte des Rückens und einem Schlangenkopf am Ende des Schwanzes. Dieses herrliche Meisterwerk ist mit aller Wahrscheinlichkeit in die Wende vom 5. zum 4. Jahrhundert v. Chr. zu datieren.

ETRURIEN IMPORTIERT UND SCHAFFT KUNST

ETRURIEN IMPORTIERT UND SCHAFFT KUNST

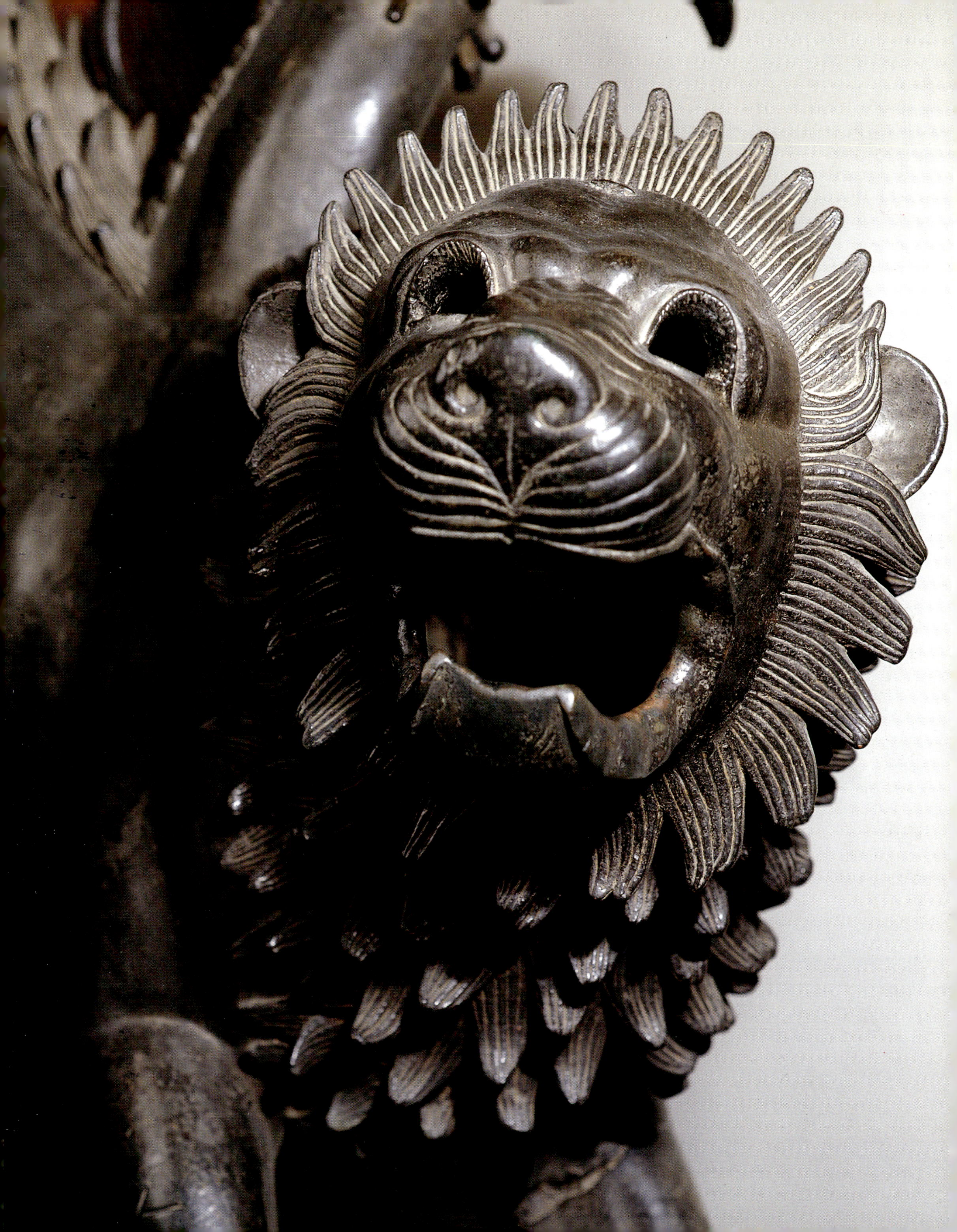

Der Beginn des politischen und künstlerischen Niedergangs

Mit dem Ende des 5. und dem Beginn des darauffolgenden Jahrhunderts erreicht die Krise, deren Symptome schon zu beobachten gewesen waren, ein galoppierendes Tempo.

Veji, die südlichste der etruskischen Städte, steht immer stärker unter dem Druck der römischen Legionen und sieht sich v. a. im Innern der einstmals so gefestigten Konföderation isoliert; trotz ihren drängenden Hilferufen und den erregten Zusammenkünften im Voltumnatempel rühren die übrigen elf Städte des Zwölfstädtebundes keinen Finger, um der Schwesterstadt zu helfen. Gerade ein Jahrhundert ist vergangen, seit Porsenna die etruskische Drohung vor Roms Mauern getragen hatte, doch offensichtlich hatte sich etwas auf irreversible Weise verändert. Angst vor den Konsequenzen einer zu offensichtlichen Unterstützung, die Repressalien vonseiten der Römer entfesseln konnte? Ein fehlerhaftes Kalkül, aus dem man Veji in der Hoffnung opferte, daß der Feind sich mit dessen Territorium zufrieden geben könnte? Dieses Mal ließen die Götter der Etrusker ihre Intentionen gegenüber den forschenden Haruspices nicht genau erkennen; nach einer vielleicht zehn Jahre währenden Belagerung fällt Veji nach heldenhaftem Widerstand im Jahre 396 v. Chr. und mit ihm zusammen die beiden Kleinstädte, die allein ihm gewisse Hilfe gestellt hatten, Sutri und Nepi; Livius nennt sie die »claustra Etruriae«, die »Tore Etruriens«, jetzt standen sie dem Feind vom Tiber sperrangelweit offen.

Genau in dieser selben Periode, wenn auch vielleicht nicht genau am selben Tag, wie es eine antike Überlieferung will, wird auch die wichtigste unter den Städten des nördlichen Zwölfstädtebundes, Melpum, das reiche Zentrum der Val Padana (sehr wahrscheinlich das heutige Melzo) von den Galliern zerstört. Ein gleichzeitiger Doppelangriff von Norden und Süden, der als dramatische Konsequenz den Verlust beider Grenzstädte nach sich führte und den Beginn des unaufhaltsamen Niedergangs Etruriens bezeichnete.

Doch es mußte noch viel Zeit verstreichen: Die Tyrrhener besaßen ausreichend Energien, wenn nicht um effektiv zu reagieren, so wenigstens doch um den endgültigen Fall noch lange zu verzögern. Auch wenn das 4. Jahrhundert das Ende der etruskischen Seeherrschaft bezeichnete, erlaubte der Umstand, daß die auf wundersame Weise aus der schrecklichen Kelteninvasion mit heiler Haut davongekommenen Römer hart von den Samniten in Anspruch genommen wurden, unserem Volk, das Jahrhundert in relativer Ruhe hinter sich zu bringen.

Auf künstlerischem Gebiet gewahren wir deutlich mit den politischen Ereignissen verknüpfte Phänomene; der Verlust Vejis und der Niedergang der Aktivitäten zur See bringen die Kontakte mit Griechenland zum Nachlassen, was die Herausbildung zweier recht unterschiedlicher figurativer Strömungen zur Folge hat. Auf der einen Seite lassen sich einige Künstler weiterhin von griechischen Vorbildern der Zeit inspirieren, auf der anderen führt die Verminderung und die Unterbrechung der Beziehungen zu Hellas zur Stärkung der einheimischen Werkstätten, die einen volkstümlichen Stil pflegen.

Wir befinden uns in der Folgezeit nach dem Ende des Peloponnesischen Krieges; die rotfigurige attische Keramik steht vor ihrer Endphase, dagegen beginnt die große Periode der italiotischen Vasen mit reichster Produktion in Lukanien, Kampanien und Apulien, die die Etrusker mit höchstem Interesse beobachten.

Tongefäße, die kampanische Ware, aber auch solche aus anderen Regionen der Magna Graecia imitieren, finden sich in den Gräbern dieser Epoche im Überfluß, auch wenn der größte Teil der Erzeugnisse sich auf die Aufwertung des einheimischen Stils zu konzentrieren scheint. In diese Zeit gehören die Kratere von Volterra, die in großem Stil in das gesamte Territorium des Bundes exportiert werden. Darin zeigt sich die fortschreitende Etruskisierung der traditionellen Figuren der attischen Keramik: die Frauen erscheinen darin nach etruskischer Sitte gekleidet und wie immer getreu ihren Bräuchen und ihrem Geschmack schwer mit Schmuck behängt; die Palmetten des gewohnten Repertoires machen Gewächsen Platz, die dem örtlichen Umfeld näher stehen, v. a. der Traube; der Stil ist linear, fast erzählerisch.

Gerade in dieser Periode jedoch werden in Tarquinia die Zeichen zunehmender Schwächung der großen Maltradition des 6. und 5. Jahrhunderts evident; v. a. nimmt die Zahl der ausgemalten Gräber bemerkenswert ab, während die mit schlicht geweißten Wänden häufiger werden, ein schmerzliches wie unwiderlegliches Zeugnis der zurückgegangenen ökonomischen Macht der Stadt, die auch in Anbetracht ihrer südlichen Lage den Veji versetzten Schlag aus nächster Nähe spüren mußte. Das bedeutet nicht, daß dort keine großen Meisterwerke mehr vorkommen, die den vorherigen völlig ebenbürtig sind; die Tomba delle Bighe zeigt ein höchst lebhaftes Fresko mit gymnastischen Wettläufen, die von lebhaften, miteinander diskutierenden Zuschauern aufmerksam verfolgt werden; in der Tomba dei Leopardi scheint das dargestellte Bankett nichts von den Wolken zu spüren, die sich am Himmel Etruriens zusammenziehen; das interessanteste Bildrepertoire ist jedoch in der Tomba dell'Orco zu finden, einem Grab mit zwei Kammern, von denen die erste zwischen 375 und 350 v. Chr. ausgemalt wurde, die andere etwa vierzig Jahre später.

In der ersten – von Zeit und Feuchtigkeit leider ziemlich angegriffenen – Kammer sticht eine der faszinierendsten Gestalten des gesamten etruskischen Schaffens hervor: ein Mädchen, von dessen Namen drei Buchstaben erhalten sind, Vel- (Velia oder wahrscheinlicher Velcha); von ihm können wir nur das Gesicht sehen, doch muß das Mädchen dargestellt sein, wie es, während es ruhig ausgestreckt daliegt, an einem Bankett im

ETRUSKISCHE SARKOPHAGE

Die bedeutendsten Zentren der Graburnen- und Sarkophagherstellung waren Chiusi (vor allem in Terrakotta und Tuff), Perugia (Tuff und Travertin) und Volterra (Alabaster). Fast alle Stücke tragen auf dem Deckel die halb liegende Gestalt des Verstorbenen mit Kopf in allgemein gehaltener Typologie ohne ausgeprägte individuelle Merkmale. Das hindert nicht daran, daß viele Sarkophage ihre je eigene Besonderheit aufweisen, was die Fantasie der Archäologen angespornt hat (oder die der Museumsbesucher?), ihnen kuriose, spaßige Namen zu geben: der Magnat, der Feinschmecker, der Fettleibige, die Alte Schwiegermutter, der Magistrat.

Jenseits teilnimmt. Die Zeichnung ist noch klar, der Strich fest, das umlaufende Ornamentband ist durch einen dunkelgrünen Streifen ersetzt; das Profil des Mädchens weist einen ernsten Blick auf, trägt jedoch einen unübersehbaren Anflug von Melancholie in der bitteren Lippenfalte, im deutlichen Gegensatz zum typisch etruskischen Lächeln. Die Darstellung der Frau zeigt in höchster Deutlichkeit das infolge der politischen und ökonomischen Rückschläge veränderte Verständnis vom Jenseits: Das Bankett erscheint nicht mehr fröhlich und festlich, widerspiegelt nicht mehr die heiteren Gastmähler, die zu Lebzeiten unter freiem Himmel zwischen Blumengewinden und Palmgirlanden ein oder zwei Jahrhunderte zuvor abgehalten wurden. Wir werden hineingeholt in den Schatten der Unterwelt, in eine von Freudlosigkeit überschattete Atmosphäre; und über dem Bankett wachen die Dämonen des etruskischen Hades.

All das ist in der zweiten Kammer desselben Grabes besonders deutlich, die in die Zeit am Ende des 4. Jahrhunderts zu datieren ist. Die ganze Szene ist auf die Darstellung der jenseitigen Welt bezogen, einer angsteinflößenden, von abscheulichen, schreckenerregenden Gestalten bevölkerten Welt, eine unterirdische Vision von Tod und Niedergeschlagenheit. Der Tod, dem man zuerst mit heiteren Prozessionen begegnete, wird zu etwas Geheimnisvollem, Schauderhaftem, der einen unbeschreiblichen Schrecken erregt; Charun, der Charon Vergils und Dantes, hat Schlangenhaare, Eselsohren, widerwärtig grünliche Haut; er schwingt einen schweren Hammer, Symbol des gewaltsamen Aktes, der das Leben beschließt. Persephone und ihr Gemahl Hades, bärtig und mit Katzenkopf, sind die unbeugsamen Richter, die mit einer Armbewegung ihre Macht als Herren der Finsternis unterstreichen. Schrecklicher als alle tritt auf der Wand ein weiterer Dämon hervor, diesmal typisch etruskisch: Tuchulcha; er erscheint zwischen Theseus und Peirithoos und dem Gespenst des Teiresias. Er hat ein schreckliches Aussehen mit bösem Blick, viperngekräuselten Haaren, boshaftem Adlerschnabel, ein Symbol jenes Gefühls der Angst und Bedrängnis, das aus dem Unbewußten heraufsteigt, aber auch ein Zeugnis der Vorahnung dessen, daß die Blütezeit für das etruskische Volk jetzt zu Ende geht und daß es Zeit ist, sich auf die Begegnung mit einem deutlich bittereren und trostloseren Schicksal vorzubereiten. Zur selben Zeit, wenige Kilometer weiter nördlich, finden wir im zu dem Augenblick noch fast ruhigen Vulci höchst bemerkenswerte Zeugnisse in der berühmten Tomba François, das in der zweiten Hälfte des 4. Jahrhunderts v. Chr. ausgemalt wurde: Das Opfer der trojanischen Gefangenen, die von Achill auf dem Grab seines toten Freundes Patroklos geopfert wurden, ein auch in der Vasenmalerei der Zeit recht gängiges Motiv, zeigt eine ungewöhnlich komplexe Technik und einen ungewöhnlichen Reichtum künstlerischen Ausdrucks.

Doch verweilen wir statt hier mehr bei einem anderen Gemäldezyklus im zentralen Raum desselben Grabes; es ist mit Freskenmalereien ausgestattet, die Episoden aus der Geschichte der Kämpfe zwischen Etruskern und Römern in der goldenen Zeit des tyrrhenischen Volkes darstellen. Zehn Kriegergestalten befinden sich im Kampf, von denen acht in einzeln dargestellte blutige Duelle verwickelt sind, bei denen jeweils eine bärtige und eine bartlose Gestalt einander gegenüberstehen. Es handelt sich um einen höchst dramatischen, entscheidenden Augenblick: Eine Gruppe etruskischer Krieger, angeführt vom sagenhaften Mastarna, dem künftigen Alleinherrscher Servius Tullius, hat es geschafft, über einen Hinterhalt in das römische Gebiet einzudringen und eine Garnison zu überraschen, die einen vornehmen Etrusker, Caile Vipinas, Caelius Vibenna, gefangenhält. Der tyrrhenische Einfall ist erfolgreich: Aile Vipinas, Bruder des Gefangenen, tötet einen Gegner; zwei seiner Mitkämpfer durchbohren zwei Krieger aus Sovana und Volsinii; ein dritter, bartlos, trifft eine bärtige Figur, die mit der Aufschrift

DER BEGINN DES POLITISCHEN UND KÜNSTLERISCHEN NIEDERGANGS

ROTFIGURIGER
TELLER
Florenz,
Archäologisches Museum

Die elegantesten rotfigurigen Vasen wurden in jeder Größe und in den verschiedensten Formen produziert: für den Tisch Trinkgefäße (kántharoi, kýlikes, skyphoi), *Schöpfgefäße* (kýathoi), *Teller, Krüge* (oinochóai). *Die häufigsten Formen für die groß dimensionierten Vasen sind Amphoren, Kratere und Kessel* (lébetes) *zum Mischen von Wein und Wasser, der stamnos als Behälter, der psyktér als Weinkühler. Für die Damentoilette gibt es* lékythoi, arýballoi *und* alábastra. *Einige Formen können mit Heirats- oder Bestattungsriten verbunden sein wie die* lébetes, *die* loutrophóroi, *die* lébetes gamikoí *und die* lekánai. *Die Funktion dieser Gefäße war im wesentlichen praktischer Art: Es handelte sich um Gebrauchsgegenstände des täglichen Lebens, die dann beim Tod des Besitzers dem Grab als Grabbeigaben beigegeben wurden; nur in einigen Fällen gab es zu anderen Zwecken gefertigte Gefäße, z. B. als Siegespreise beim Wettlauf.*

SCHWARZ GEFIRNISSTER BEMALTER KANTHAROS
Florenz, Archäologisches Museum

Cneve Tarchunies Rumach, »Gnaeus Tarquinius Römer«, versehen ist, während Caelius die gefesselten Hände zu Mastarna hin ausstreckt, der im Akt seiner Befreiung dargestellt ist.

Deutlich ist der Sieg eines Heeres von Vulci über ein feindliches, von Rom geführtes Bündnis dargestellt, an dem auch Städte der Liga wie Sovana und Volsinii teilnahmen, ein Indiz dafür, daß die Konföderation schon zur Zeit der ersten Aufeinandertreffen mit Rom Aufweichungserscheinungen zeigte und einige ihrer Städte sich in einem zweifelhaften Zweckmäßigkeitskalkül lieber mit den Latinern verbündeten. Doch in dem ein wenig mechanischen, unter dem Aspekt der Wirklichkeitstreue unorganischen Stil, der sich in der gereihten Anordnung der einzelnen Duelle zeigt, finden wir ein sehr interessantes Zeugnis: In demselben Augenblick, da das tarquinische Jenseits sich mit von deutlich wachsendem Pessimismus inspirierten Gestalten bevölkert, gibt in Vulci eine bedeutende vornehme Familie, vielleicht Abkömmlinge Mastarnas selbst, bei einem unbekannten Künstler die Ausgestaltung ihres Grabes in Auftrag und verlangt, daß dort an die glücklichste Periode der Stadtgeschichte erinnernde Szenen dargestellt werden. Mir erscheint das unübersehbar als ein Versuch der Reaktion auf die Ereignisse, die immer finsterer werden; in der Erinnerung an die glückliche Zeit wollte man vielleicht

DER BEGINN DES POLITISCHEN UND KÜNSTLERISCHEN NIEDERGANGS

ASKÓS IN ENTENFORM
Florenz, Archäologisches Museum

Ein weiteres Gefäß außerhalb der Norm: Es handelt sich um einen askós, das Wort bezeichnet im Griechischen den (ledernen) Weinschlauch. Dieser Vasentyp ist nicht sehr häufig und hat genau die Form eines Weinschlauchs mit einem Griff obenauf; in die oben in der Mitte aufgesetzte Öffnung wurde der Wein eingefüllt, der Schnabel des Entenkopfes diente zum Einschenken. Das Gefäß stellt wie im Fall dieses Stücks Tierfiguren dar und ist häufig mit geometrischem oder figurativem Dekor bemalt. Der askós ist in Griechenland und Italien seit der Bronze- und Eisenzeit verbreitet und hält sich bis in die hellenistische Zeit.

einen Rest von Zuversicht auf eine mögliche Wiederauferstehung der Stadt und der gesamten etruskischen Nation bewahren. Vielleicht war es nur ein verzweifeltes Sichklammern an glückliche Erinnerungen, doch macht das keinen großen Unterschied.

In der Zwischenzeit geht die Sarkophagproduktion weiter, die v. a. am Ende des 4. Jahrhunderts besonders imposant wird, in einem Tarquinia, das 351 v. Chr. von den Römern besiegt wurde, das indes die Bewahrung seiner Freiheit konzediert bekam, nachdem ihm ein Waffenstillstand von vierzig Jahren garantiert worden war. Die typische Form der Sarkophage ist weithin von Kleinasien inspiriert; eine Seite ist ganz frei von Dekor gehalten – sie steht zur Wand hin –, während auf den Ansichtsseiten Kriegsszenen, Prozessionen, Weiheopfer erscheinen. Interessant ist auch hier, die Veränderung zu untersuchen, die in der Darstellung des Verstorbenen erfolgt: nicht mehr zur Hälfte ausgestreckt, mit erhobenem Oberkörper in der bequemen Position dessen, der sich heiter zum Bankett niederläßt, sondern vollständig in stillem Schlaf auf der Seite liegend oder, häufiger, nur mit erhobenem, auf die linke Hand aufgestütztem Haupt. Das trifft zusammen – und bestätigt alle angestellten Überlegungen – mit einer melancholischen Traurigkeit, die das Gesicht prägt. Das etruskische Lächeln hat nunmehr definitiv wie im Falle des Mädchens Velcha einer bisweilen bitteren, bisweilen schmerzhaft resignierten Lippenfalte Platz gemacht.

In Tuscania, in Perugia setzt sich indes die alte Tradition fort, doch an die Stelle der spontanen, natürlichen Kunst der goldenen Zeit tritt die Serienproduktion; die mit der Form hergestellten Köpfe sind nur zum Teil mit dem Modellierholz flüchtig mit persönlichen Zügen versehen. Marmor macht immer mehr der Terrakotta Platz, die sich für diese Art der Ausführung besser eignet. Das volkstümliche Handwerk ist im Begriff, im Herzen des alten Etruriens den Platz der offiziellen Kunst einzunehmen.

GESTALT DES CHARUN
GESTALT DES VANTH
Tarquinia, Tomba degli Anina

Das Grab in Tarquinia – eine weite Einzelkammer zum Teil mit Skelettgräbern mit Steindeckel, zum Teil mit Sarkophagen mit anthropomorphen Deckeln – gehört der Familie Anina, auf die auch in der Tomba degli Scudi in Inschriften hingewiesen wird, außerdem in Cerveteri, Vulci, Chiusi und Perugia. Auf der Wand im Vorraum, vom Betrachter aus rechts der Tür, sticht die Unterweltsgestalt Charun hervor, der Charon der griechischen und römischen Mythologie, der Charon Vergils und Dantes. Auf den etruskischen Darstellungen erscheint er nicht als Fährmann über den Hades, doch ist sein Bild gleichermaßen schrecklich: Mit Flügeln, einem kurzen roten Chiton und einem Mantel ist er stets mit einer Keule oder einem Hammer bewaffnet, und sein Gesicht trägt furchterregende Züge.

Auf der anderen Seite der Tür, links, sieht man die Gestalt eines anderen Unterweltsdämons, der Vanth. Ihr Name ist beigeschrieben, auch sie hat Flügel und in der Hand eine Fackel; bekleidet ist sie mit einem dunkelroten Chiton, der ihre Brust unbedeckt läßt. Es ist indes wenig Weibliches an ihr; die Vorstellung vom Tod trägt jetzt – wir befinden uns in der zweiten Hälfte des 3. Jahrhunderts v. Chr. – nur Ohnmacht und Schrecken in sich. In der Tomba degli Anina sind zusammen mit anderen Mitgliedern der Familie drei Brüder bestattet, deren Namen wir kennen: Arnth, Vel und Larth.

DER BEGINN DES POLITISCHEN UND KÜNSTLERISCHEN NIEDERGANGS

Das letzte Angebot Griechenlands

Das 3. Jahrhundert v. Chr. bringt neue Entwicklungen mit sich, die dem, was von der alten Konföderation geblieben ist, weitere Stöße versetzen: die gefährlichsten Anzeichen zeigen sich gerade am Ausklang des vorhergehenden Jahrhunderts. Im Jahre 302 werden die Symptome innerer Spaltung, der Vertiefung des Risses, der jetzt die ehemals mächtigsten Städte Mittelitaliens voneinander trennt, zu einer unübersehbaren Realität; in diesem Jahr bricht in Arezzo ein Bürgerkrieg aus, in dem sich das niedere Volk gegen die herrschende Familie der Cilnii erhebt, denen sie Reichtümer und Macht neideten und streitig machten. Der schon abgesunkene allgemeine Lebensstandard ist bei den niederen Ständen stärker zu spüren und beginnt, besorgniserregende Unzufriedenheit innerhalb des Stadtstaates selbst zu wecken.

Die Römer ergreifen eilends die Gelegenheit, einem mehrmals bezwungenen, doch noch fest auf den Füßen stehenden Feind einen weiteren entscheidenden Schlag zu versetzen. Die Schlacht von Roselle markiert einen neuen Mißerfolg für die Tyrrhener: Rom vernichtet ihr Heer und dringt mit seinem beherrschenden Einfluß bis direkt zur innersten Schwelle Etruriens vor: die reichen Erzgruben von Vetulonia, die Werkstätten von Populonia und Volterra befinden sich jetzt in Reichweite der römischen Legionen. Nutzlos der Versuch einer Reaktion.

Die Etrusker, jetzt unfähig, sich aufgrund der inneren Spaltungen und des offensichtlichen Fehlens jeden Zusammenhalts selbständig zu organisieren, setzen all ihre Hoffnung auf Bündnisse mit anderen Feinden Roms: den Samniten, Kelten, Pyrrhos; etruskische Kontingente stützen sich auf die Hoffnung, die Ausbreitung der aufkommenden Macht vereint erfolgreich aufzuhalten – dasselbe Muster, das Hannibal anzuwenden versuchen wird, wenn er in den letzten beiden Jahrzehnten des Jahrhunderts direkt zum Angriff auf das künftige Caput Mundi bläst. Der punische Versuch wird zum Scheitern bestimmt sein und ebenso der noch viel kümmerlichere der Tyrrhener.

Rom erlebt wahrhaft dramatische Augenblicke, geht schließlich jedoch ohne Schaden daraus hervor; geschlagen die Samniten, vorüber die gallische Gefahr, niedergerungen die Epiroten, obgleich von Großgriechenland unterstützt: nichts kann Rom mehr daran hindern, eine Reihe von Strafexpeditionen gegen die durchzuführen, die es gewagt hatten, sich entgegenzustellen. Im Jahr 280 fällt Vulci; 273 wird Cosa, der alte Hafen der Stadt Mastarnas und Vibennas, römische Kolonie; 265 wird Volsinii zerstört. All das sind aufeinanderfolgende Etappen einer nunmehr vollständigen Kapitulation, die nicht einmal mehr vom besonders vielversprechenden Bündnis mit Hannibal aufgehalten werden kann. Dafür spricht jedenfalls, daß – wie schon gesehen – im Jahre 205 die Städte Etruriens dazu ›eingeladen‹ werden, Scipio Africanus wirtschaftliche Hilfe gerade gegen diejenige einstmals verbündete Nation zu leisten, auf die sie ihre letzte Hoffnung gesetzt hatten.

Griechenland hingegen entgeht trotz der politischen Ereignisse (dem Peloponnesischen Krieg, der Makedonenherrschaft Alexanders d. Gr.) dem Niedergang dank der Kraft seines von den Lehren Platons und Aristoteles' inspirierten Denkens. Und auf dem Gebiet der Kunst gelingt es Hellas, in einem Impetus der Erneuerung seiner künstlerischen Themen die fremde Herrschaft zu konterkarieren und die eigene Vorherrschaft zu bewahren. Die Kunst wandelt sich, wird statt wie vormals kollektivistisch individualistisch und verliert ihre gesamte – oder fast gesamte – Religiosität, um entschieden und bisweilen substantiell dekorative Merkmale anzunehmen. Die korinthische Ordnung triumphiert und überwindet definitiv die nunmehr veralteten dorischen und ionischen Vorbilder, die an politische und ökonomische Umstände gebunden waren, die auf einer fast schon weit zurückliegenden Vergangenheit basierten. Die Agora von Athen, die Aphrodite von Milo, die Werke der Richtungen Lysipps und Pergamons sind die unübertroffenen Zeugnisse eines erneuerten Stils und Geschmacks, der die Vergangenheit nicht leugnet, der aus ihr jedoch neuen Saft zieht und neue Inspirationsquellen gewinnt. Die hellenistische Kultur gibt – zum letzten Mal in der Geschichte der antiken Welt – das Maß der intellektuellen Potenz Griechenlands an, mit der es auf diesem Gebiet den Westen fast ein Jahrtausend lang beherrscht hat. Der Hellenismus breitet sich nach Osten wie nach Westen aus und findet einen Ausgleich mit den angestammten Gewohnheiten der Einheimischen, der Inder genauso wie der Gallier und der italischen Völkerschaften.

Etrurien, obwohl als politische Macht am Boden liegend, kann selbstverständlich diesem Impetus künstlerischer Erneuerung gegenüber nicht unbeteiligt bleiben. Vielmehr schließt es sich ihm mit Enthusiasmus an, aus Gründen, die zu diesem Zeitpunkt gewiß nicht schwer zu verstehen sind: Jene Etrusker, die mit größter Begeisterung die fein verzierten Gegenstände zuerst des orientalisierenden, dann des ionischen Stils aufgenommen hatten und die schließlich der Faszination des attischen strengen Stils unterlegen waren, konnten jetzt nicht umhin, Gefallen an dem freien Naturalismus zu finden, an der absolut leichten Verständlichkeit, der Fantasie und der Ausdrucksfreiheit des Hellenismus, der ihren gleichsam angeborenen Geschmack so gut befriedigte.

Doch jetzt ist es leider schwer, von Etrurien zu sprechen und daher auch von etruskischer Kunst als einer einheitlichen Realität. Die künstlerische Aktivität hat inzwischen in ganz Mittelitalien ähnliche Merkmale angenommen, und es ist zu diesem Zeitpunkt schwierig, klare Unterscheidungen zwischen kampanischer und etruskischer Produktion vorzunehmen, während auch die Schöpfungen der Römer – als der neuen Herren – recht ähnliche Charakteristika aufweisen.

Zuerst – der Chronologie nach – wurden die neuen aus Griechenland kommenden Anregungen im Umfeld der Falisker aufgenommen, eines Gefolgsstamms der Etrusker, und die in Falerii gefundene Apollonbüste kann (wenigstens nach der verbreitetsten Auffassung) mit Sicherheit als das lebendigste Zeugnis des hellenistischen Einflusses auf Mittelitalien bestimmt werden. Im eigentlichen Etrurien drücken sich die neuen Bedürfnisse v. a. in den Terrakottaarbeiten aus, insbesondere in dem Schmuck der Tempelgiebel. In einem viel höheren Maß als in der Zeit zuvor findet das Hochrelief Verwendung; wir sind von der strengen Darstellung der Tempel der klassischen Zeit weit entfernt: die Figuren drängen sich in äußerst ungeordneten Kompositionen, die jedoch oft angenehm lebendig sind.

Dieser Giebeltyp entwickelt sich mit einer gewissen Intensität: In Talamone, wo die Legionen 235 v. Chr. erfolgreich und entschieden der keltischen Bedrohung Einhalt geboten, wurde ein Tempel errichtet, der aller Wahrscheinlichkeit nach an den römischen Sieg erinnern sollte; Erbauung und Ausschmückung wurden wahrscheinlich etruskischen Künstlern anvertraut, gerade aus der Gegend, die mehr als alle anderen die Konsequenzen des Wütens der Gallier zu tragen hatten, ihre Felder verwüstet, ihre Schätze durch die Eindringlinge von jenseits der Alpen geraubt gesehen hatten und, Ironie des Schicksals, schließlich erleben mußten, wie sie in römische Hände gefallen waren.

Am Tempel von Talamone wird der mythische Kampf der Sieben gegen Theben in bemerkenswerter etruskischer Interpretation hellenistischer Motive dargestellt, bei der aus dem Amphiaraos und Adrastos des böotischen Mythos möglicherweise die gallischen Anführern Aneroëstos und Konkolitanos werden, der eine als Gefallener, der andere auf der Flucht.[1]

Auch bei der Spiegelproduktion, dem Stolz der Etrusker in den goldenen Zeiten, bemerkt man bei aller Wahrung der lokalen Tradition eine Orientierung an Vorbildern klar hellenistischen Stils. Bedenkliches Zeichen ist jedoch, daß ihre Herstellung sich immer mehr nach Rom hin verlagert. Sehr zahlreich sind nämlich Spiegel oder andere kleine Metallobjekte, die eine einfache, aber interessante Aufschrift tragen: »Romae fecid« (»hat in Rom gemacht«). Zeichen dafür, daß die etruskischen Künstler jetzt von der Stadt angezogen werden, die sich anschickt, Hauptstadt zu werden? Oder vielleicht dafür, daß jene Graveure und Bronzegießer, die einstmals an den Stränden Etruriens Fuß faßten, sich jetzt lieber an den Ufern des Tibers niederließen, in einer Stadt, die ihnen ein ruhiges Umfeld und völlige wirtschaftliche Sicherheit bieten konnte? In jedem Fall ein Zeichen dafür, daß Etrurien inzwischen unwiederbringlich seine politische Bedeutung verloren hatte.

Einige Zentren bleiben noch verschont; weiterhin blüht die Aschenurnenproduktion im Innern des Landes, wo man der alten Tradition der Einäscherung treu geblieben ist. Chiusi ist weiterhin berühmt für seine Keramik, Perugia für seinen Travertin, Volterra profitiert in der Gefäßproduktion von seinem Alabaster, an dem es reich und dessen Bearbeitung leicht ist; wenn die Erzeugnisse auch keine authentische künstlerische Inspiration zeigen, bezeugen sie doch das Vorhandensein eines noch ziemlich blühenden lokalen Kunsthandwerks. Chiusi ist auch wegen der großen Zahl von Sarkophagen aus dem 3. und aus der ersten Hälfte des 2. Jahrhunderts v. Chr. zu erwähnen; die chiusinischen Typen unterscheiden sich nicht sehr von den oben erwähnten gleichzeitigen aus Tarquinia, außer in dem Umstand, daß in ihnen die Befriedigung des Künstlers bei der Darstellung des Verstorbenen stärker wahrzunehmen ist: in seiner jetzt üblichen halb daliegenden Position, in dem blühenden Aussehen seines feisten, bisweilen ausgesprochen fettleibigen Äußeren – ein Zeichen vielleicht, so hat man gesagt, eines größeren Optimismus der Etrusker im Landesinneren, die vom Reichtum der goldenen Jahre weniger profitiert haben und daher weniger unter den Einschränkungen des Niedergangs litten. Ohne Zweifel handelt es sich um ein Zeugnis des verzweifelten moralischen Widerstandes der ehemals herrschenden Klasse (die Sarkophage dieses Typs sind fast alle von Aristokraten) gegen die offensichtlichen Widrigkeiten des Schicksals. Wir müssen uns vor Augen halten, daß wir uns hier in Gegenden befinden, in denen die Wirtschaft immer agrarischen und pastoralen Charakter gehabt hat und daß bei derartigen Bevölkerungsschichten damals wie oft noch heute Gleichheit verpflichtend und bei denen fett zu sein Symbol von Macht und Reichtum sind. Befinden wir uns also vielleicht nicht einem unverkennbaren Wunsch gegenüber, die eigene wirtschaftliche Kraft trotz der Enteignungen seitens der Römer geltend zu machen? All das findet seine Bestätigung in der Zurschaustellung von Geschmeiden von häufig unverkennbar hellenistischem Stil an der Gestalt des auf dem Rücken liegenden Toten, prunkvoll bis zum Exzeß.

Dies steht jedoch in traurigem Kontrast zur immer größeren Armut der Grabstätten und zum unwiderleglichen Umstand, daß jede Form direkten Imports aus Griechenland oder seinen Kolonien offenbar völlig aufgehört hat und daß die heimische Produktion bei allen offenkundigen hellenistischen Merkmalen (nach vielen Kritikern vermittelt durch das allmächtige Rom) in ihrer Plumpheit und ihrem ausgesprochen bescheidenen Stil nur noch blaß an die aus dem Osten gekommenen Vorbilder erinnert.

Auch in dieser Situation offenkundigen Niedergangs bringen einige etruskische Künstler erfolgreich vortreffliche Werke v. a. auf dem Gebiet der Porträtkunst hervor, die ihrem naturalistischen Geschmack und ihrer freien Expressivität, die sie berühmt gemacht hatten, besser entsprachen. Ohne die lange Reihe von Keramikköpfen einer genaueren Prüfung zu unterziehen, die aus einer Form hergestellt und, wie gesagt, dar-

BÜSTE DER GÖTTIN JUNO
aus Falerii, Tempel von Lo Scasato II
Rom, Museum in der Villa Giulia

Feierlich, fast streng, reich geschmückt und mit Geschmeide behangen, mit tadelloser Frisur: Voilà die Edelfrau, die etruskische Matrone, die eine völlig andere gesellschaftliche Stellung besaß als die griechischen und römischen Frauen; diese, Königinnen des Hauses und des häuslichen Herdes, waren gezwungen, im Schatten zu leben, ihrem Herrn und Gebieter zu dienen, sich nur mit den Kindern zu beschäftigen; jene dagegen genossen Freiheiten, die der gravitas, dem erhabenen Ernst der Römer, unglaublich erscheinen mußten: sie konnten häufig ausgehen, nahmen ohne weiteres an den ausgelassensten Banketten sowie an Tänzen und Konzerten teil bis hin zu Hunderennen und Faustwettkämpfen.

auf mit dem Modellierholz nachgebessert wurden, bemerken wir, daß sie oft eine beträchtliche technische Fertigkeit und einen gewissen Sinn für Humor verraten, wenn sie bestimmte Charakteristika der abgebildeten Personen in großer Unmittelbarkeit aufgreifen.

Außerdem existiert ein Bronzekopf, sicher ein lebensechtes Porträt, das nach dem Urteil von vielen eine etruskische Schöpfung ist. Es handelt sich um den sog. Brutus im Kapitolinischen Museum zu Rom, einen Römer nunmehr (darauf deuten klare ikonografische Hinweise). Die Züge sind streng, der Blick fest, das Gesicht nüchtern, von einem kurzen Bart umgeben, kurz wie die Haare, die nach der charakteristischen Frisur des *civis Romanus* gekämmt sind. Unübersehbar sind die Eindrücke, die noch von der formalen Lehre der griechischen Klassik herrühren, keine Spur erscheint dort von den hellenistischen Strömungen. Doch so wie die Kritik in der Frage der Datierung geteilt ist (glaubwürdig vielleicht der zeitliche Ansatz auf das Ende des 3. – Anfang des 2. Jahrhunderts v. Chr.), zögert sie, die Arbeit einem etruskischen Künstler zuzuweisen,

DAS LETZTE ANGEBOT GRIECHENLANDS

CISTA FICORONI
Rom, Museum in der Villa Giulia

Noch am Ende des 4. Jahrhunderts v. Chr. erfolgt in Etrurien die Herstellung von Zisten (Cisten) und aller Art Bronzeobjekte mit Dekor. Dieses hier ist die berühmte Cista Ficoroni, ein Exemplar von größter Qualität, das, wie die als Signatur und Widmung auf dem Stück angebrachte Gravur ausweist, von Novios Plautios für die Tochter der Dindia Macolnia ausgeführt wurde. Auf den Seiten der Ziste ist die Landung der Argonauten an der Küste der Bebryker dargestellt. Unverkennbar sind die noch von Polygnot inspirierten Motive.

Bei einem Objekt dieser Qualität konnten plastische Figuren nicht fehlen, die bei vielen Zisten den Platz des Deckelgriffs einnehmen. Hier handelt es sich um eine höchst erlesene Gruppe, einem von zwei kleinen Satyrn begleiteten Dionysos, die die außerordentliche Geschicklichkeit der etruskischen Bronzekünstler und ihre Fähigkeit dokumentiert, mehr griechisch geprägte Inspiration harmonisch mit einem typisch etruskischen Erzeugnis zu verschmelzen.

DAS LETZTE ANGEBOT GRIECHENLANDS

und betrachtet sie vorzugsweise als Werk eines Bildhauers aus italischer Tradition oder eines solchen aus Großgriechenland. Keine Gewißheit also, wie im Fall der Kapitolinischen Wölfin und des Mars von Todi, daß der Brutus aus den Händen eines etruskischen Künstlers stamme, sondern diesbezüglich im Gegenteil viel Skepsis.

Eine letzte Bemerkung zu einem der künstlerischen Bereiche, auf dem Etrurien nur ein Jahrhundert zuvor führend war: der Toreutik, d. h. der Kunst der Metallziselierung bzw. -gravur. Wir haben im vorhergehenden von den Spiegeln gesprochen und zu den Zisten, den Behältnissen für Toiletteartikel der Frauen, bemerkt, daß sie der Stolz der tyrrhenischen Metallgießer waren. Ein berühmtes Zeugnis für die Bedeutung des lokalen Kunsthandwerks ist gerade die sog. Cista Ficoroni (jetzt in der Villa Giulia), auf der in prachtvoller Weise die Darstellung der Landung der Argonauten in dem unbekannten Land der Bebryker dargestellt ist. Sie ist deutlich griechisch inspiriert, und der Künstler, der als Novios Plautios signiert, war sehr wahrscheinlich ein nach Rom übergesiedelter Osker, der dort (auf der Ziste prangt das berühmte *Romai fecid*) das von einer gewissen Dindia Macolnia bestellte und als Geschenk für ihre Tochter gedachte Werk herstellte. Doch auch dieses erstaunliche Objekt erscheint trotz seiner Zugehörigkeit zum typisch tyrrhenischen Kunstschaffen im etruskischen Umfeld ausgesprochen fremd; tatsächlich ist es an das Ende des 4. oder den Anfang des 3. Jahrhunderts v. Chr. zu datieren, als Praeneste, das heutige Palestrina, zum Hauptproduktionszentrum geworden war. Novios Plautios hatte vielleicht Etrusker als Lehrmeister gehabt, die jetzt in die Nähe der künftigen Kapitale übergesiedelt waren, doch seine Kontakte nach Etrurien gingen gewiß nicht darüber hinaus. Auch die Cista Ficoroni ist, obwohl mancher noch versucht, die Einflüsse der Tyrrhener zu verteidigen, sicher dem Umfeld Latiums zuzuweisen.

Nebenbei können wir bemerken, daß dieses fortgesetzte Bestreben, den Etruskern die Urheberschaft von ihnen bisweilen traditionellerweise zugewiesenen Gegenständen zu nehmen, anscheinend auch die Fibula Praenestina getroffen hat, die goldene Spange von klar tyrrhenischer Provenienz, deren Aufschrift bis vor kurzem als erstes Dokument in lateinischer Sprache angesehen wurde (*Manios med fhefhaked Numasioi* ≈ »Manios [Manius] hat mich für Numasios [Numerius] gemacht«): Nach einigen jüngeren Studien soll, wie schon bemerkt, feststehen, daß die ins 7. Jahrhundert v. Chr. datierte Spange eine verblüffende moderne Fälschung sei!

Um zum Thema zurückzukehren, es bleibt nur festzustellen, daß auch die etruskische Toreutik dazu bestimmt ist, dem Schicksal der gesamten Kunst des tyrrhenischen Volkes zu folgen. Im Laufe des 3.–2. Jahrhunderts v. Chr. findet auch die Goldschmiedekunst fast vollständig ihr Ende; die für sie typischen Objekte aus lokaler Produktion waren die *bullae* von Vulci, Anhänger aus Goldblech, die von jungen freigeborenen Kindern getragen wurden (eine Art Vorfahr der Andenkenmedaillons zur christlichen Taufe), dazu Ringe und schwere Ohrgehänge von oft fragwürdigem Geschmack.

ANMERKUNGEN

1 Führer der Gäsaten, wohl Halbgermanen aus dem Rhônegebiet, die als Söldner am Keltenkrieg 225 v. Chr. teilnahmen und bei Telamon (Talamone) besiegt wurden. (Anm. des Übs.)

APOLLONSTATUE
aus bemalter Terrakotta
Rom, Museum
in der Villa Giulia

Auf dem Südteil des über Civita Castellana gelegenen Hügels stand in der heutigen Ortschaft Lo Scasato ein Tempel, aus dem eine Reihe von Terrakottafiguren aus dem Beginn der hellenistischen Zeit, dem Übergang vom 4. zum 3. Jahrhundert v. Chr., stammt, d. h. als die Erfahrungen der großen griechischen Künstler – Skopas, Lysippos, Praxiteles – auch nach Etrurien gelangten. Die als Statue Apollons angesehene Plastik erinnert tatsächlich stark an die lysippeische Statue Alexanders des Großen. Ursprünglich muß sie auf dem Sonnenwagen gesessen haben; der Kopf mit den langen gewellten Haaren und den nach oben gerichteten melancholischen Augen zeigt deutlich ihre Inspiration.

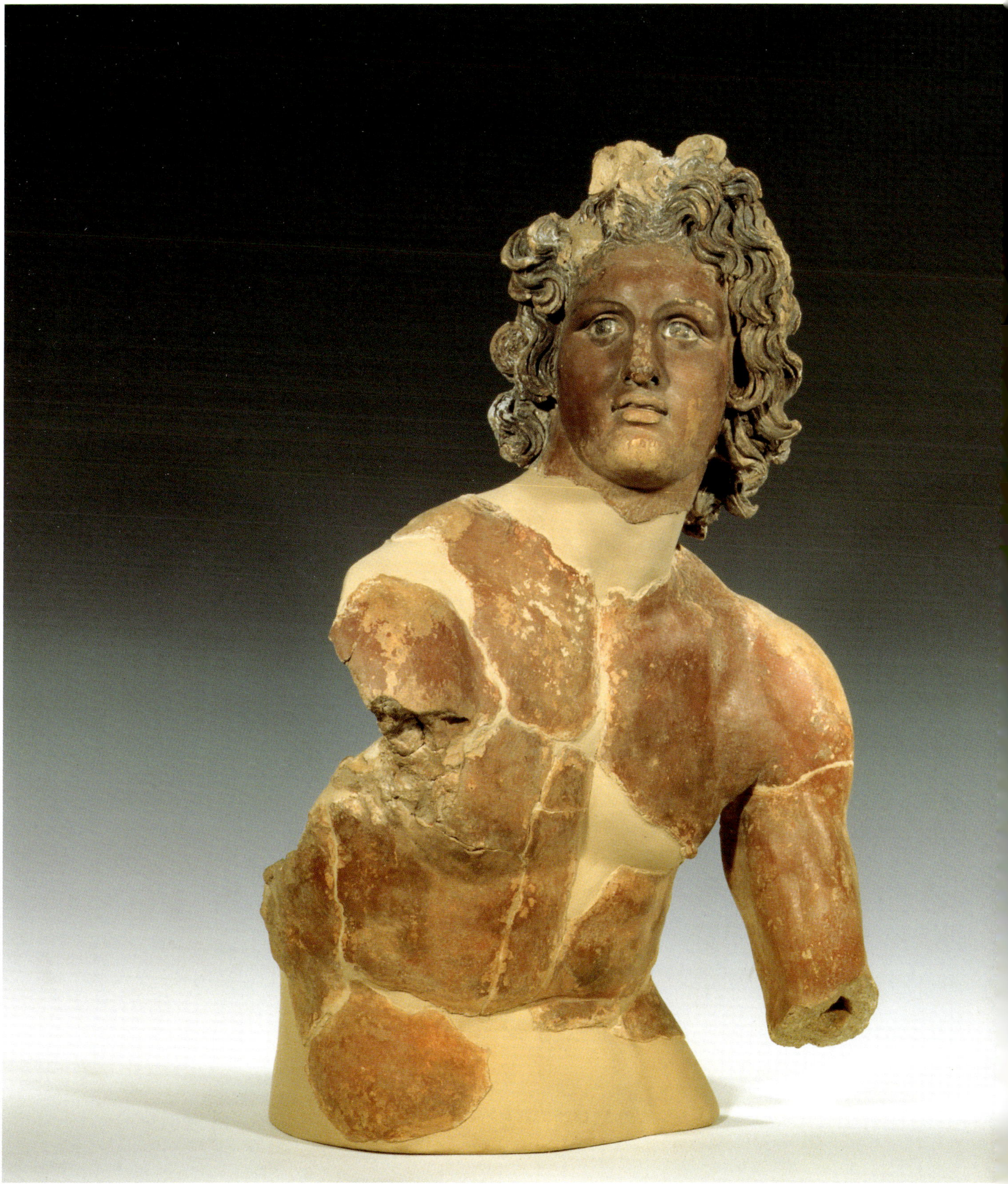

DAS LETZTE ANGEBOT GRIECHENLANDS

DAS LETZTE ANGEBOT GRIECHENLANDS

KELCHKRATER
DES MALERS VON
NAZZANO
(aus Civita Castellana)
Rom, Museum
in der Villa Giulia

Auf der hier abgebildeten Seite dieses großen, 57 cm hohen Kraters sind im Zentrum Apollon mit Lorbeerzweig und eine Mänade mit Thyrsosstab dargestellt. Die Mänade balanciert in der Linken ein Kästchen, auf ihm erkennt man einen Aryballos (Parfümgefäß) in Granatapfelform und einen Kelchkrater wie den, auf dem die Szene selbst abgebildet ist. Über den beiden Gestalten fliegt eine Eule. Die seitlichen geflügelten Figuren sowie der kleine Satyr links führen zur Szene auf der Rückseite u. a. mit Neoptolemos, der den kleinen Astyanax hoch von den Mauern Trojas hinabzustürzen im Begriff ist. Eine weltabgehobene Götterwelt steht somit einem dramatischen Moment des trojanischen Krieges beliebig gegenüber. Der Maler ist einer der produktivsten der faliskischen Vasenmalerei, die ihren Höhepunkt zwischen 380 und 340 v. Chr. mit figürlichen Themen vorwiegend mythologischen Charakters erreichte.

Links

KELEBE AUS
VOLTERRA
Florenz, Archäologisches
Museum

Die römischen Bezwinger

Der Rest unserer kurzen Geschichte des Volkes, das einmal das Mittelmeer und Mittelitalien beherrscht hatte, ist voll von für die Etrusker schmerzhaften Etappen, die jetzt in völliger Ergebenheit in ihr unumkehrbares Geschick nicht einmal mehr versuchen, dem unaufhaltsamen Übergreifen der römischen Expansion entgegenzutreten.

Im 2. Jahrhundert v. Chr., nach dem Sieg bei Zama, gestatten sich die Römer keinen Augenblick des Atemholens: Nach der Festigung der Suprematie über das ›Mare Nostrum‹ mit dem Sieg über Philipp von Makedonien betrachten die Römer Etrurien einfach als Durchgangsgebiet für ihre Legionen und zwingen es, der römischen Übermacht immer drückendere Tribute zu zahlen; im Verlauf weniger Jahre werden Caere, Pyrgi, Vulci integrierender Teil der römischen Verteidigungslinie am Tyrrhenischen Meer, regelrechte Stützpunkte, Militärbasen, für deren Versorgung weiteres Land konfisziert wird von den ohnehin schon mageren Ressourcen der Etrusker. Diese gaben sich nach den tendenziösen römischen Chroniken dem Trunk hin, ungemein glücklich darüber, einen Kult rein griechischen und orientalischen Ursprungs von anscheinend dionysischem Charakter zu übernehmen – gerade sie, die einmal so würdevoll in ihrer den Götterwillen erforschenden Religiosität waren!

Die Römer waren über die nächtlichen orgiastischen Zeremonien höchst beunruhigt, die auf den angrenzenden Feldern abgehalten wurden, und fürchteten, daß diese so sehr im Gegensatz zu ihrer *gravitas* stehende Seuche auch in ihre Hauptstadt eindrang. Wie weit entfernt war noch die Kaiserzeit! Es wurde ein Gesetz erlassen, um solche tadelnswerten Exzesse zu verbieten (das Senatus consultum de Bacchanalibus von 186 v. Chr.), das somit die Gelegenheit zu neuen Repressalien gegenüber dem darniederliegenden Etrurien bot; Etrurien wurde angeklagt, ein Beispiel auch für öffentlichen Skandal und religiösen Fanatismus zu sein.

Auf dem tyrrhenischen Lande ging das Leben monoton und fügsam weiter. Vielleicht erhob sich diese oder jene Stimme der Hoffnung, als man die wirtschaftliche Wiedergeburt Karthagos wahrnahm oder manche Erhebungen in Griechenland, doch im Lauf eines Jahres, im berühmten Jahr 146 v. Chr., zermalmte Rom endgültig die fast wiedererstandene punische Macht; es machte ihre Hauptstadt dem Erdboden gleich und zerstörte Korinth. Das Land eines Perikles und eines Demosthenes, eines Platon und eines Aristoteles wird von jetzt an Achaea heißen und zur Reihe der Provinzen der Sieger gehören, eine Provinz, die jetzt nur noch als Ort betrachtet wurde, an den man die jungen Römer studieren schickte, die für glanzvolle Karrieren bestimmt waren.

RÖMISCHE PFLASTERSTRASSE
UND RÖMISCHES TOR
(Saturnia)

Die Römer, unbestrittene Meister des Straßenbaus, schufen ein Straßennetz absolut ersten Ranges, das ganz Etrurien in der Länge und in der Breite durchquerte. Sie stützten sich auf das, was vor ihnen die Etrusker geleistet hatten, die auf diesem Gebiet ebenfalls führend waren. Daher mußten die neuen Herren nichts anderes tun, als das Vorhandene zu erweitern und zu verbessern. Darüber hinaus muß man bedenken, daß die etruskischen Verkehrswege oft windungsreich waren und vom Apennin zum Meer führten, während die römischen Verkehrsadern schneller waren, geradlinig und perfekt gepflastert. Neben der Via Aurelia an der Küste war die Via Clodia die wichtigste Straße, die durch das Landesinnere verlief; sie ist zwischen Saturnia und Tuscania noch gut zu sehen.

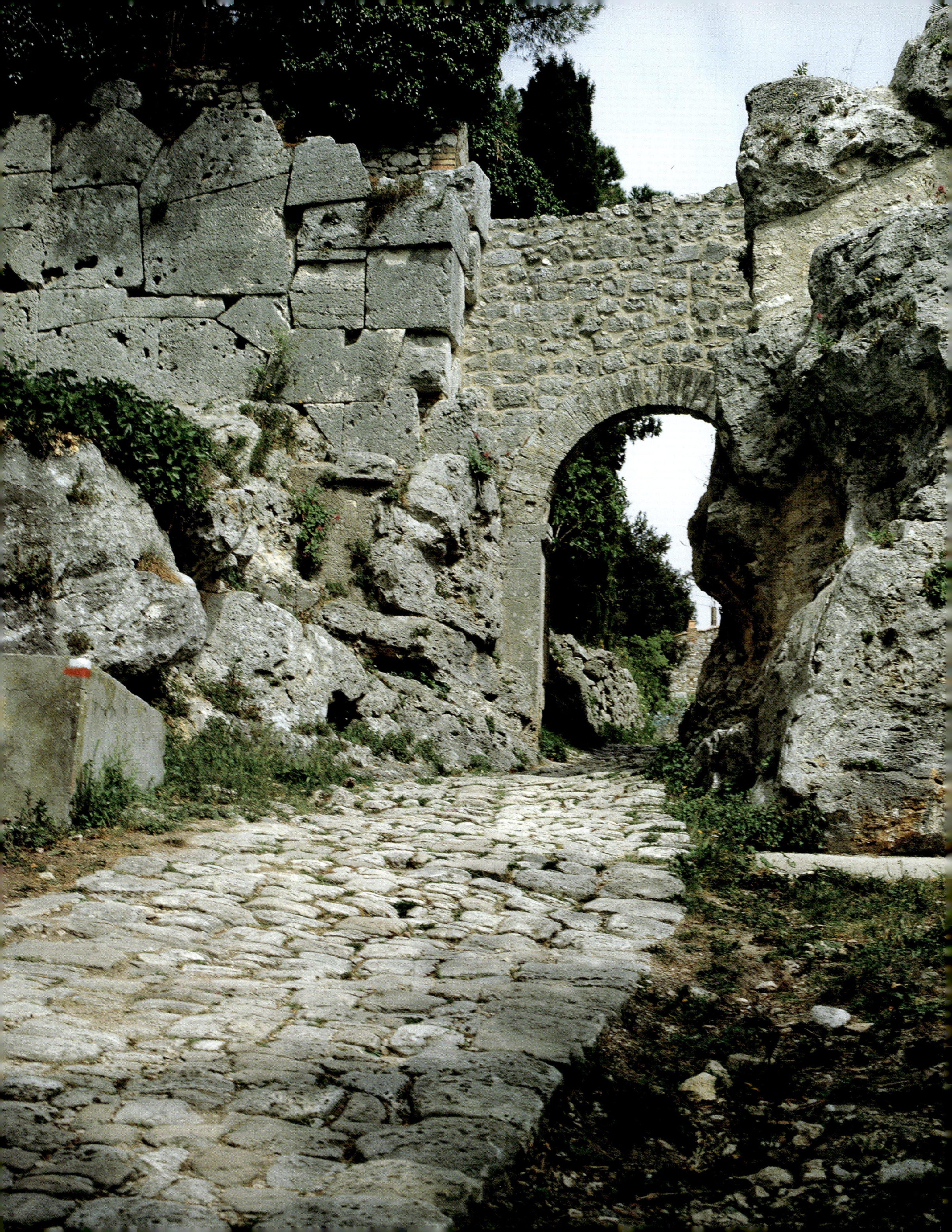

HOHLWEG
(Sovana)

Das Tal des Flusses Fiora wurde schon in der Kupferzeit, in der zweiten Hälfte des dritten Jahrtausends v. Chr., zu einem sehr bedeutenden Zentrum und erlebt in der Folge die Blüte der Metallzeitalter, in etruskischer Zeit war es dicht besiedelt, während es ab dem 9. Jahrhundert v. Chr. unter die Vorherrschaft Vulcis geriet. Bedeutende Zentren waren auch Statonia, Arminia (heute Saturnia), Pitigliano, Sovana (vielleicht das antike Caletra). Außer den monumentalen Gräbern und den Unmengen an Funden bezeugt das das dichte Straßennetz, von dem eindrucksvolle Hohlwege erhalten sind, enge von hohen senkrechten Wänden (bis zu dreißig Metern Höhe) eingeschlossene Straßenstrecken, die in den Tuffstein hineingehauen wurden und von dichter Vegetation bedeckt sind.

DIE RÖMISCHEN BEZWINGER

Rom führte auf dem Territorium Etruriens eine Politik der Latifundienbesitzer durch; die Kleineigentümer, die mittleren Betriebe waren nicht dazu in der Lage, sich der Offensive der Senatoren- und Ritterklasse zu widersetzen, und wurden zur dramatischen Aufgabe ihrer Ländereien gezwungen, um so die Reihen des städtischen Proletariats in der Hauptstadt Rom oder anderen wichtigen Städten zu vermehren. Vergebens waren die Versuche einer Agrarreform durch Tiberius Gracchus und seinen Bruder Gaius, beide wurden von den Optimaten in wütender Reaktion umgebracht.

Während der zweiten Hälfte des 2. Jahrhunderts v. Chr. verlieren die tyrrhenischen Küsten ihre traditionellen Merkmale: Der Großgrundbesitz mit seiner rückständigen Wirtschaft schafft es nicht, die Aufgabe der Ländereien durch die etruskischen Bauern zu verkraften noch das komplexe Bewässerungs- und Drainagesystem am Leben zu erhalten, das die Tyrrhener errichtet hatten; die ›Tagliata etrusca‹ von Ansedonia ist dafür das erstaunlichste Beispiel.[1] Nicht lange brauchte es, bis sich die Konsequenzen bemerkbar machten: großenteils sich selbst überlassen, werden die Felder überflutet, die Täler werden morastig und sumpfig. Die Maremma entsteht und bietet bald einen Zustand wilder Trostlosigkeit, der bis vor wenigen Jahrzehnten andauern sollte.

Um das Jahr 100 v. Chr. präsentieren die zuvor üppigen, an Ernten und jeder Art Obst reichen Gebiete einen erschütternden Anblick; sie sind zu einem Reich von Schlangen und Wölfen geworden, einem wahren undurchdringlichen Dschungel. Wir haben schon gesehen, daß Tiberius Gracchus einen schmerzgeprägten Eindruck davon mitbrachte, und vielleicht gewann er daraus den Ansporn zum Entwurf seines gescheiterten politischen Plans.

Kann man in einer so verzweifelten Situation den Gedanken hegen, das eigene Haus und das eigene Grab auszuschmücken? Das künstlerische Repertoire der Etrusker zeigt in dieser Periode Merkmale von Müdigkeit und Selbstwiederholung, dabei betont es die Anzeichen melancholischer Resignation, die wir im Jahrhundert zuvor haben aufkommen sehen. Ein Zeugnis dafür ist die Haltung gegenüber dem Tod. Eine Aschenurne im Museum Guarnacci von Volterra zeigt uns das, was ehemals ein festlicher, prachtvoller Trauerzug war: Ein Ehepaar streckt Kopf und Schultern aus einem geschlossenen Wagen hervor, der von zwei erschöpften Pferden gezogen wird; es scheint zu schlapp zu sein, auch nur den kleinsten Schritt zu tun. Der Ausdruck der Verstorbenen und der Anwesenden ist ausgesprochen traurig, und besonders hat man den Eindruck, daß die offensichtliche Anstrengung bei der Annäherung an den Ort der ewigen Ruhe ein exakter Spiegel der im Leben ertragenen Anstrengung ist – ein gleiches und gegensätzliches Gefühl gegenüber dem der goldenen Zeit mit der Freude an der irdischen Existenz, die sich deutlich im Verhalten nach dem Tode widerspiegelte.

Was vielleicht stärker erschüttert, ist das höchst schwache künstlerische Niveau der Arbeit: Obwohl das Vorbild – wie gewohnt – nochmals in der hellenistischen Kultur liegt, erscheint die Ausführung hastig, plump, vollkommen oberflächlich; fast ist es eine endgültige Bestätigung der Verlassenheit, der sich das etruskische Volk ausgesetzt fühlt.

Eine nunmehr totale Verlassenheit, die auch keinen einzigen Hoffnungsfaden mehr findet, die auch die traditionelle expressive Freiheit des Künstlers gänzlich erstickt.

ANMERKUNGEN

1 Ein wohl von den Etruskern angelegtes in den Fels gehauenes System von Kanälen mit teilweise bis zu zwanzig Meter hohen Wänden, teils ober-, teils unterirdisch, zur Regulierung von Ebbe und Flut in der Gegend von Ansedonia (der colonia Cosa der Römer) bei Orbetello. (Anm. des Übs.)

Etrurien verschwindet, die »Septima« entsteht

Das letzte Jahrhundert vor unserer Zeitrechnung trug schon die warnenden Zeichen in sich; wir befinden uns im Augenblick des endgültigen Untergangs des tyrrhenischen Volkes ohne jede Hoffnung auf Wiedergeburt. Doch noch mußten viel Zeit verstreichen und viele Ereignisse geschehen, bevor der von Rom versetzte Schlag sich wirklich als endgültig herausstellte. Denn auch wenn die römische Hegemonie auf der Halbinsel errichtet war, waren zu Beginn des 1. Jahrhunderts v. Chr. so kleine wie gefährliche Widerstandsherde noch ganz unübersehbar, sowohl bei den jetzt unterworfenen ›Nationen‹ als auch in der Hauptstadt selbst. Sehr bald sollte sich die Krise des republikanischen Systems zuspitzen, das über hunderte von Jahren als perfekteste je in der Weltgeschichte entwickelte Art zu regieren erschienen war.

Die Versuche der Gracchen hatten unter denjenigen gefährlich Unzufriedene zurückgelassen, die auf eine Agrarreform gehofft hatten; die italischen Verbündeten forderten eingedenk der Tribute, denen sie – freiwillig oder unfreiwillig – zur Finanzierung der römischen Kriege unterworfen worden waren, als Gegenleistung wenigstens das Bürgerrecht. Die eingefleischte Abneigung gegenüber dem Bezwinger bricht 91 v. Chr. wieder hervor; es beginnt der Bundesgenossenkrieg, es rebellieren die Samniten, die Osker, die Kampanier; Etrurien bleibt untätig, unbeteiligt, praktisch indifferent in einem Konflikt, der vielleicht die Geschicke der Welt hätte ändern können. Rom ist jetzt auch auf diplomatischem Feld stark geworden; genau in dem Moment, in dem es seine Sicherheit der Gefahr ausgesetzt sieht, entschließt es sich dazu, die gewünschte Konzession zu machen: im Jahre 90 v. Chr. gesteht die Lex Iulia allen Völkerschaften, die der Republik treugeblieben sind, das römische Bürgerrecht zu und weitet im folgenden Jahr dasselbe Privileg auf diejenigen ›Nationen‹ aus, die sich zur Niederlegung der Waffen bereit erklären.

Die Etrusker sind nicht mehr sie selbst, weder dem Namen nach noch faktisch; von diesem Augenblick an sind sie *cives Romani* mit allen Privilegien und allen Vorteilen, die das mit sich bringt. Auch die Kunst leidet generell unter dieser Situation. Der Stil der Kunstwerke setzt die Tendenz fort, die wir schon bei den Volterra-Urnen ausgemacht hatten: Der hellenistische Dekorationsstil, letzter Herzschlag einer dekadenten Euphorie, verschwindet. Die Techniken betonen ihren trockenen Charakter ohne Flitter und Schnörkel, in dieser Richtung offenbar vom Geschmack der Sieger beeinflußt, die sich ohne Zögern dem griechischen Stil des klassischen Zeitalters zuwandten. Die Vasen verlieren den Dekor, keine Spur mehr von Schmuck und Ornamenten ungebändigten Charakters. Doch ganz aus Zufall erreicht uns gerade aus dieser Periode ein echter Schwanengesang des alten Etruriens, ein letzter Lichtstrahl, die letzte Stimme eines untergegangenen Volkes: eine große Bronzestatue, die in sechs verschiedenen und dann als Rundplastik zusammengesetzten Stücken gegossen wurde. Auf den ersten Blick scheint sie nichts von der alten tyrrhenischen Plastik an sich zu haben: die barfüßige Person ist in autoritätsvoller Pose, in ausgreifender Haltung dargestellt, die ihr den Namen ›Arringatore‹ (›Redner‹) schon am Ende des 18. Jahrhunderts eingebracht hat. Hier kommt uns jedoch endlich einmal die Inschrift zu Hilfe, die deutlich und tief in drei Zeilen eingeritzt ist, auch in diesem Fall vor dem Gießen; sie steht in klar erkennbarem etruskischem Alphabet (und – Achtung – von rechts nach links) vorn auf dem unteren Rand der Toga. Wieder einmal handelt es sich um eine nur äußerst schwer erklärbare Aufschrift, die denen, die einen Übersetzungsversuch unternommen haben, Raum für zahllose widersprüchliche Lösungen gegeben haben.

Eine Sache allerdings ist deutlich und klar, und das ist der Name des Dargestellten, der mit einer hoch erhobenen Hand tatsächlich eine flammende Rede an eine vor ihm versammelte imaginäre Menge zu richten scheint: ohne Zweifel ist es Aule Metele, Sohn

DECKEL EINER
ALABASTERURNE
DES HARUSPEX
AULE, MIT
WEISSAGUNGS-
LEBER
Volterra
Guarnacci-Museum

Die fast immer von strengem Realismus geprägte etruskische Kunst hat nur selten versucht, die Dargestellten zu idealisieren; das ist besonders bei den Urnen- oder Sarkophagfiguren evident, bei denen der Bildhauer anscheinend die Aspekte von Wohlbefinden und Glück des Menschen unterstreichen wollte, der das Leben zu genießen verstand – etwas, was bei den Etruskern ein ganz wichtiger Faktor war. Häufig wird der Verstorbene in prächtiger Weise gekleidet gezeigt, mit prunkvollen Gewändern und Kopfbedeckungen und auffälligem Schmuck; das galt für Männer und Frauen gleichermaßen. Es war ein Protzen mit Luxus, Reichtum und Sinnengenuß, das ihnen den – vielleicht nicht völlig gerechtfertigten – Ruf einbrachte, faul, gefräßig und schamlos zu sein.

von Vel und von Vesi. Wir befinden uns jetzt in einem vollständig romanisierten Umfeld, und es scheint plausibel, daß es sich hier um eine öffentliche Ehrenstatue handelt, die einem Politiker von gewisser Bedeutung seitens des Magistratskollegiums gewidmet wurde, dem er zu Lebzeiten angehört hatte.

Der Fundort ist immer noch unbestimmt; lange Zeit hielt man es für sicher, daß die Statue in Pila gefunden worden sei, einem kleinen, keine zehn Kilometer von Perugia entfernten Dorf, doch neuere Forschungen[1] scheinen den Ort an den Trasimenischen See, vielleicht in die Umgebung von Cortona, verschoben zu haben.

Sicher ist andererseits der umbrische Ursprung; ein Problem liegt jedoch auch in der Datierung dieses letzten Zeugnisses der Existenz der Etrusker.

Versuchen wir, die Frage zu entwirren: Der in der Darstellung angewandte Stil erlaubt die Datierung des Werkes mit fast absoluter Sicherheit in die ersten zwei Jahrzehnte des 1. Jahrhunderts v. Chr.; dann bleiben uns die historischen Quellen: Sollte der Guß nach der Gewährung des römischen Bürgerrechts an die Etrusker erfolgt sein, wäre die Ehreninschrift zweifellos in lateinischer Sprache eingraviert worden, denn das wäre Vorschrift gewesen. Der Umstand, daß wir uns vor dem letzten Beispiel etruskischer Schrift befinden, die obendrein noch in der traditionellen Anordnung von rechts nach links läuft, läßt vermuten, daß Aule Metele zwischen 100 und 90 v. Chr. gestorben ist, also unmittelbar bevor auch er römischer Bürger mit allen allen rechtlichen Folgen geworden wäre.

ANMERKUNGEN

1 Susini, G., *Sul luogo di rinvenimento dell'Arringatore*, in: »Archaeologia classica«, XVII, Rom 1965

Damit sind wir leider am Ende angelangt, an einem Ende, das – obwohl schon lange vorherzusehen – ausgesprochen dramatisch daherkam, nicht ohne Gewalt. In Rom versuchte Sulla in einer langen Reihe von Bürgerkriegen, zur Niederwerfung seines ewigen Rivalen Gaius Marius den Krieg gegen das feindliche Heer gerade nach Etrurien zu tragen; doch dort traf er auf ein beträchtliches Mißtrauen, einen passiven Widerstand seitens der Bevölkerung, die den Römern gegenüber noch entschieden feindlich eingestellt war. Nachdem er sein Ziel erreicht und die Diktatur erlangt hatte, konnte nichts seine Repressalien aufhalten. Während die Parteigänger des Siegers freigelassen wurden, waren die Enteignungen, die Brandschatzungen auch ganzer Städte und die kurz und bündig vorgenommenen Hinrichtungen nicht zu zählen, unheilbare Wunden, ein nunmehr tödlicher Schlag.

Etrurien, dessen Einwohner nunmehr – erinnern wir uns – ›römische Bürger‹ waren, ist jetzt in die Knie gezwungen; es wohnte in Lucca der Besiegelung des Vertrages zwischen Caesar, Pompeius und Crassus bei, der auf den ersten Triumvirat hinauslaufen sollte; es sah Legionen unbekannter Anführer vorbeiziehen; es versuchte, in einem anderen entscheidenden Augenblick der römischen Geschichte Partei für Caesar zu ergreifen. Und noch einmal setzte es aufs falsche Pferd. Nach dem Schicksalsjahr 44 v. Chr. wurden die Caesarmörder bei Philippi geschlagen, Perugia wurde von Oktavian mit Feuer und Schwert verheert, das er der Unterstützung Lucius', des Bruders seines erbittertsten Rivalen Marcus Antonius, beschuldigte.

Danach war Etrurien nur noch ein Ferienland, reich an Stränden, Thermalquellen, Bergen mit gesunder Luft, in das die Sieger zu Tausenden hineinströmten, um Ruhe und Bequemlichkeit zu suchen.

Wieder war es Oktavian, der die entscheidende Tat ausführte. Die Verwaltungsreform von 40 v. Chr. markierte den Epilog zu unserer Geschichte; die Region, die jetzt geschaffen wurde, verlor sogar den antiken Namen Tuscia, um nur noch mit einer Zahl bezeichnet zu werden: die Siebte, ›Septima‹. Sie wurde von Chiusi und von Orvieto getrennt, die Umbrien zugewiesen wurden, und von Veji, das nicht mehr innerhalb der verschwundenen Grenzen Etruriens liegen wird.

Tyrrhenische Bürger traten auch weiterhin noch im augusteischen Rom und in den folgenden Jahrhunderten hervor, man denke nur an Maecenas oder an Urgulania, die Schwiegermutter des Kaisers Claudius, und an viele andere, an die uns die Quellen nur flüchtig erinnern.

Damit ist endgültig der Augenblick gekommen, für immer den Vorhang über die etruskische Kultur fallen zu lassen; die Haruspices sagten, sie werde zehn Jahrhunderte andauern, und – das muß man anerkennen – sie haben sich nur wenig geirrt.

STATUE DES AULE METELE, DER SOG. ›ARRINGATORE‹
Florenz, Archäologisches Museum

Das letzte hervorragende Stück, das entschieden etruskische Einflüsse spüren läßt, auch wenn es schon in römische Zeit gehört, ist der berühmte ›Arringatore‹, d. h. ›Redner‹, der am Ufer des Trasimenischen Sees gefunden wurde. Nach der auf den Rand der Toga eingravierten Inschrift zu urteilen, wurde die Statue von seinen Magistratskollegen für den Verstorbenen aus einem heute weiterhin unbekannten Grund aufgestellt.

ETRURIEN VERSCHWINDET, DIE »SEPTIMA« ENTSTEHT

DECKEL EINER TERRAKOTTAURNE, DIE SOG. ›ALTEN EHELEUTE‹
Volterra, Archäologisches Museum

Auf diesem Terrakottadeckel, der in den Anfang des 1. Jahrhunderts v. Chr. zu datieren ist, sind die Zeichen der Dekadenz schon unübersehbar. Die Ausführung zeigt keinerlei Streben nach Perfektion, die die Urnen der früheren Zeit ausgezeichnet hatte; auch das Material ist billigster Ton anstelle von Marmor oder Alabaster wie in den ›guten alten Zeiten‹. Der für die etruskische Kunst charakteristische strenge Realismus erreicht hier eine höchste Ebene; nicht einmal die Darstellung familiärer Intimität, die so viele heitere, bisweilen fröhliche Werke gezeitigt hatte, entgeht mehr den depressiven Maßstäben der hier sichtbaren künstlerischen Absichten. Die Figuren der beiden Alten rufen beim Betrachter eine melancholische Trauer hervor.

ETRURIEN VERSCHWINDET, DIE »SEPTIMA« ENTSTEHT

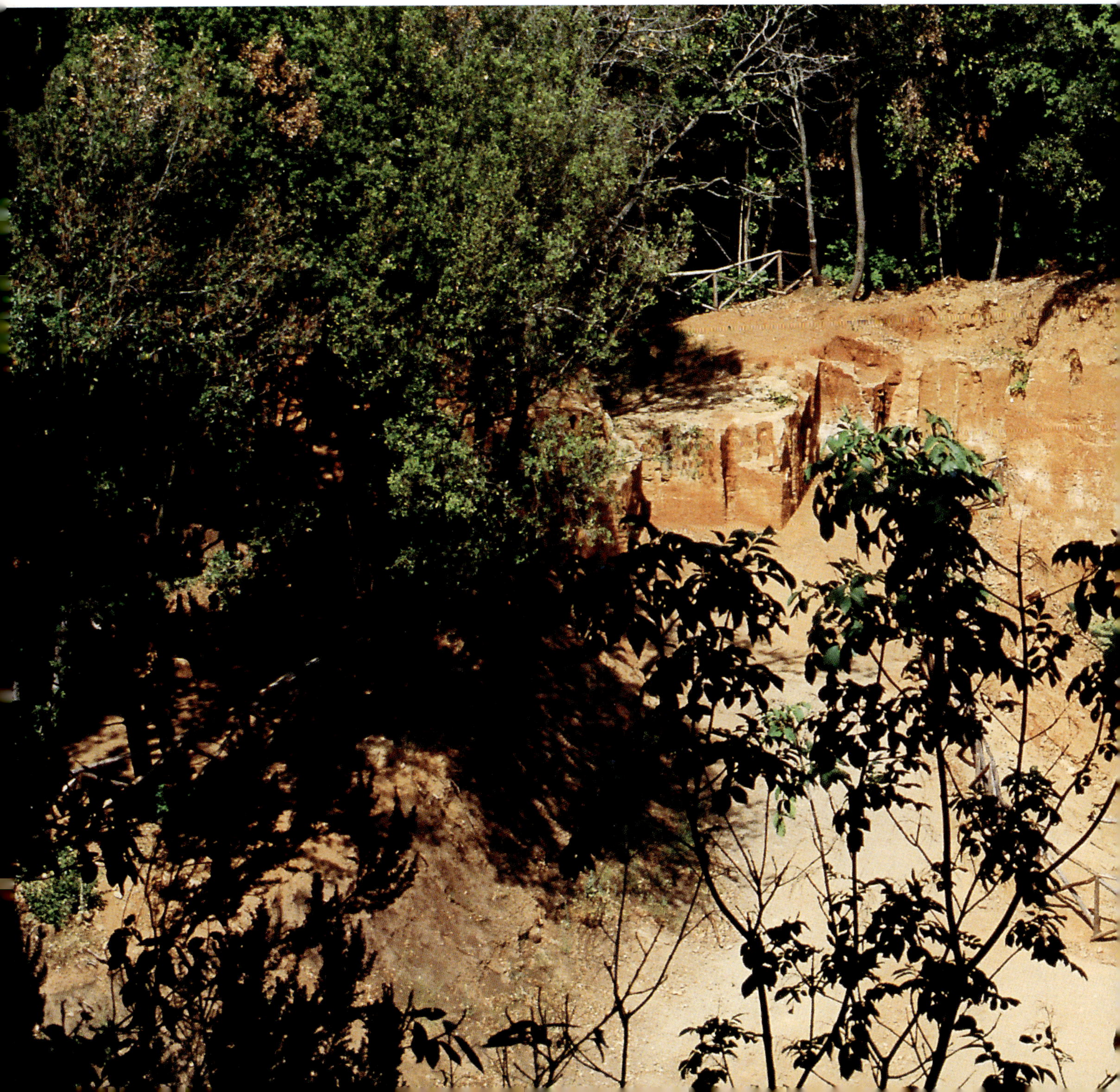

Die jüngsten Funde

DIE JÜNGSTEN FUNDE

Im Laufe der Zeit hat das Interesse der Öffentlichkeit für die Etrusker nie nachgelassen, stets wurde es von jenem Nimbus des Geheimnisvollen genährt, der trotz den von der wissenschaftlichen Forschung erzielten und weithin verbreiteten Ergebnissen noch immer dieses alte, vornehme Volk umgibt, von dem wir keine Literatur haben. Dennoch haben in den letzten Jahren einige Funde das Interesse neu entfacht, die zur Klärung einiger Aspekte ihres Lebens und ihrer Geschichte beigetragen haben. Die Eröffnung neuer archäologischer Parks und Grabungsgebiete, die durch einen neu erwachten Sinn der Zugehörigkeit zu ihrem Territorium seitens der örtlichen Gemeinden ermöglicht wurde, und die neuen Ausrichtungen der Archäologie auf die Erklärung der bis heute bewahrten materiellen Zeugnisse auch als geistige Botschaft haben uns die Etrusker immer nähergebracht. Ihre Geschichte hilft uns, unsere Gegenwart zu verstehen.

Da es nicht möglich ist, einen auch nur kurzen Bericht über alle in den letzten Jahren dank der Durchführung neuer Grabungen, aber auch dank einer aufmerksamen nochmaligen Lektüre und dank dem Studium bekannter Erzeugnisse und Monumente erzielten Ergebnisse zu liefern, muß man sich hier notgedrungen auf eine Auswahl der wirklich bedeutsamen Funde beschränken.

Die Wohnbezirke und Häuser

Vorhergehende Seiten

Populonia (Piombino)
Nekropole von Le Grotte

Auf einem in unmittelbarer Nähe des mittelalterlichen Dörfchens MONTERIGGIONI an der von Florenz nach Siena führenden Straße gelegenen Plateau haben die von der Soprintendenza Archeologica della Toscana und der Universität Siena von 1986 bis heute wiederholt durchgeführten Grabungen ein kleines Hüttendorf ans Licht gefördert, das an das Ende des 8. Jahrhunderts v. Chr. gehört (720–700 v. Chr., Beginn der Orientalisierenden Periode). Es stellt sich als eines der ältesten bis jetzt in Nordetrurien (Toscana) entdeckten Dörfer dar, in einem Gebiet gelegen, das einige Jahrhunderte später mit Volterra zusammengeschlossen werden sollte.[1] Die Hütten besitzen einen ovalen Grundriß und aus Rohr- und Zweiggeflecht hergestellte Wände und Dächer, gestützt werden sie von in mehr oder weniger regelmäßigen Abständen eingerammten Pfählen; die Feuerstelle mit Resten von Holz und verzehrten Speisen befand sich außerhalb und in einigen Fällen auch innerhalb der Behausung.

Zwischen den verschiedenen Gruppen von Hütten müssen bestellte Felder und andere kleine Grundstücke zur Weidung der Rinder, Schafe, Ziegen und Schweine gelegen haben, von denen sich Knochen in großer Menge gefunden haben. In der ersten Hälfte des 7. Jahrhunderts v. Chr. verbessert die kleine Landgemeinde ihre Organisation, indem sie um die Hütten herum zu Verteidigungszwecken ein Schotterbett und eine große Umfassungsmauer aus rohen Ziegeln schafft, die anscheinend die Grenze des Dorfes markiert. Die verschiedenen Gruppen von Hütten verteilen sich jetzt um einen Teich oder ein Wasserreservoir herum, während außerhalb der Umfassungsmauer und des Schotterbetts zwei für handwerkliche Tätigkeiten der Dorfbewohner bestimmte Zonen entdeckt wurden. Eine war belegt mit Brennöfen, die zur Herstellung von Gefäßen für die Aufbewahrung und die Zubereitung von Lebensmitteln dienten – erhalten haben sich z. B. die Reste eines Ofens mit einem Graben zur Klärung des Tons –, während die zahlreichen nicht weit davon entfernt gefundenen Bruchstücke von Eisenerz und von Schlacken, die beim Verhüttungsprozeß entstanden, auf niedrigem Niveau die Existenz einer Herstellung von Geräten haben vermuten lassen, die zu landwirtschaftlichen Zwecken und zur Fleischverarbeitung dienten.

DIE WOHNBEZIRKE UND HÄUSER

Ansicht von
Monteriggioni (Siena)

Luftansicht von
Monteriggioni (Siena),
links die Hütten

Monteriggioni (Siena), Ortschaft Campassi Rekonstruktion einer Hütte (Mario Pagni)

Das Dorf von Campassini nahe Monteriggioni existierte bis zum Ende des 7. Jahrhunderts v. Chr. Genau in dieser Zeit dürften die Spuren von Arbeiten zur Auffüllung und Planierung des Schotterbettes zusammen mit den bei der Grabung gefundenen Resten von Ziegeln und Architekturterrakotten auf den Bau eines herrschaftlichen Wohnsitzes vom Typ des viele Jahre zuvor in Murlo gefundenen schließen lassen; damit wäre also das Vorhandensein neuer Formen der Inbesitznahme des Territoriums der Rasenna[2] bewiesen. Die zu den bei der Ausgrabung des Ackerdorfs von Campassini gefundenen Faunaresten durchgeführten archäozoologischen Analysen haben sich als höchst bedeutsam erwiesen, nicht nur weil diese Art von Untersuchung mit großer Verspätung im Bereich der Forschungen über die Etrusker unternommen wurde und man daher noch nicht über ein ausreichendes Spektrum von Proben zu den verschiedenen Plätzen und Perioden verfügt, sondern auch weil sie die vollkommenere Rekonstruktion des Lebens und der Ressourcenverwendung seitens der Bewohner des Ortes gestattet. Pferde waren sehr selten und von Exponenten der vermögenderen Klassen benutzt, nur in Ausnahmefällen geschlachtet, während das spärliche Vorkommen von vorhandenem Wild zur Meinung geführt hat, daß auch die Jagd nicht besonders gepflegt wurde. Der größere Teil der Knochenreste stammt von Rindern, die in erwachsenem Alter geschlachtet wurden, nachdem sie als Arbeitstiere verwendet worden waren, und von Schweinen. Schafe hingegen wurden vornehmlich wegen der Wolle aufgezogen, und nur ein sehr geringer Prozentsatz der Lämmer wurde im ersten Lebensjahr zu Ernährungszwecken getötet. Zu den interessantesten Funden gehören auch verschiedene Exemplare von Hunden mittlerer Größe.

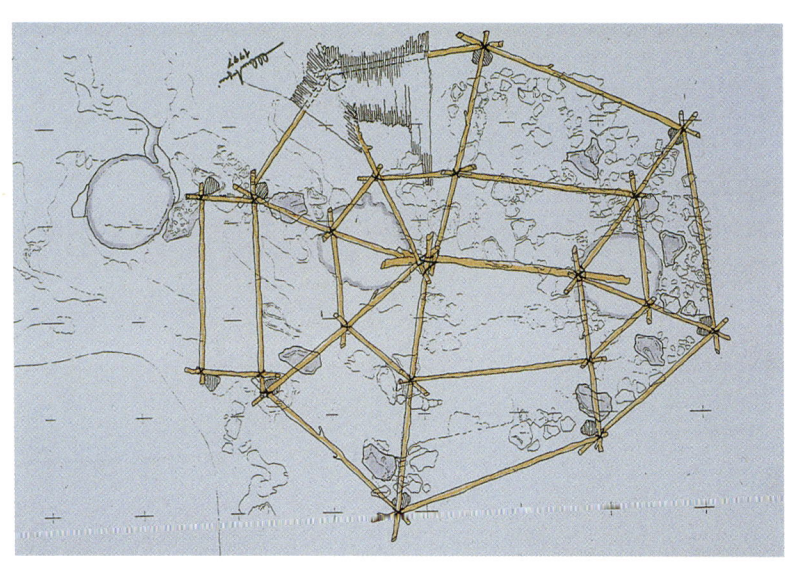

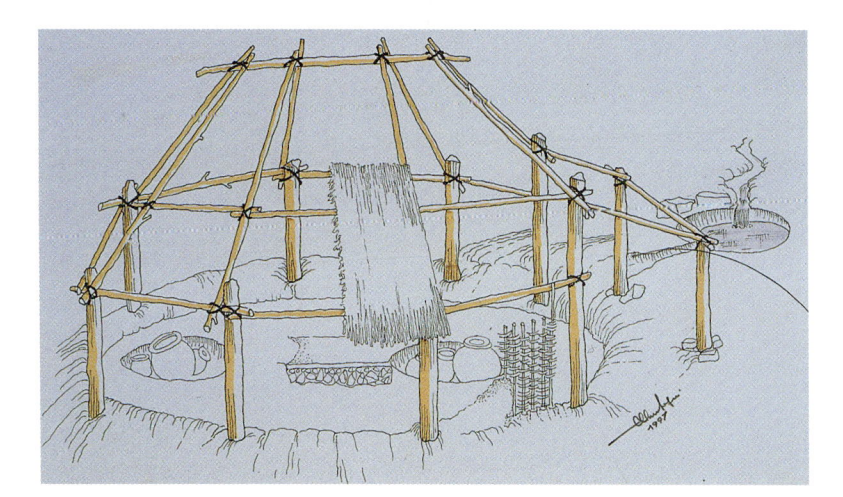

In ACQUAROSSA haben die 1981 vom Schwedischen Institut für Klassische Studien begonnenen Grabungen die Reste einer Siedlung von beträchtlichen Ausmaßen zutage gefördert, die sich über eine Fläche von 32 Hektar erstreckte und wahrscheinlich von 5000 Personen bevölkert war; ihre kurze Geschichte entwickelte sich zwischen dem Ende des 7. und dem Ende des 6. Jahrhunderts v. Chr. (625–525 v. Chr.).[3] Die Häuser besaßen drei oder vier häufig um ein zentrales Atrium verteilte Räume, das zur Straße hin lag und eine variable Fläche von mindestens 30 bis höchstens 75 Quadratmetern aufwies.

Eine ›Stadtplanung‹ gab es dort anscheinend nicht; die Gebäude waren verstreut angeordnet und auf Erdaufschüttungen errichtet, mit denen der natürliche Felsboden geebnet wurde; rings um den Fels wurde eine Rinne gegraben, um das Regenwasser abzuleiten; die Fußböden waren aus Lehm gestampft, während die – nur selten aus Stein gefertigten – Wände entweder mit rohen Backsteinen oder ebenfalls aus Lehm errichtet waren, der zwischen Holzbretter und Rohrgeflecht gepreßt und dann nach der Trocknung freigelassen wurde. Andere Male waren die Wände der Häuser aus einem Fachwerk von Holz und Rohr gefertigt, das dann mit Lehm verputzt wurde. Die Rahmentechnik, bei der Steinblöcke an den Zimmerecken aufgeschichtet und die

Leerräume dazwischen mit kleinen Steinen und Lehm ausgefüllt wurde, ist für bestimmte hochwertigere Häuser bezeugt, während die Bedachung in Acquarossa unter Verwendung von Keramikziegeln und -pfannen ausgeführt wurde. Diese zweite von griechischen Facharbeitern gelernte Technik setzte eine spezialisierte Handwerkstätigkeit voraus, die gewöhnlich in Gebieten mehr am Rand der Siedlung zum Ausdruck kam.

In ROSELLE, der Etruskerstadt, in der im Gefolge des von Antonio Minto schon am Ende der vierziger Jahre unterstützten Forschungsprojekts des Istituto di Studi Etruschi seit 1958 intensive Grabungen begonnen wurden, haben die von der Università degli Studi von Florenz und der Soprintendenza Archeologica della Toscana auf dem Nordhügel am Fuße des Amphitheaters durchgeführten Untersuchungen ein außergewöhnliches Beispiel eines etruskischen Steinhauses mit zwei Räumen und Dach aus Ziegeln und Pfannen erkennen und rekonstruieren lassen, das zwischen 620 und 550 v. Chr. zu datieren ist.[4] Vor dem Haus wurde im Fels des Plateaus ein neun Meter tiefer Brunnen freigelegt, dessen Öffnung von einer Hälfte eines mit vier Griffen versehenen und auf den Schultern mit einem Reliefband verzierten großen Keramikfasses gebildet wird; das Innere des Brunnens war mit von den Hausbewohnern täglich benutzten Gefäßen gefüllt, unter denen auch zahlreiche Fragmente von zur Zubereitung der Speisen dienenden Terrakottakochern gefunden wurden. In der zweiten Hälfte des 6. Jahrhunderts v. Chr. wurde das Haus zu einem ebenfalls in Stein gehaltenen Bau erweitert, das eine Fläche von über 300 Quadratmetern einnimmt und einen weiten säulenumstandenen Innenhofes besitzt, auf den sich verschiedene Zimmer hin öffnen. Der Hof, den man über eine andere Portikus mit vier Holzsäulen erreichte, die den Eingang zu dem Gebäude bildete, besaß in der Mitte eine Art rechteckiges Becken, das in den gestampften und mit Terrakottaplatten gepflasterten Erdboden eingetieft war; dieses diente zum Sammeln des Regenwassers *(impluvium)*. Das Wasser, das sich über eine Rinne in dem Becken sammelte – nach den auf der Grundlage der für die damalige Zeit angenommenen Regenmenge vorgenommenen Schätzungen durchschnittlich 150 Kubikmeter pro Jahr –, wurde anschließend in eine in den Fels gehauene Zisterne geleitet. Dieses etruskische Haus, das sog. ›Haus mit Impluvium‹, wurde in den ersten Jahren des 5. Jahrhunderts v. Chr. (ca. 490–480) durch einen Brand zerstört und dürfte der Hauptteil eines regelrechten Gutshofs gewesen sein, der ursprünglich von Acker- und Weideland umgeben war. Die in den Erdschichten, die im Innern des Hauses freigelegt wurden, gefundenen Emmer- und Hafersamen zusammen mit den Knochenresten von Tieren dokumentieren die Existenz von Getreideanbau und Viehzucht. Auch in Roselle ist damit das Vorhandensein einer größeren Zahl von Rindern, Schafen und Ziegen bezeugt, die zusammen mit Schweinen in den ersten Lebensjahren getötet wurden, um den Bedarf an Fleisch zur Ernährung zu befriedigen. In wirtschaftlicher Hinsicht dürften die Bewohner des Hauses von Roselle ausgesprochen wohlhabend gewesen sein.

DIE JÜNGSTEN FUNDE

Roselle,
Haus mit Impluvium

Die Gräber

In der Nähe des Vorstadtfriedhofs von PISA in der VIA SAN JACOPO haben die gründlichen von der Soprintendenza Archeologica in den letzten Jahren durchgeführten Grabungs- und Restaurierungsarbeiten zu einer aufsehenerregenden Entdeckung geführt, die über die beträchtliche Erweiterung unserer Kenntnisse von der Entwicklung und Ausgestaltung der Stadt hinaus einen wichtigen Beitrag zur orientalisierenden etruskischen Kunst des 7. Jahrhunderts v. Chr. liefern.

Die Grabungen[5] haben einen großen Tumulus mit einem Durchmesser von ca. 30 Metern ans Licht gebracht, der von einem Sockel oder Umfassungsring aus flachen Steinplatten begrenzt wird, die in regelmäßigen Abständen eine neben der anderen in den Boden eingelassen sind. Etwa zwei Meter von dem Sockel entfernt waren Paare von Steinen im jeweiligen Abstand von über sieben Metern aufgestellt, außerdem eine Stele aus Sandstein. In dem Gelände rings um den Tumulus sind Reste einfacher Gräber ans Licht gekommen, die aus in derselben Höhe wie der Tumulus in den Boden eingelassenen und dann mit Erde bedeckten Terrakottafässern bestehen, die aufgrund der durchgeführten Untersuchungen in das Ende des 8. Jahrhunderts v. Chr. gehören. Der eigentliche Tumulus war ein Kenotaph, d. h. ein Grabmonument ohne Überreste eines Verstorbenen, errichtet zum Gedenken an ein berühmtes Mitglied der Familie; es handelt sich um das erste bis jetzt bekannte Beispiel dieses Typs in Etrurien, während

Pisa, orientalisierender Tumulus an der Via San Jacopo

Zeugnisse dafür in der italischen Welt, in Latium und Großgriechenland in einigen vollständig hellenisierten Gemeinden nicht fehlen.

Auf dem unberührten Boden wurde eine etwa vier Meter breite und ein Meter tiefe Grube entdeckt; dort war eine massive Holzkiste aufgestellt, die Reste der Begräbniszeremonie enthielt: wenige Gefäßfragmente und einige zu einem Schaf gehörende Knochen. Die Grube war darauf bis zur Höhe der Umfassungssteine mit Erde aufgefüllt worden, bis auf ein dreieckiges Loch, das seinerseits mit reinem Lehm aufgefüllt war; an seiner Spitze war ein eiserner Dreizack mit schon ursprünglich zerbrochenem hölzernen Stiel aufgestellt. Über der Grube war ein großer Altar aus Steinblöcken angelegt, der am Ende der Begräbniszeremonie, d. h. im Augenblick der Errichtung des Tumulus zum Teil zerlegt wurde. Auf ihm waren die Opfergerätschaften abgelegt, ein Messer, vier Eisenspieße und ein Teil der Kinnbacke eines Pferdes, das aller Wahrscheinlichkeit nach im Lauf der Feier zu Ehren des Verstorbenen geopfert wurde.

Die wissenschaftliche Auswertung dieses außergewöhnlichen Monuments hat die Zusammenstellung vieler weiterer wertvoller Daten möglich gemacht, um das etruskische Grabritual insgesamt zu begreifen, die Entwicklung der Zeremonien und als deren Reflex die Ideenwelt, die hinter dem Unternehmen der Errichtung des Kenotaphtumulus stand und die Ausdruck der Macht der herrschenden Adelsfamilien um das Ende des 8. und den Beginn des 7. Jahrhunderts v. Chr. herum war. Neben dem Altar war nämlich in einem quadratischen Loch ein großes weiß gefirnißtes Terrakottafaß *(dolium)* in die Erde eingelassen, das mit einem Deckel hermetisch verschlossen war; es enthielt einen feinen Goldfaden, zahlreiche kleine Bronzenägel und eine große Menge Asche, die nach den Ergebnissen der Analysen von der Verbrennung von Eichenholz herrührte.

Das sorgfältige Studium der griechischen und römischen literarischen und der archäologischen Quellen hat die Wissenschaftler zur Identifizierung des Inhalts des großen Fasses mit den Resten der Einäscherung des Standbildes des Verstorbenen geführt, das von den Griechen ›kolossós‹ genannt wurde, einer Art symbolischen in Holz, Bronze, bisweilen auch in Wachs ausgeführten Bildnisses des Verstorbenen, das in Abwesenheit des Leichnams Verwendung fand.

Am Ende der Begräbnisfeier wurde der Steinaltar auseinandergenommen und, wie es das Ritual vorschrieb, in einer Grube innerhalb des Sockels deponiert. Die wertvollen historischen, ökonomischen und religiösen Daten, die uns durch die Entdeckung und Erklärung dieses großartigen Komplexes geliefert wurden, erhöhen spürbar das Niveau unserer Kenntnisse über diese Phase der etruskischen Kultur, die durch einen starken Einschlag der griechischen Kultur in einer von den Wellen des Tyrrhenischen Meers bespülten Gegend geprägt wird, die in der antiken Welt wegen ihrer materiellen Ressourcen und der Qualität ihrer Umwelt als vital bedeutsam galt.

Die Sitte der Opferung von Pferden auf dem Grabscheiterhaufen wird von Homer in der *Ilias* dokumentiert, wo die Leichenfeier für Patroklos beschrieben wird, und außerdem von zahlreichen in Griechenland, auf Zypern, in Etrurien selbst in Tarquinia und Populonia gefundenen Fürstengräbern bezeugt. Das Vorhandensein des eisernen Dreizacks über der Grube ist von größtem Interesse, denn er erklärt eindeutig den Grad der Macht und des Ansehens des Fürsten, zu dessen Ehren der Tumulus an der Via San Jacopo errichtet wurde. Tatsächlich ist der Dreizack ein mit dem Fischfang verbundenes Instrument, doch wie Vasendarstellungen zeigen, wurde er auch als Symbol der Königswürde in der Hand gehalten. Wir können uns daher vorstellen, daß der Fürst von Pisa seinen Reichtum unter anderem mit Fischfang verbundenen Aktivitäten und dem Seehandel verdankte, die in dieser Zeit unter der Kontrolle der Aristokratien standen. Die

DIE GRÄBER

neuen zur sog. ›Tomba del Circolo del Tridente‹ durchgeführten Studien – das, wie der moderne Name unterstreicht, ebenfalls einen eisernen Dreizack enthielt – sowie die Publikation der Forschungsergebnisse zum gesamten Komplex von San Jacopo in Pisa werden unsere Kenntnisse von der etruskischen Welt zwischen dem Ende des 8. und dem Beginn des 7. Jahrhunderts v. Chr. beträchtlich bereichern können.

Die zu Ende der achtziger Jahre von der Soprintendenza Archeologica della Toscana auf einer kleinen Anhöhe in der Ortschaft CASA NOCERA in der Nähe des Dorfes CASALE im CECINA-TAL durchgeführten Grabungen haben eine orientalisierende Nekropole von außergewöhnlichem Interesse zutage gefördert.[6] Die Gräber können einem einzigen Familienverband zugewiesen werden, der über zwei Generationen vom Ende des 8. bis zum Beginn des 6. Jahrhunderts v. Chr. (700–590) seinen Reichtum aus der Kontrolle über das Straßen- und Handelsnetz zog, das die Küste mit dem Landesinneren, vom Seehafen von Populonia bis nach Volterra, verband. Symbolhaft ist die strategische Lage der Siedlung von Casalvecchio, der die Nekropole von Casa Nocera wahrscheinlich zugehört; einerseits beherrscht diese Siedlung die Küste, bis man das Vorgebirge von Populonia erblickt, andererseits die Reihe von Anhöhen und kleiner Täler, die sie von der Akropolis von Volterra trennen.

In der Mitte der Anhöhe befand sich das reichste und älteste Grab, sicher das Vorbild für die anderen: In einer großen Kiste aus Steinplatten war ein großes, von einem Schild aus Bronzeblech mit geometrischen Mustern bedecktes tönernes Faß aufgestellt;

Cecina, Nekropole von Casa Nocera, Grab C mit Bank

das bronzene mit einem Silberbecher verschlossene Aschegefäß enthielt die verbrannten Knochen des Verstorbenen, die in ein Leinentuch eingewickelt waren, zahlreiche Elemente einer Elfenbeinkette in Form eines Affen, goldene, silberne und bronzene Fibeln und weitere kostbare Gegenstände, die zum prächtig geschmückten Gewand des Verstorbenen gehörten. Im Faß fanden sich ein Eisenmesser mit Elfenbeingriff mit Bernsteinintarsien, recht ähnlich dem in der Tomba dei Carri in Populonia gefundenen Stück, sowie ein kurzes Schwert mit zwei Schneiden in der zugehörigen Scheide, ebenfalls aus Eisen und mit Elfenbeingriff. Innerhalb des Steinkistengrabs, außerhalb des Fasses mit der Asche, wurden kleine Bruchstücke gefunden, ein Teil der eisernen Räder und der Steigbügel eines Wagenpaares, die auf dem Scheiterhaufen zusammen mit dem Verstorbenen verbrannt und dann nach einer gut dokumentierten Praxis der Grabbeigaben von Fürstengräbern der orientalisierenden Zeit (darunter die in der sog. ›Tomba dei Carri‹ in Populonia gefundenen Beigaben) ins Grab gelegt wurden. Das eine der beiden Fahrzeuge könnte eine zweirädrige für langsame Ausfahrten verwandte Kutsche gewesen sein, während das andere – ein *currus* – wahrscheinlich ein Fahrzeug für Wagenrennen war, das im Unterschied zum ersten auch im Stehen gelenkt werden konnte. Die Machtinsignien, die vom Stammvater-Fürsten zur Schau getragen wurden, bestanden aus zwei Bronzeäxten mit Holzgriffen, die mit einer dichten Reihe kleiner ebenfalls bronzener Entenbilder verziert waren, aus einer eisernen Axt und aus einem Elfenbeinobjekt von gebogener Form; wahrscheinlich handelt es sich um den gebogenen Stab *(lituus)*, der auch von den Auguren bei den Auspizien benutzt wurde und sowohl die vom Verstorbenen ausgeübte politische als auch religiöse Macht unterstreichen konnte. Schließlich ist an der Stelle noch der Fund eines Helms von picenischem Typ hervorzuheben, vielleicht ein Geschenk oder Stück aus einer Kriegsbeute.

Unter den mit dem Ritus des Totenmahls verbundenen Gegenständen ragt ein kleines Bronzebild hervor, das den Verstorbenen darstellt; es erinnert stark an dasjenige auf dem Deckel der tönernen Aschenurne von Montescudaio (im Archäologischen Museum von Florenz). Sehr bedeutsam ist der Fund zahlreicher Bronzebecher und insbesondere eines mit ganz besonderer Sorgfalt verschlossenen zylindrischen Gefäßes, das eine dem Toten geopferte Bienenwabe enthielt; dieser Brauch ist in Griechenland bezeugt, und auch Homer spricht von ihm. Die neben einen Bronzebecher gelegten pflanzlichen Opfergaben bestanden nach den Ergebnissen der archäobotanischen Untersuchungen aus zwanzig Nüssen, ebensovielen Äpfeln, einigen Traubenkernen von *vitis vinifera* und einem Granatapfel. Diese letzte Frucht, die auch in Griechenland stets einen stark mit dem jenseitigen Leben verbundenen symbolischen Wert besaß, ist die erste in Etrurien und Italien gefundene aus vorrömischer Zeit. Allein aus diesem Grunde wäre die Entdeckung der orientalisierenden Nekropole von Casa Nocera einzigartig, um in uns ein Echo der schmerzvollen Gefühle hervorzurufen, die allen Menschen universell gemeinsam sind.

Die übrigen Skelettgräber verteilen sich um das Grab A des Stammvater-Fürsten. Eines davon, das zu einem jungen Mann gehört, der mit reichem Gewand und langen, mit bronzenen Spangen zusammengehaltenen Zöpfen bestattet wurde, weist eine zu der von Grab A analoge Ausstattung auf; von besonderem Interesse ist der Umstand, daß die Scheide des eisernen Degens mit feinstem Gewebe, vielleicht Leinen, überzogen ist und daß die einzige eiserne Axt mit Buchenholzgriff Spuren von einem Wollgewebe bewahrt, in das sie wahrscheinlich eingewickelt war. Die mit denen in Grab A niedergelegten vollständig identischen Speiseopfer waren von einem Leinentuch geschützt und in einer Bronzeschale enthalten, die auf ein monumentales Bronzegefäß gestellt war, einen *lebes* (Kessel) aus Hallstattproduktion vom Typ der in Vetulonia und in Populonia

DIE GRÄBER

Casale Marittimo,
Nekropole von
Casa Nocera,
Teil der Beigaben
aus Grab A

Casale Marittimo, Nekropole von Casa Nocera, Teil der Beigaben aus Grab A in der Ausstellung von 1999 im Antiquarium von Cecina

in der Tomba dei Flabelli gefundenen. Eine andere Besonderheit des Grabes bildet die Tatsache, daß aller Wahrscheinlichkeit nach der Leichnam des jungen Mannes in einen eigens dafür ausgehöhlten Eichenstamm gelegt worden war. Sowohl diese Grabstätte als auch die des Stammvater-Fürsten sind in das erste Viertel des 7. Jahrhunderts v. Chr. zu datieren.

Die nach wissenschaftlichen Kriterien durchgeführten Grabungen gestatten die Sammlung einer enormen Masse für die Geschichte der Menschheit außergewöhnlich bedeutsamer Daten. Das zwingt dazu, über den von Grabräubern verursachten Schaden nachzudenken, die im Laufe der Jahrhunderte in den Nekropolen und Heiligtümern Etruriens gewütet haben. In diesem Zusammenhang lastet ein beunruhigender Schatten auf der Sicherstellung zweier vollplastischer Statuen aus der Hand von Privatleuten, die aus demselben Kalkstein hergestellt wurden, aus dem die Gräber errichtet wurden, und die nach Aussagen der Besitzer ebenfalls in der Nekropole von Casa Nocera im Cecina-Tal gefunden worden sind. Man hat vermutet, daß die Statuen aus dem unterirdischen Kammergrab C stammen. Es ist aus Steinplatten erbaut und verfügt über eine kurze Treppe als Zugang; die wenigen am Ort gelassenen Reste stammen aus einem zeitlichen Rahmen zwischen der ersten Hälfte des 7. und dem Anfang des 6. Jahrhunderts v. Chr. (675/650–590 v. Chr.).

Die Statuen von Casale Marittimo, die zwei junge wehklagende Leute darstellen und wahrscheinlich in die Erde auf der Spitze des Hügels eingesenkt waren, bilden das bis jetzt älteste aus Etrurien bekannte Beispiel etruskischer rundplastischer Grabskulptur, älter noch als die in Vetulonia in der Tomba della Pietrera gefundenen Statuen, die einst im Museo Topografico von Florenz ausgestellt waren und auf die zweite Hälfte des 7. Jahrhunderts zurückgehen (650–590 v. Chr.). Die beiden jungen Leute tragen eine Art Rock, der ihre Hüften umgibt und die Genitalien bedeckt; er wird von einem mit einer Reihe von Dreiecken in entgegengesetzten Streifen verzierten doppelten Gürtel gehalten und ist einem realen Gürtel aus Leder mit Bronzeapplikationen vollkommen ähnlich. Beide haben die Haare in einem langen Zopf zusammengefaßt, während die Haltung der Arme an Trauergesten denken läßt, wie man sie schon bei anderen Statuen festgestellt hat; die plastische Wiedergabe der Figuren, die Proportionen und der Knochenbau verweisen insbesondere auf einige Grabmonumente der picenischen Kultur in der Adriagegend. Die formale und stilistische Untersuchung der Statuen muß noch genauer durchgeführt werden, wenngleich einige Bezüge zu den Bronzewerkstätten von Vetulonia nicht fehlen.

Ebenfalls dank den archäobotanischen Untersuchungen, die an den in den verschiedenen Gräbern festgestellten Resten durchgeführt wurden, hat man im Innern des ältesten, des Kriegergrabes, das eine bronzene Pyxis enthielt, einige Überreste von Samen und Weihrauchblättern ausgemacht; diese Pflanze wuchs bekanntlich in einem eng begrenzten Gebiet Afrikas und der arabischen Halbinsel und wurde erst in späterer Zeit von phönizischen Seefahrern ›exportiert‹. Angesichts der starken Präsenz phönizischen Handels in den Erzgebieten Etruriens ist es nicht unwahrscheinlich, daß die Verbreitung des seltenen und als kostbar angesehenen Weihrauchs gerade mit diesem Handelsverkehr in Verbindung zu bringen ist.

Interessant ist auch, daran zu erinnern, daß unter den Grabbeigaben der Nekropole von Casale Marittimo auch zahlreiche Holzerzeugnisse vorhanden sind, die von Angriffswaffen (Lanzen, Speeren, Schwertern) bis hin zu Verschalungen und den Innenwandungen spezieller Behältnisse reichen. Diese Funde erlaubten dank den Untersuchungen von Biologen und Botanikern die Vielzahl der von den etruskischen Handwerkern benutzten Hölzer festzustellen: Ahorn, Buchsbaum, Kornelkirsche, Pappel,

Eiche, Birne, Buche, Esche. Doch die von den Untersuchungen gelieferten Daten sind nur zu einem sehr geringen Teil zur Rekonstruktion der Flora der jeweiligen Umgebung in etruskischer Zeit geeignet, einerseits weil die Hölzer aus sehr verschiedenen und entfernten Gegenden stammen konnten, zum andern weil die fraglichen Untersuchungen für die komplexe Welt der Etrusker nur in marginalem Umfang aussagekräftig sind.

In der sich unterhalb der Ortschaft CORTONA an der Kreuzung der heutigen Staatsstraßen Orvieto-Arezzo und Siena-Cortona erstreckenden Ebene nahm 1990 die

Der Tumulus von Sodo in Cortona

Soprintendenza Archeologica della Toscana die von Antonio Minto 1929 initiierten Grabungen wieder auf, die schon den sog. Tumulus ›Melone del Sodo‹ ans Licht gebracht hatten. Es handelt sich um eine großartige Grabstätte, die dem Blick lange Zeit durch die dichte Vegetation verborgen geblieben war und im Innern eine recht komplexe Struktur aufweist: Ein über einen Meter langer Korridor oder *dromos* führt zu einer ersten rechteckigen Vorkammer, auf die hin sich zwei kleine einander gegenüberliegende Zellen öffnen; von hier führt ein weiteres kurzes Korridorstück zur zweiten Vorkammer mit zwei weiteren Paaren von Zellen, während am Ende die Hauptkammer liegt.[7]

Bronzene Greifenprotome, aus Stipe di Brolio, Val di Chiana. Florenz, Archäologisches Museum

Die neuen Grabungen haben die Beurteilung des Tumulus in seiner ganzen Größe – fast 64 Meter Durchmesser – möglich gemacht und zur Entdeckung des monumentalen Umfassungsringes geführt, die aus drei Reihen von am oberen Ende mit einem Eulenschnabelsims abgeschlossenen Quaderblöcken besteht. Auf der dem schon bekannten Eingang zum Grab gegenüberliegenden Seite wurde eine große Altarterrasse gefunden – dies jedenfalls ihre vermutete Funktion –, die zum Gipfel des Tumulus führte, wo die Kultzeremonien für die Verstorbenen stattfanden. Der Fund ist von außerordentlichem Interesse, denn bis heute waren Bauten dieses Typs, überdies weniger imposant und ohne plastische Schmuckmotive, im nördlichen Etrurien nur im Falle

163

DIE JÜNGSTEN FUNDE

Cortona,
Der Tumulus von Sodo,
Altar

einiger Tumuli in der Gegend um Florenz bekannt wie zum Beispiel dem Tumulus von Montefortini in Comeana und dem Tumulus C von Artimino.

Wenn in Blera und überhaupt in Südetrurien bei den großen Tumuli das Vorhandensein von Altären für den Totenkult bezeugt ist und von Bauten mit Treppen, die wahrscheinlich dazu dienten, an Prozessionen und Begräbnisfeiern teilzunehmen, stellt der Tumulus von Sodo sowohl in archäologischer und struktureller Hinsicht als auch wegen der Besonderheit der plastischen Dekoration ein Unikum dar. Die Seitenwände schließen mit zwei vollplastischen Skulpturen ab, die einen Kampf dicht an dicht zwischen einem Krieger und einem abscheulichen Raubtier darstellen, vielleicht eine Löwin oder eine Sphinx. Das Tier hat den knienden Krieger, dessen Gesicht nicht zu sehen ist, mit seinen Pranken gepackt und scheint zubeißen zu wollen, seinerseits von einem Dolch verletzt, der ihm in den Leib getrieben worden ist. Die von Vorbildern aus Griechenland inspirierte Gruppe erinnert stilistisch an andere in der Gegend von Chiusi gefundene und von der Kunst Vulcis beeinflußte Monumente; einige Motive des floralen Schmucks des Geländers z. B. sind denjenigen ziemlich ähnlich, die auf den bronzenen Seitenwänden des Zweigespanns aus Castro im Museum der Villa Giulia erscheinen. Aufgrund der Vergleiche kann der Altar von Sodo in die erste Hälfte des 6. Jahrhunderts v. Chr. datiert werden, und auf dieselbe Zeit verweisen die Reste der Grabbeigaben des von Minto freigelegten Grabes.

Zurecht hat man vermutet, daß der Kampf zwischen dem Mann, obwohl ein kräftiger Krieger, und der Bestie, ein Kampf, der zu ungunsten des ersten ausgehen

DIE GRÄBER

Cortona,
Der Tumulus von Sodo,
Detail der
Altardekoration

165

dürfte, den Kampf und den Übergang zwischen Leben und Tod darstellt. Dieses ikonografische Motiv wird sich fast unverändert bis in das Mittelalter hinein erhalten; als ein Beispiel unter möglichen anderen mag die Kanzel der romanischen Kathedrale von Barga (nördlich von Lucca) dienen, die auf zwei Skulpturengruppen ruht, deren Ikonografie nah an das Thema des etruskischen Tumulus erinnert.

Die letzten Untersuchungen innerhalb des Gräberkomplexes von Sodo haben zur Entdeckung eines zweiten Kammergrabes geführt, kleiner als das erste und schon vor langer Zeit geplündert; es enthält zwei Sarkophage aus ›pietra fetida‹[8], die auf den Seitenbänken aufgestellt sind. Die eklatantere Entdeckung betraf zweifellos eine außergewöhnliche Reihe von Goldgegenständen, Halsketten, Ringe, kostbare Gehänge von verschiedener Form, alles Arbeiten in Treib- oder Granulationstechnik, die wahrscheinlich aus den Sarkophagen und den Urnen herausgefallen und daher zu unserem Glück den Beutezügen der Grabräuber entgangen sind. Das zweite Grab kann mindestens ein halbes Jahrhundert später als das erste datiert werden, d. h. an das Ende des 6. Jahrhunderts v. Chr. (520–510 v. Chr.). Doch könnte noch ein drittes Grab existieren, was aus der Beobachtung des Plans der Anlage zu schließen wäre: Der erste Tumulus befindet sich nämlich nicht in einer Achse mit dem Umfassungsring.

Kultplätze und Heiligtümer

Die von der Universität Mailand in TARQUINIA auf der Civita Ebene durchgeführten Grabungen haben sich als außergewöhnlich interessant für die Kenntnis der Struktur einer der größten und bedeutendsten etruskischen Städte erwiesen.[9] In der ersten Hälfte des 7. Jahrhunderts v. Chr. waren die mit in Rahmentechnik hochgezogenen Wänden und mit Pfannen- und Ziegelbedachung errichteten Steinhäuser längs den Seiten einer drei Meter breiten Straße aneinandergereiht, die im rechten Winkel zu einer zweiten verlief, die wiederum die Ebene der Länge nach durchquerte und so ein regelrechtes Stadtviertel bildete.

Die Bedeutung und der Charakter des Geländes als religiöser für Opfer bestimmter Mittelpunkt, wie die große Menge an dort gefundenen Tierknochen, v. a. von Hirschen, ausweist, ist ab der Eisenzeit (9.–8. Jahrhundert v. Chr.) dokumentiert. Auf das Ende des 9. Jahrhunderts v. Chr. geht z. B. ein in der Nähe einer natürlichen Höhlung gelegenes Grab zurück, die über lange Zeit zu Kultzwecken gedient haben muß. Die anthropologischen Untersuchungen haben gezeigt, daß die bestattete Person ein Kind von etwa acht Jahren ist, das an Epilepsie gelitten hat; sein Kopf ist auf der linken Körperseite nach Osten hin geneigt, und die Arme sind an den Seiten, die Hände auf den Schenkeln, ausgestreckt; die Beigaben sind einfach, sie bestehen aus einem Anhänger und einer Bronzenadel. Die Erklärung dieses Grabes ist noch Gegenstand der Diskussion, auch weil analoge Beispiele nicht bekannt sind.

Zu Beginn des 7. Jahrhunderts v. Chr. erhielt dieses Gelände eine monumentale Ausstattung mit einem großen Gebäude in der Mitte, von dem der Grundriß erhalten ist; es handelt sich mehr oder weniger um ein elf Meter langes und sechsundeinhalb Meter breites Rechteck, einen Raum, der nicht nur eine politische, sondern auch eine religiöse Funktion erfüllt haben wird, wie ein Depot von Votivgegenständen bezeugt, das mit Bezug auf den Eingang angelegt wurde und zahlreiche Vasen sowie drei einzigartige Bronzegegenstände enthielt, die in ritueller Funktion beigegeben wurden: eine Axt, ein Schild und ein *lituus*, eine Art Trompete mit gekrümmtem Ende; sie repräsentieren gewiß die politische und religiöse Macht der Herrscher der Stadt. Die elementare Bedeutung des Geländes um das Stadtzentrum von Tarquinia auf der Civita-Ebene – etwas genau Vergleichbares im Bereich anderer etruskischer Städte ist im Augenblick nicht bekannt; in Erwartung der sich aus der Fortsetzung der Grabungen und Untersuchungen ergebenden Resultate wurde es als ›sakral-institutionelles Gebiet‹ bezeichnet – wird auch durch den Fund eines Männergrabes bestätigt, das als Beigabe einen Topf aus euböischer Produktion mit geometrischer Dekoration enthielt und in die Mitte des 7. Jahrhunderts v. Chr. zu datieren ist. Die anthropologischen Analysen ergaben Hinweise auf die Todesursache für den Mann, der von verschiedenen Schwerthieben (oder von einer anderen Waffe stammenden Verletzungen) getroffen wurde, gegen die er sich durch den Schutz seines Gesichtes zu verteidigen suchte; ein Hieb auf den Kopf versetzte ihm den tödlichen Schlag. Außerdem konnte man sicher feststellen, daß der Mann nicht zu den bisher bekannten zur etruskischen Kultur gehörenden Personengruppen zählte. Weitere Charakteristika des Skeletts haben gezeigt, daß die Person auf Brettern und Planken zu sitzen und sich aufzuhalten pflegte; also handelte es sich um einen Seefahrer, wahrscheinlich einen Griechen, wenn wir die mit ihm zusammen begrabene Vase berücksichtigen. Wahrscheinlich ist sein gewaltsamer Tod auch als rituelle Tötung zu sehen, die, wie wir wissen, auch in der Welt der Etrusker praktiziert wurde; die von Herodot berichtete Überlieferung bewahrt die Erinnerung an das in Caere vollzogene Massaker an den phokäischen Gefangenen, das vielleicht gerade in dem alten Heiligtum beim großen Tumulus von Montetosto an der Caere mit dem Hafen von Pyrgi verbindenden Straße nach der Schlacht von Alalia 540 v. Chr. stattfand.

Die Lituus-Trompete, gefunden am Eingang zum heiligen Bezirk. Rom, Museum in der Villa Giulia

DIE JÜNGSTEN FUNDE

Roselle, Stadtmauer

Die Bedeutung systematischer Untersuchungen aller etruskischer städtischer Zentren zeigt darüber hinaus der Fall der Stadt ROSELLE. Auch hier wie in Tarquinia beginnen sich, wenngleich mit anderen Charakteristika, ab dem 7. Jahrhundert v. Chr. Gelände von großer politischer, sakraler und religiöser Bedeutung abzuzeichnen.

In Roselle nämlich haben die neuen dieses Mal nicht im Gelände, sondern – im übertragenen Sinn – in den auf den Maßnahmen der sechziger Jahre im Zentrum der Stadt beruhenden Papierarchiven durchgeführten Forschungen die öffentliche und kultische Bedeutung eines imposanten Architekturkomplexes aus rohen Backsteinen, genannt ›Casa con recinto‹ (›Haus mit Umfassungsmauer‹) aufgewiesen, dessen Anlage auf das Ende des 7. Jahrhunderts v. Chr. zurückgeht.[10] Im Innern des Gebäudes, das unter der Pflasterung des kaiserzeitlichen Forums ans Licht kam, wurden zahlreiche Webstuhlgewichte und Unmengen an Spulen zum Spinnen und Weben gefunden; in der hinteren Einfriedung wurde dagegen ein großes Depot mit Weihgaben gefunden, das aus verschiedenartigen Buccherogefäßen und einigen schwarzfigurigen attischen Vasen bestand. Nach der Zerstörung des Hauses wurde anschließend in derselben Zone ein Tempel errichtet, von dem einige Säulenbasen erhalten sind. Neben diesem Bau kam ein zweiter ebenfalls aus rohen Backsteinen mit zwei Räumen ans Licht, der einen öffentlich-sakralen Charakter besaß.

Eine der wichtigsten am Ende der achtziger Jahre erfolgten Entdeckungen war diejenige des Architekturschmucks eines kleinen Tempels, der in sekundärer Lage zusammen mit zahlreichen wertvollen, im Zusammenhang mit der Kultausübung stehenden Votivgaben geborgen wurde.[11] Das durch das Vorhandensein von Thermalquellen charakterisierte Fundgebiet ist das von FUCOLI in der Nähe von CHIANCIANO TERME. In der Folge eines Naturereignisses, von dem wir keine Kenntnisse besitzen – das wahrscheinlich jedoch in der ersten Hälfte des 2. Jahrhunderts v. Chr. stattfand, wie der zu einem der beiden in unmittelbarer Nähe gefundenen Gräber gehörende Münzschatz ausweist –, wurden die Terrakotten und die anderen Materialien unter der Aufschüttung eines Platzes verborgen, der von einem natürlichen, durch menschlichen Eingriff geebneten Felsen gebildet wurde, und anschließend von einer Schicht Kiesel bedeckt. An einer der Seiten dieses Platzes wurden zwei Skelettgräber gefunden; das eine gehörte zu einer erwachsenen männlichen Person von 20–30 Jahren, zu dem die Münzen gehörten, das andere enthielt die Skelette eines Kindes von 8–10 Jahren und eines Rindes. Der Kleine war mit dem Kopf an die Vorderseite des Rindes gelehnt bestattet, seine Grabbeigaben umfaßten einen kleinen Anhänger und eine Bronzefibel; unmittelbar drängt sich der Vergleich mit dem Grab des epileptischen Kindes von Tarquinia auf, das trotz des großen zeitlichen Abstandes eine ähnliche Zusammensetzung der Grabbeigaben aufweist, ein Zeichen vielleicht für die im Lauf der Zeit unverändert gebliebene Art von Kinderkleidung.

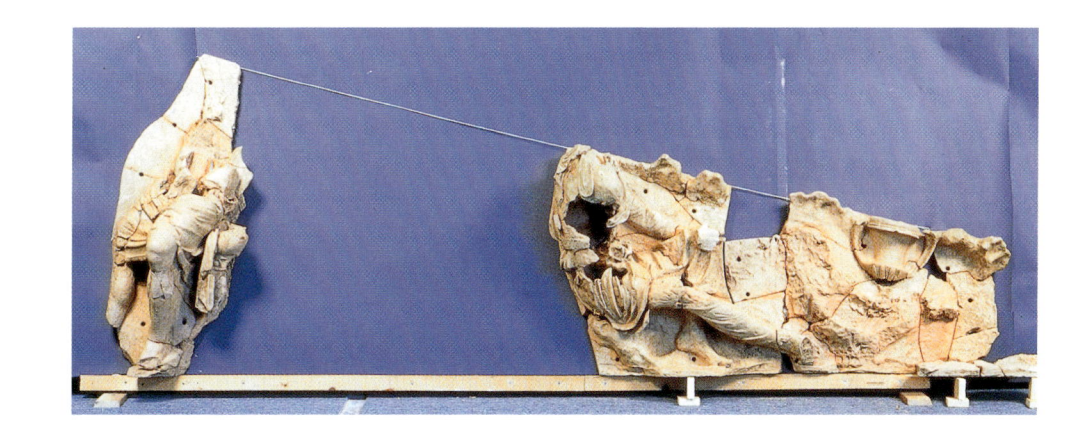

Platten vom Giebel
von Fucoli
Museum von Chianciano

Beim aktuellen Stand der Forschungen ist der Sinn noch schwer zu beurteilen, der im Vorhandensein dieser Grablegungen nahe an einem Kultort oder an einem für den Kult bestimmten Ort liegt, auch wenn die Hypothese nicht auszuschließen ist, daß es sich um ein Ritualopfer anläßlich des Ereignisses der Zerstörung des Heiligtums handeln könne, wie es das Vorhandensein des Kindes und des Rindes im selben Grab möglicherweise beweist.

Die ursprünglich in einem geschlossenen Giebelteil aufgestellten Terrakotten umfassen eine Reihe zueinander passender Platten, die mithilfe von Holz und Eisennägeln miteinander befestigt waren. Nur wenige Figuren bildeten den Giebel, darunter eine sitzende Gestalt mit östlichem Gewand, ein Männerkopf mit phrygischer Mütze, ein bärtiger Kopf und ein Kopf des bärtigen Herakles von bemerkenswerter Qualität. Viele andere Fragmente gehören zur Giebelsima – d. h. die Reihe von Platten mit Figuren, die die Giebelbalken von außen verkleideten – und stellen einen Zug von Meerwesen dar, Puttenfiguren auf Delphinen, dazu die Nereiden (die jungen Töchter des Nereus, des alten griechischen Meeresgottes, die in symbolhafter Weise auch den Menschen bei seinem Übergang vom Leben in den Tod begleiten können), die auf Meerestieren reiten. Die letzte Platte der Sima stützte das seitliche Akroterion (die oben auf dem Tempel stehende Figur), das eine geflügelte, in ein reiches Faltengewand gehüllte weibliche Gestalt darstellt, mit prächtigen Schuhen an den Füßen und einem *kantharos* in der linken Hand; in ihr ist vielleicht eine kleinere mit der Sphäre von Dionysos und Aphrodite verbundene Gottheit zu erkennen.

Giebel von Fucoli, weibliche sitzende Figur Museum von Chianciano

Der Giebel von Fucoli, der noch erforscht und gerade wieder zusammengesetzt wird, ist zur Zeit im Museo Civico von Chianciano ausgestellt, so wie auch die anderen Architekturfragmente des kleinen Tempels, darunter die des durchbrochenen, ursprünglich auf der mit Figuren versehenen Sima aufgestellten Gesimses.

Die Interpretation der Giebeldarstellung ist noch nicht klar, auch wenn es sich wahrscheinlich um einen mit Herakles und dem Meereskult verbundenen Mythos handelt, während das Heiligtum zum Dionysos- und dem Jenseitskult gehören könnte. In Erwartung von Antworten auf viele unbeantwortet gebliebene Fragen, können wir nur Bewunderung zeigen gegenüber der Heiligkeit dieses Komplexes und der deprimierenden Zufälligkeit, mit der oft die sensationellsten Entdeckungen erfolgen.

Die anderen im Laufe der Grabung geborgenen ›Schätze‹ bestehen aus Stükken der Dachbedeckung, einer Säulentrommel aus *pietra fetida* und Resten einiger mit Bronzebeschlägen verzierter Holzbalken. Von großem Interesse ist sodann das Vorhandensein von mit dem Kult verbundenen Gegenständen, darunter ein Fragment eines Bronzeleuchters mit mehreren Armen, der unter funktionalem Aspekt an den Kandelaber von Cortona denken läßt und auf dem Teller eine noch nicht publizierte eingeritzte Buchstabenreihe trägt; eine über vier Meter lange Eisenkette; ein eiserner Kandelaber; eine mit Mantel bekleidete Bronzefigur; eine eiserne Opferaxt mit einem in einen Widderkopf auslaufendem Griff und intarsienverzierter Klinge; zwei sehr schöne bronzene Gewichte, eines in Form eines Frauenkopfes, das sich auf der Rückseite wiederholt, das andere in Form eines Satyrkopfes mit einem Mänadenkopf auf der anderen Seite.

In den letzten beiden Jahrzehnten des 20. Jahrhunderts haben die auf der AKROPOLIS VON POPULONIA auf dem flachen Sattel zwischen dem Hügel *Poggio del Molino* oder *del Telegrafo* und dem *Poggio del Castello* durchgeführten Grabungen die Einleitung eines Forschungsvorhabens von besonderem Interesse ermöglicht, denn es betrifft das Stadtzentrum einer großen ohne Unterbrechung über wenigstens zehn Jahrhunderte – vom 9. Jh. v. Chr. bis zum 1. Jh. n.Chr. – bewohnten etruskischen Stadt. Zutage gefördert wurden das Fundament und die erste Lage von Steinblöcken des Podiums eines um die Mitte des 2. Jahrhunderts v. Chr. errichteten Tempels, als Populonia schon in den Einflußbereich Roms geraten war; er liegt nördlich eines älteren monumentalen Komplexes, der auf einer Reihe künstlicher Terrassierungen angelegt ist.[12]

Der Wert der Grabungen liegt auch in der Tatsache, daß der Tempel der erste ist, der in Populonia entdeckt wurde, wo, wie wir aus den Schriften des griechischen Geografen Strabon wissen, noch in den ersten Jahren unserer Zeitrechnung nur die Tempel und wenige Häuser existierten.

Das nach Süd-Südost ausgerichtete Gebäude mißt 18 auf 13 Meter, seine Längsseite entspricht 44 Fuß nach der römischen Maßeinheit. Der Grundriß von länglicher Form mit quadratischer Cella von etwa fünf Metern Seitenlänge und einem sehr kurzen Pronaos ist demjenigen eines der beiden Tempel auf der Akropolis von Volterra sehr ähnlich. Der Aufbau des Tempels war sicher aus Holz und aus Ton und mit einer dichten weißen Putzschicht verkleidet. Es wurden davon zahlreiche Reste in der aus der Zerstörung des Tempels stammenden Schicht gefunden, die in den ersten Jahren des 1. Jahrhunderts v. Chr. erfolgte, d. h. als Sullas Truppen die etruskischen Städte mit furchtbaren Verheerungen bestraft hatten, die sich im Krieg gegen Marius auf die Seite des Feindes geschlagen hatten. Bis heute wissen wir nicht, welcher Gottheit der Tempel gewidmet war, doch kennen wir seine vermutliche Bauzeit, das 2. Jahrhundert v. Chr., auf das die bis heute durch die Grabung wiedergefundenen Architekturplatten verweisen.

Die beiden vollplastischen männlichen Köpfe – der erste mit Helm versehen –, die wahrscheinlich den Giebel schmückten, gehören aufgrund ihres Stils in die charakteristische figurative Atmosphäre des 2. Jahrhunderts v. Chr. In ihr sind sowohl die pathetischen Tendenzen der pergamenischen Schule als auch die Einflüsse der für die attizistischen Bildhauer typischen Nachahmung der Klassik zu erkennen, die zur selben Zeit in Rom arbeiteten; wir finden sie jedoch auch bei den Terrakotten des Tempels von Catona (Arezzo) oder bei denen des Tempels A der Akropolis von Volterra. In dasselbe stilistische und formale Umfeld gehört auch das einzige bis heute gefundene Fragment einer Platte von der Sima mit der Darstellung einer – vielleicht männlichen – Figur, deren Körper stark nach vorn gebeugt und deren Arme lang ausgestreckt sind, wie um eine zweite Figur zu stützen. Die Tempelfundamente stehen im nordöstlichen Teil auf einigen Räumen eines vorhergehenden Gebäudes, das um das 3. Jahrhundert v. Chr. zu datieren ist, und ›schneiden‹ einen mit Platten gedeckten Abzugskanal, an den sich ein als Schleuse genutzter Schacht fügt, der mit einer Verkleidung von Kieselsteinen versehen ist. Im Gebiet nördlich des Tempels sind außerdem Wohngebäude und Reste weiterer Abflußkanäle dokumentiert, die mithin in die Zeit um das 1. Jahrhundert v. Chr. gehören, in der der Tempel schon zerstört war.

Die verschiedenen Schichten, Zeugnis der Besiedlungsphasen des Gebietes, vermengen die Objekte der Untersuchung und machen die Interpretation der Befunde häufig sehr kompliziert, auch weil die obersten Schichten vollständig zerstört und die Vollständigkeit der Tempelfundamente ebenfalls beeinträchtigt sind. (Ursache dafür sind zunächst einmal die auf die Anlage der Umfassungsmauer des Feldes und der

DIE JÜNGSTEN FUNDE

Populonia (Piombino),
Umfassungsmauer
der Akropolis

Populonia (Piombino),
das Grabungsgebiet
auf der Akropolis
am Ende der
achtziger Jahre

KULTPLÄTZE UND HEILIGTÜMER

Populonia (Piombino),
die Fundamente
des Tempels
auf der Akropolis

DIE JÜNGSTEN FUNDE

Populonia (Piombino),
Ausgrabungen
auf der Akropolis

KULTPLÄTZE UND HEILIGTÜMER

DIE JÜNGSTEN FUNDE

KULTPLÄTZE UND HEILIGTÜMER

Populonia (Piombino), die Fundamente des Tempels auf der Akropolis

Populonia (Piombino), männlicher Terrakottakopf von der Dekoration der Tempelfront auf der Akropolis

Straße, die vom Kastell zum Bauernhaus führte, in den letzten Jahren des 19. Jahrhunderts zurückgehenden Beschädigungen und sodann die landwirtschaftlichen und die Planierungsarbeiten zum Bau des Sportplatzes in den siebziger Jahren des 20. Jahrhunderts.) Die Fundamente lagern im Südteil auf der Ansichtsseite einer imposanten Terrassierungsmauer, verdecken sie und gliedern sie ein; sie wurde aus großen polygonalen Steinblöcken errichtet und ist 2,40 Meter breit; man kann ihr über mehr als fünfzig Meter Länge folgen. Sie bildet mit einer anderen Mauer, die zur Hügelspitze hin ansteigt, einen Winkel und schafft dabei ein regelrechtes System künstlicher Terrassen, auf denen weiter höher einige Gebäude lagen. Von ihnen ist heute keine Spur mehr vorhanden, sie waren mit der öffentlichen und sakralen Funktion des ganzen Gebietes nach dem typischen effektvollen Stil der Zeit verbunden. Offenbar handelte es sich um eine kolossale Stadtanlage, die, wie die Grabungen deutlich gezeigt haben, Aussehen und Topografie des Hügels radikal veränderte; dabei fügte sie sich in den Rahmen eines umfassenderen Prozesses der Errichtung und Umwandlung von Heiligtümern und Stadtzentren ein, der Etrurien und ganz Mittelitalien im Gefolge des Einflusses der Architektur des östlichen Griechenlands gemeinsam erfaßte.

Die Untersuchung der Erd- und Steinverfüllungen zur Anlage des künstlichen Terrassensystems haben v. a. im südlich des Tempels gelegenen Teil verschiedene Belege für den intensiven Besuch des Geländes in archaischer Zeit erbracht, d. h. zwischen dem Ende des 6. und dem Anfang des 5. Jahrhunderts v. Chr.; in diese Epoche gehören nämlich die zahlreichen Fragmentfunde von Bucchero- und Impastovasen. Einige gründliche Forschungen östlich des Tempels haben überdies das Vorhandensein eines Bereichs des Wohngebiets aus spätarchaischer Zeit nachgewiesen (zwischen der zweiten Hälfte des 6. und dem Beginn des 5. Jahrhunderts v. Chr.); ebenfalls in diesem Gebiet ist eine aufgrund anderer Fragmente von Impastobechern und *kyathoi* an das Ende des 8. oder in die ersten Jahre des folgenden Jahrhunderts v. Chr. zu datierende Schicht zum Vorschein gekommen, während es zahlreiche aus dem ganzen Grabungsgebiet stammende Reste aus der Eisenzeit gibt.

Die Schmalseite der orthogonalen Terrassierungsmauer, auf der der Tempel lagert, wurde nach der Zerstörung der darüber errichteten Gebäude – die Zeit wurde noch nicht genau ermittelt – in römischer Epoche als eine Art Esplanade benutzt, die nur mit einem Schutzdach überdeckt war. Die zahlreichen auf die Steine geritzten Zeichen dokumentieren eine spätere Phase des Lebens unter freiem Himmel, doch fast alle bezogen auf die Zerstörung des Tempels späteren Gebäude wurden in moderner Zeit beseitigt; nur einige am westlichen zum Meer hin gelegenen Teil aufgereihte Steinblöcke sind erhalten, wo in relativ neuer Zeit einige kleine Gärten angelegt wurden.

Während die Untersuchung der überaus zahlreichen im Lauf der Grabungen gesammelten Keramikfragmente andauert, wurden in den letzten beiden Jahren einige Sondierungen im oberen Teil des Feldes vorgenommen, unmittelbar unterhalb der zu einer römischen Villa gehörenden Arkadenmauer einer Terrasse, die dem Ort den Namen ›Le Logge‹ (›Die Loggien, Lauben‹) gegeben hat. Dort ist das breite Stück einer gepflasterten Straße aus römischer Zeit zutage gekommen, die zu den Arkaden und außerdem einem System von Kanälen und Regenwasserbecken hin ansteigt, das in oberhalb der Arkaden vorhandenen Zisternen gesammelt wurde und zur Speisung einer anderen darunter gelegenen Zisterne mit zwei Kammern und einem (zum Teil eingestürzten) Gewölbedach diente. Wahrscheinlich versorgte sie einen anderen Bereich des Wohngebiets; zur genaueren Überprüfung müßten die Arbeiten erst abgeschlossen werden, doch im Augenblick ist es nicht möglich, sie von der Erde und dem Abraum zu befreien, die sie bedecken, um nicht ihre Unversehrtheit zu gefährden.

KULTPLÄTZE UND HEILIGTÜMER

Das bei »Le Logge« auf der Akropolis von Populonia gefundene Mosaik mit Darstellung eines Schiffbruchs auf fischreichem Meer

Die jüngst erfolgte Neuuntersuchung des Mosaiks mit Darstellungen von Fischen und einer Schiffbruchsszene, das im 19. Jahrhundert zusammen mit anderen damals aufgetauchten Objekten innerhalb der Arkadenkonstruktion gefunden wurde, hat vermuten lassen, daß der Komplex zu einem großen Terrassenheiligtum der Art wie in Palestrina gehörte, doch nur die weiteren Grabungen können diese Hypothese bestätigen oder nicht.[13]

Es ist für den Laien gewiß nicht leicht, der Abfolge der Schichten und Bauten zu folgen, die fast immer mit politischen und historischen Ereignissen des Zentrums einer großen Stadt wie Populonia verbunden sind, über die selbst die an den Arbeiten Beteiligten nur wenig wissen; bis heute ist die Stadt nie Gegenstand von Grabungen und systematischer Forschungen gewesen. Vor allem ist es nicht leicht, sich mit den Archäologen die Aufrisse der Gebäude vorzustellen, von denen nichts anderes als die Fundamente oder kleine Mauerfragmente erhalten sind. Das Gelände ist für die Öffentlichkeit auch während der Grabungen geöffnet, doch die axonometrische Rekonstruktion der verschiedenen Ge-

Die Gewerbetätigkeiten

Die Gründe für die Besiedlung der Hügel um den Golf von Baratti und der Küste des Vorgebirges von Piombino, die im 7. Jahrhundert v. Chr. zur Bildung der Stadt Populonia führten, sind seit der frühhistorischen Zeit mit der natürlichen ressourcenreichen Umgebung verbunden gewesen, mit der Nähe der Erzgruben von Campiglia Marittima und der Insel Elba sowie der Möglichkeit, durch den natürlichen Ankerplatz die Hauptschiffahrtsrouten des Mittelmeerhandels und die Versorgungsstraßen für die Erze zu Lande und zu Wasser zu kontrollieren. Seit der Mitte des 6. Jahrhunderts v. Chr. wurde Populonia auch eines der Hauptzentren sowohl der Eisenerzeugung – das Erz wurde nach einem ersten Verhüttungsprozeß zu Masseln gegossen – als auch einer intensiven Metallverarbeitung. Die im Verhüttungsprozeß zurückgebliebenen Eisenschlacken, die über mehr als drei Jahrhunderte anfielen und einen hohen Prozentsatz an Erz enthielten, übersäten bis zum Anfang des 20. Jahrhunderts die Nekropolen und einen Großteil der am Meer gelegenen Unterstadt und bildeten dabei kleine Bodenerhebungen auf einer sich über mehr als 200 Hektar ausdehnenden Fläche. Die moderne Verwertung und Ausbeutung der Schlacken, deren Volumen anfangs in niederer Schätzung auf zwei Millionen Tonnen angesetzt wurde, wurde sofort nach dem ersten Weltkrieg begonnen und erst am Ende der fünfziger Jahre beendet. Die von den verschiedenen Gesellschaften, die vom Staat die Konzession zur Ausbeutung der in jeder Hinsicht als groß angesehenen Erzlagerstätte erhalten hatten, eingesetzten Maschinen arbeiteten fast ohne Kontrolle, ohne Rücksicht auf die Mauerstrukturen und die außerhalb oder innerhalb der Gebäude verteilten Erz- oder Schlackehaufen.

Wer sich heute in den Wald hinter der kleinen Quelle und dem Parkplatz gegenüber dem kleinen Hafen von Baratti wagt, dem bietet sich geradezu eine Mondlandschaft mit gewaltigen Schlünden und steilen Anhöhen, aus denen mächtige Mauerstücke herausragen, während alle festgetretenen Pfade mit Teilen von Schmelzöfen und anderem übersät sind. Efeu und Macchia bedecken die Reste von dem, was sich den antiken Menschen als Stadt der Unterwelt darbieten dürfte, geradezu vollständig ohne natürliche Vegetation und ohne die Fauna, die das Gebiet vor der Errichtung der Anlagen zur Erzverarbeitung bevölkerte.

Die Erforschung der Stadtentwicklung und der Anlage der Plätze innerhalb, die Bestimmung der Modalitäten der Produktion, der Lagerung, des Transports und der

Terrakottalampe eines Grubenarbeiters, aus Val Fucinaia, Campiglia Marittima. Florenz, Archäologisches Museum

DIE GEWERBETÄTIGKEITEN

Verteilung des Eisenerzes, auch in Relation zum Hafen und zu den verschiedenen an der Küste bis zu den Accesa-Bergen existierenden Anlegestellen, bilden vielleicht die erfolgversprechendsten Ansatzpunkte der künftigen Untersuchungen, denn schon im augenblicklichen Zustand erlauben sie, die von Populonia ausgeübte Rolle im gesamten Umfeld der etruskischen ›Nation‹ zu verstehen. Die gewaltige Arbeit der topografischen Vermessung der Mauerstrukturen und der in unserer Zeit vorgenommenen Eingriffe wird notgedrungen oder besser: in gleichem Zug mit den Grabungssondierungen weitergehen müssen.

Bis heute wurden zu verschiedenen Zeiten erst drei Grabungsmaßnahmen in der Stadt durchgeführt, die wir der Einfachheit halber als ›Industriestadt‹ bezeichnen. Die in den siebziger Jahren von der Soprintendenza und der Universität von Siena durchgeführten Grabungen im Innern eines zum Teil schon von Minto untersuchten Gebäudes lieferten bedeutsame Daten zur Chronologie bezüglich der Eisenverarbeitung

›Industrie‹gebäude im Gebiet »Campo Sei«

von den Anfängen bis zum Ende, klärten jedoch weder die mehr technischen noch die funktionellen Aspekte. Mit anderen Worten, sie ermöglichten nicht die Feststellung eventueller Grenzen zwischen Wohn- und Industriegebieten oder jedenfalls der zur Einlagerung des Erzes, des Holzes und des zum Bau der Schmelzöfen notwendigen Tons dienenden Zonen.

Eine weitere kurze, 1990 von der Universität Florenz vorgenommene Grabungskampagne hat einige Züge einer imposanten, langen Einfassungsmauer ans Licht gebracht, die die Hänge des Hügels *Poggio della Guardiola* entlangläuft und vielleicht die ›Industriestadt‹ von der Akropolis trennt; ihre Beziehung zur Stadtmauer, die von der dem Vorgebirge gegenüberliegenden Seite bis zum Golf reicht, ist bisher noch in keiner Weise deutlich.[14]

Am Ende der neunziger Jahre wurden die Tätigkeiten in der zur Zeit der Arbeiten zur Ausbeutung der antiken Schlacken als ›Campo Sei‹ (›Feld Sechs‹) bezeichneten Zone wiederaufgenommen, in unmittelbarer Nachbarschaft der schon erwähnten langen, mächtigen Stadtmauer gelegen, die zum Teil aus dem örtlichen Muschelkalk-Sandstein (›panchina‹) errichtet wurde, den man aus den im Gebiet Le Grotte existierenden Steinbrüchen gewonnen hatte.

Zutage gefördert wurde ein sehr langer Einschnitt in die Blöcke der Stadtmauer, der zur Zeit der Ausbeutung der Schlacken erfolgt ist, d. h. als auch einer der Mauertürme zerstört wurde. Viele Gebäude, deren ursprüngliche Errichtung aufgrund der archäologischen Zeugnisse schon auf das Ende des 6. Jahrhunderts v. Chr. zurückzugehen scheint, mit umfänglichen zwischen das Ende des 4. und den Beginn des 3. Jahrhunderts v. Chr. zu datierenden Umbauten, lehnten sich an die Mauern an. Die Mauern sind daher, wenigstens in einigen Teilen, in der spätarchaische Zeit anzusetzen (Ende 6.– Anfang 5. Jahrhundert v. Chr.). Die Ausdehnung und die Stärke der Verfüllungsschichten innerhalb und außerhalb eines der durch die Maschinen weniger zerstörten Gebäude, an dem die 1990 begonnene Grabung fortgesetzt wurde, und außerdem die Dimensionen des bis nach unten mit Stücken von Brennöfen und Abraum gefüllten Kanals haben die Arbeiten langwierig und schwierig gemacht. Man kann, wie schon bemerkt, feststellen, daß die Aktivitäten im Bereich dieses Gebäudes am Ende des 6. Jahrhunderts v. Chr. begannen und in der Mitte des dritten endeten; dieses Ende fällt mit der Eroberung Populonias und der Insel Elba durch die Römer zusammen, die für die Stadt eine kurze Niedergangsperiode markierte.

Bis heute existieren keine Belege für die Wiederaufnahme der Erzverarbeitung in dieser Zone während des 2. Jahrhunderts v. Chr., auch nicht für eine Wiedernutzung des Gebiets in römischer oder mittelalterlicher Zeit. Das läge auf einer Linie mit den uns zur Verfügung stehenden Informationen, nach denen ab dem 1. Jahrhundert v. Chr. vor allem die Erzgruben Kärntens den Eisenbedarf des Imperiums befriedigten. In ›chaotischer‹ Form jedoch wird die Erzverarbeitung dann im 2. Jahrhundert v. Chr. wiederaufgenommen, und zwar in unmittelbarer Nähe des Strandes im Bereich der Nekropole und an dem vom heutigen Dorf San Vincenzo eingenommenen Küstenstrich. Die überaus zahlreichen zum Aufbau von Schmelzöfen gehörenden Fragmente, häufig aus Schamottesteinen gefertigt, sind Gegenstand der Untersuchungen seitens des Instituts für Geologie der Universität Florenz, dem auch die Entdeckung zu verdanken ist, daß in der ›Industriezone‹ nicht nur Eisenerz von der Insel Elba Verwendung fand, sondern auch aus den Vorkommen im Gebiet von Campiglia Marittima.

Die Öffnung dieses Gebietes innerhalb des Archäologie- und Naturparks von Populonia für die Öffentlichkeit wird demnächst erfolgen. So wird es u. a. möglich sein, ein großes Gebäude zu besichtigen, das an den Innenwänden zahlreiche ›Durchlaßöffnungen‹ aufweist, die außen mit Rinnen aus Terrakotta verbunden sind; es könnte sich um eine Vorrichtung zur Lagerung des Erzes handeln, jedenfalls wenn man daran denkt, daß dieses System demjenigen entspricht, das man noch heute in einigen aufgelassenen Erzverarbeitungsanlagen sieht.

Eine zufällige Entdeckung erfolgte im Zuge der Arbeiten zur Errichtung eines Handelszentrums an der Via Massetana in der Ortschaft RONDELLI bei FOLLONICA: die Entdeckung einer ausgedehnten Gewerbesiedlung mit einem für Wohnungen und einem anderen zur Eisenproduktion bestimmten Gebiet.[15] In der Untersuchungszone wurden 21 runde Schmelzöfen ohne Aufbau festgestellt, von denen nur die Grube erhalten ist. Innerhalb einer Fläche von 40 auf 50 Meter wurden zehn Doppelzentner eisenhaltiger Schlacke und sechs Doppelzentner gebrannten Tons gesammelt. Die nur einmal benutzten und einer neben dem anderen errichteten Schmelzöfen scheinen tatsächlich übereinanderzuliegen; bezeugt ist hier ein entwickelterer Typ mit einem auch unter Verwendung einiger Steinplatten errichteten Aufbau. In der Nähe der Öfen wurde ein kleines Klärbecken für den Ton entdeckt, der zum Bau der Öfen selbst verwendet wurde. Die Siedlung von Rondelli geht wahrscheinlich auf die zweite Hälfte des 6. Jahrhunderts v. Chr. zurück und dürfte bis zur ersten Hälfte des 5. Jahrhunderts bewohnt und in Funktion gewesen sein. Das verwendete Mineral, Hämatit, kam ausschließlich aus den Minen von Rio Marina auf Elba; ein während der Grabung gefundener Hämatitblock wog fünf Kilogramm.

Die an den auf dem Gebiet gefundenen pflanzlichen Resten vorgenommenen archäobotanischen Untersuchungen ermöglichen die Feststellung der Baumart, die die Etrusker zur Gewinnung der sowohl als Brennmaterial wie auch als Reduktionsmaterial beim Verhüttungsvorgang notwendigen Kohle verwandten. Es handelt sich fast nur um Erica Arborea (Baumheide), eine für die mittelmeerische Macchia charakteristische Baumart; die aus diesem Holz gewonnene Kohle ist sehr kompakt und eignet sich bestens zur Verwendung beim Verhüttungsprozeß, weil sie sehr langsam brennt.

Die Steinbrüche und die Nekropole von Le Grotte in Populonia

Eines der wichtigsten 1998 erreichten Ergebnisse waren die Erschließung und Öffnung eines großen Bereichs der Nekropole von Le Grotte für die Öffentlichkeit im Archäologie- und Naturpark von Populonia. Hier befinden sich die vom 7. bis zum 3. Jahrhundert v. Chr. genutzten Steinbrüche, in die im Lauf der Zeit die Gräber hineingehauen wurden. Zahlreiche andere Grabstätten – Skelett- und Brandbestattungsgräber von unterschiedlichster Art – sind entsprechend den gewaltigen Abraumhaufen ans Licht gekommen, die bei der Bearbeitung des Sandsteins angefallen sind.

Die Nekropole von Le Grotte ist die bedeutendste und ausgedehnteste unter den zahlreichen Nekropolen aus hellenistischer Zeit, die zum Zeitpunkt der größten Ausdehnung und des größten Reichtums der Stadt zwischen dem Ende des 4. und der Mitte des 2. Jahrhunderts v. Chr. entstanden sind. Die unterirdischen Gräber wurden unter Nutzung der aufgegebenen Steinbruchfronten angelegt, während der Schutt zu bescheideneren Grablegungen diente. Der auf dem Hügel zutage tretende Sandstein wurde von den Etruskern ab dem 7. Jahrhundert v. Chr. verwandt, nicht nur um, wie gesehen, Gräber anzulegen, sondern auch für die Stadtmauern und alle öffentlichen Gebäude.

Einige in der ersten Hälfte des 19. Jahrhunderts von den Grundbesitzern und von Alessandro François, dem ersten in der Toskana aktiven Archäologen, durchgeführten Grabungen führten zur Entdeckung einiger seit römischer Zeit ausgerauber Gräber. Die jedoch im wesentlichen auf die Auffindung wertvoller Objekte zielenden Arbeiten wurden schnell aufgegeben, weil sie nicht die erhofften Ergebnisse erbrachten; dies deswegen, weil die Nekropole aus hellenistischer Zeit stammt, d. h. einer durch mittelmäßigen Reichtum gekennzeichneten Epoche, was sich auch im nicht außergewöhnlichen Wert der kunsthandwerklichen Erzeugnisse widerspiegelte.

In den sechziger Jahren wurden einige Stücke von Grabbeigaben innerhalb der Zugangskorridore zu den beiden einzigen bis jetzt im Küstenland Nordetruriens bekannten ausgemalten Gräbern gefunden, in der sog. Tomba ›del Corridietro‹ und der sog. Tomba dei Delfini. Die roten und rot-braunen Verzierungen auf dem Putz mit noch sichtbaren vorbereitenden Einritzungen bestehen in einem Wellenornament, das auf halber Höhe der Wand der Leichenkammer verläuft, und in drei *klinai* (Totenbetten oder Bankettliegen) mit gedrechselten Füßen, die in rot auf dem unteren Teil der umlaufenden Bank aufgemalt sind; unter den beiden seitlichen *klinai* ist außerdem eine hölzerne Fußbank zum Abstützen der Füße dargestellt.

Die Tomba dei Delfini dagegen trägt ihren Namen nach zweien dieser Meerestiere, die in rot auf den linken Türpfosten am Eingang zur Kammer aufgemalt sind; die Decke ist mit breiten Streifen ebenfalls in roter Farbe abgesetzt, während außer den Klinen und zwei auf dem mittleren Teil der umlaufenden Bank aufgebrachten Polstern nur noch in sehr schematischer Weise ein Widderkopf dargestellt ist.

Wenn das fortlaufende Wellenornament als beiläufiges Element schon in der ersten Hälfte des 5. Jahrhunderts v. Chr. erscheint – z. B. in Tarquinia in der Tomba del Triclinio –, ist das Motiv zwischen dem Ende des 4. und dem Anfang des 5. Jahrhunderts v. Chr. ziemlich verbreitet, außer in Tarquinia auch in Cerveteri (Tomba delle Onde Marine) und in Blera in der Nekropole von Pian Gagliardo in dem einzigen bis heute in dem Gebiet der Felsnekropolen Südetruriens entdeckten ausgemalten Grab (Grotta dipinta). Daneben ist das Vorhandensein des Wellenmotivs – wie auch das der Delphine – in Bomarzo in einem heute verschwundenen Grab der Nekropole von Pianmiano bezeugt. Es lohnt jedoch den stark symbolischen Charakter der Verzierung zu unterstreichen, die den Übergang vom Leben zum Tod durch das Bild des Meeres und des Symposions mit der durch Weingenuß hervorgerufenen Trunkenheit beschwört.

In den sechziger und siebziger Jahren wurde die Nekropole von Le Grotte leider Plünderungsobjekt seitens ganzer Generationen von Grabräubern, die eine Masse an Daten, die für das Verständnis der politischen und religiösen Ideenwelt der in dieser Nekropole bestatteten Personen potentiell sehr wertvoll gewesen wären, auf immer zerstört haben; eine Rekonstruktion der Bestattungsriten und das Studium der Grabbeigaben hätte dazu verholfen. Unglücklicherweise wurden die beiden anderen bedeutenden, ausgedehnten Nekropolen aus hellenistischer Zeit – die Nekropole von *Le Buche delle Fate* und die vom Hügel *Poggio Malassarto* – gleichermaßen durch Plünderungen von Grabräubern verwüstet; sie hätten einen nützlichen Vergleichspunkt zur Feststellung eventueller Unterschiede in der politischen und gesellschaftlichen Organisation unter den verschiedenen Bevölkerungsgruppen bilden können. Deswegen ist es in Populonia heute fast unmöglich, durch eine Erforschung der inneren Organisation der Nekropolen und eine vergleichende Analyse der Grabbeigaben einen Einblick in die Gliederung der Klassen zu gewinnen, die z. B. mit den Aufgaben betraut waren, die mit der Erzgewinnung, der Verarbeitung und der Verteilung des rohen und halbbearbeiteten Metalls zusammenhingen.

Am Ende der siebziger Jahre wurden von den Wissenschaftlern der Soprintendenza Archeologica sieben in dieselbe Front gehauene, in einer Reihe mit den ausgemalten befindliche Gräber entdeckt. Die Gräber besitzen eine einzige Kammer, deren Zugangstür durch eine große Sandsteinplatte verschlossen ist; in die Kammer gelangt man über einen absteigenden Korridor *(dromos)* mit zahlreichen unregelmäßigen, in den Fels gehauenen Stufen. Um die Wände der Kammer läuft eine Bank, in die skulptierte hohe Polster eingearbeitet sind, womit also die Totenbetten dargestellt werden. In zwei

DIE STEINBRÜCHE UND DIE NEKROPOLE VON LE GROTTE

Archäologie- und Naturpark von Populonia und Baratti, ein Abschnitt des Steinbruchs von Le Grotte

Gräbern wurde das Vorhandensein eines großen senkrechten zylindrischen Elements nachgewiesen, ebenfalls in den Fels gehauen und vielleicht für ein bestimmtes die Beigaben betreffendes Ritual bei der Grablegung bestimmt. Die zahlreichen natürlichen Unregelmäßigkeiten im Stein in Form rundlicher, durch Pflanzenwuchs und Perkolation des Wassers hervorgerufene Vertiefungen behinderten die Fertigstellung eines der Gräber, in das nur die Stufen eingeschnitten wurden, in dem jedoch auch eine Grabstätte mit einigen wenigen Grabbeigaben angelegt wurde. Die Grabungen ermöglichten damals in den *dromoi* die Sicherstellung einer Statue, die einen Löwen darstellte, und des Fragments von der Figur eines etruskischen Totendämons, der – recht ähnlich einem anderen in Cerveteri gefundenen Stück – wahrscheinlich am Eingang aufgestellt gewesen war. Außerdem wurden Stelen und Grabsteine aus Marmor von Campiglia und ein männlicher Kopf gefunden, der wahrscheinlich Teil eines Grabdeckels gewesen ist. In derselben Kampagne wurden zwei Steinbruchwände festgestellt, die noch deutlich die von den Arbeitsinstrumenten hinterlassenen Spuren zeigten und die einen Winkel mit der Felsfront bildeten, an der man die ausgemalten Gräber gefunden hatte; innerhalb der von den Überresten der Steinbrucharbeiten gebildeten Verfüllung wurden zahlreiche Skelett- und Brandbestattungsgräber mit bescheidenen Beigaben gefunden, die im allgemeinen aus einem kleinen Gefäß-›Service‹ zum Aufbewahren, Gießen und Trinken von Flüssigkeiten bestanden. Die aufgefundenen menschlichen Überreste, die im allgemeinen fast immer infolge der antiken und modernen an den Gräbern vorgenommenen Zerstörungen verschwunden sind, bildeten zur damaligen Zeit ein erstes bedeutendes Muster für die Erforschung und das Kennenlernen der etruskischen Bevölkerung von Populonia.

Der Plan zur Realisierung des Archäologie- und Naturparks war unter den verschiedenen Maßnahmen vorzugsweise auf die Grabung in der Nekropole von Le Grotte gerichtet, weil sich neben der Schaffung eines neuen Rundweges von besonderem Reiz die Anlage und Erschließung des Gebietes nunmehr zum Schutz dieses außerordentlichen archäologischen Kulturguts als nicht mehr hinausschiebbar erwies.

Zwischen 1997 und 1998 wurden 35 unterirdische Felskammergräber und acht in der Verfüllung des Steinbruchs angelegte Skelett- und Brandbestattungsgräber ans Licht gefördert. Eine der bemerkenswertesten unterirdischen Gräbergruppen, die sog. ›Tombe limitrofe‹ (›angrenzenden Gräber‹), liegt an der Steilwand des Felsgrats; die Grabstätten liegen auf wenigstens sechs verschiedenen Ebenen nebeneinander, die sich oft überschneiden und einander bisweilen fast überlagern; sie machen die starke demografische Entwicklung deutlich, die die Stadt in dieser Periode erreichte. Einige Gräber weisen im Unterschied zu den in den sechziger und siebziger Jahren aufgefundenen eine geometrisch skulptierte Kassettendecke auf, die also die Häuser der Lebenden nachahmte. Die Kassettenrahmen waren mit Holz verkleidet, wie es anscheinend einige noch am Ort eingeschlagene Eisennägel beweisen, und dann mit lebhaften Farben bemalt. Auch diese Gräber waren im Lauf der Jahrhunderte leider Objekt aufeinanderfolgender Ausraubungen; es gibt zahlreiche Spuren für solche Plünderungen, darunter z. B. die eisernen Geleise, auf denen die Grabräuber die Wannen gleiten ließen, um die Beigaben aus dem Innern der Kammern fortzuschaffen.

Beim Durchsieben der Erde wurden neben kleinsten Keramikfragmenten, die zum großen Teil das schon Gesagte bestätigten und die Nutzung des Grabes über mehrere Generationen vom Ende des 4. bis zur Mitte des 2. Jahrhunderts v. Chr. nahelegen, einige Paare goldener Ohrgehänge gefunden, die zu weiblichen Grabstätten gehören. Unter den Grabbeigaben müssen sich häufig auch kleine Holzgegenstände befunden haben wie z. B. Kästchen oder auch Kleinmöbel und Körbchen, die dann vollständig zerstört wurden. Aus der Untersuchung der pflanzlichen Reste, die in manchen Fällen von der Oberfläche der aus den Gräbern geborgenen Eisen- und Bronzenägel genommen wurden, haben die Archäobotaniker verschiedene Holzarten ermittelt, darunter Ulmenholz, Silberpappel und Pinien *(Pinus pinea)*, während ein kleines Stück von Flechtwerk, vielleicht von einem Körbchen, von einer Weide stammt.[16] Von bemerkenswertem Interesse ist das Grab mit der nicht fertiggestellten Kammer, von der nur der *dromos* ausgegraben ist; allein die Tür ist in den Fels eingeschnitten, während das Innere aus nicht greifbaren Gründen, die jedoch vielleicht mit der Enge des für die Erfordernisse der Grabstätte zur Verfügung stehenden Raumes zusammenhängen, den unbearbeiteten rohen Fels aufweist.

Auf diesem Gelände gab es, als die Gräber vielleicht schon zum Teil aufgegeben waren, also wahrscheinlich im 2. Jahrhundert v. Chr., eine kurze Wiederaufnahme der Steinbruchaktivitäten, die zur Zerstörung einiger Stufen der *dromoi* führten. Andere Gräber wurden in nachklassischer Zeit als zeitweilige Zufluchtsstätte benutzt und ebenfalls des *dromos* beraubt, wie es einige in der Nähe gefundene Majolikafragmente ausweisen dürften.

Archäologie- und Naturpark von Populonia und Baratti, der aufgegebene Steinbruch

In einem anderen Bereich der Nekropole, der wegen der durch den Wind hervorgerufenen Erosion der Felswand und wegen der kleinen behauenen Felsblöcke, die das Gebiet als weiteres Zeugnis der Ausbeutung des Steinbruchs übersäen, besonders faszinierend ist, wurde ein Grab gefunden, das im Innern durch das Vorhandensein einer Art in den Fels gearbeitetes, zu einem Frauenkopf gestaltetes Kapitell charakterisiert ist. Hervorzuheben ist die Tatsache, daß in diesem Grab, obwohl es unter den bisher bekannten das einzige mit einer plastischen Verzierung ist, die ersten Stufen des *dromos* nicht eingeschnitten sind, sondern daß die Felsbank hier natürlich belassen wurde.

Nachdem die Bearbeitung der Steinbruchfronten aufgegeben war, scheint die Hauptcharakteristik der Nekropole gerade in der Notwendigkeit zu bestehen, den vorhandenen Raum intensiv für die Grabstätten zu nutzen. Man kann jedenfalls behaupten, daß jedes Grab, obwohl alle im wesentlichen zu einem einheitlichen Typus gehören, durch seine architektonische Struktur oder seine Ausschmückung, die es in gewisser Weise einzigartig machen, faktisch seine spezifische Charakteristik aufweist.

Die unter archäologischem Aspekt hervorstechendste und vielleicht faszinierendste Entdeckung, die auch im logischen Vergleich mit der Nekropole des Landguts Scataglini von Tarquinia ein Unikum bildet, bezieht sich auf die zu den ausgemalten Gräbern rückwärtige Front innerhalb einer Art durch den Steinbruch gebildeten großen natürlichen Amphitheaters. Hier bildet der Felsgrat einen Vorbau, innerhalb dessen auf zwei Niveaus drei Gräber in den Stein gehauen sind, von denen zwei ohne Grabbeigaben vorgefunden wurden. Eines hat die Form einer Nische und wurde vielleicht unter Ausnutzung einer natürlichen Höhlung angelegt, während das andere, ein wenig tiefer gelegene, zu dem man über eine festgetrampelte Fläche auf der Verfüllung des Steinbruchs Zugang hatte, tiefer im Felsen liegt und durch recht geringe Ausmaße und die Enge der Eingangstür charakterisiert ist. Dieses Grab war schon während der Grabungskampagne von 1979 entdeckt worden, doch die Arbeiten mußten damals mangels Geldmitteln eingestellt werden.

Ungefähr einen Meter unterhalb dieser Gräber wurde zur allgemeinen Überraschung und mit großer Begeisterung ein drittes noch intaktes, nicht von Grabräubern geschändetes Hypogäumsgrab gefunden, dessen Eingang durch eine Anhäufung großer, waagerecht übereinanderliegender Platten verschlossen war. Im Innern der Kammer fanden sich auf der mittleren Bank dem Eingang gegenüber die Reste des Knochenbrandes einer erwachsenen Frau und dazu ein goldener Ohrring. Die an der Universität Pisa[17] durchgeführte anthropologische Untersuchung ergab anschließend, daß die Temperatur bei der Einäscherung über 700 Grad betragen haben muß. Der größere Teil der geborgenen Knochenreste gehörte zum Schädel, der mit größerer Hitze als die übrigen Körperteile verbrannt wurde. Auf der wie gewöhnlich mit einem in den Stein gearbeiteten Polster versehenen Liege links war ein Gefäßservice zu Gelagezwecken aufgehäuft (eine Halsamphora, die normalerweise zur Aufnahme der Getränke diente, zwei schwarz mit Firnis überzogene Krüge zum Gießen und vier ebenfalls schwarz gefirnißte *skyphoi* zum Trinken), daneben zwei Kandelaber mit Bleiüberzug (das Gestell war tatsächlich mit Bleiblech verkleidet), zum Teil zerstört und auf den Fußboden gefallen.

Der Impastokrug, der sich alleinstehend auf dem Bett links befand, fast an das Polster gelehnt, hatte gewiß auch wegen seines Inhalts eine besondere Bedeutung, nämlich die einer Wegzehrung ins Jenseits, und erwies die Verstorbene insofern als Anhängerin des Dionysoskults. Auf dem Boden lagen die Gefäße für das Bestattungsritual: ein kleiner Krug und ein Becken aus Blei für das Trankopfer, Teller, ein Becher und ein kleiner Topf für die Speisebeigaben und eine Amphore von griechisch-italischem Typ (in dieser Art in Populonia auch in anderen Grabstätten vom Ende des 4. Jahrhunderts v. Chr. und Beginn des folgenden verbreitet), die sicher das Wasser für die Totenwaschung enthielt. Die anschließend am Inhalt der Halsamphora durchgeführten Untersuchungen haben reichlich mit Kohle vermischte Asche nachgewiesen, Überreste nur teilweise verbrannter Knochen, und eine feste Substanz, die sich auf dem Boden der aus gereinigtem Ton hergestellten Vase abgesetzt hatte; sie hatte sich zunächst in dem Wasser fein verteilt und war dann, nachdem dieses verdunstet war, auf den Boden gelangt. Dieser zweifellos mit den verschiedenen Phasen des Bestattungsrituals zusammenhängende Befund muß noch genau überprüft werden, auch im Licht eventueller bei anderen Brandbestattungen dokumentierter ähnlicher Fälle. Dank den archäobotanischen Analysen kann man die Holzart des mit einem dünnen Bleiblech verkleideten Kandelabergestells bestimmen: es handelt sich um den wilden Olivenbaum (Oleaster), der in der Macchia und auf Felsen in Meeresnähe auf kalkreichem, sonnigem Boden wächst und der vermutlich den Ursprung der kultivierten Form des Olivenbaums bildet.

Wichtig ist hervorzuheben, daß die unterirdischen Kammergräber von der Art wie das noch intakt gefundene für mehrere Personen und mehrere Generationen dienten, wie es u. a. die im Innern gefundenen Keramikfragmente bezeugen. Nur in Tarquinia sind Fälle wie der von Populonia beschriebene belegt, bei denen jedoch ein Kammergrab nur für eine Bestattung benutzt worden ist. Die Entdeckung ist von größter Bedeutung, nicht nur weil zahlreiche unversehrte Gegenstände sichergestellt werden konnten, sondern vor allem wegen der Möglichkeit, das Bestattungsritual und die

Archäologie- und Naturpark von Populonia und Baratti, Nekropole von Le Grotte, Eingang bei Grab 14

DIE STEINBRÜCHE UND DIE NEKROPOLE VON LE GROTTE

DIE JÜNGSTEN FUNDE

Archäologie- und Naturpark von Populonia und Baratti, Nekropole von Le Grotte, das Grab 14 im Zustand seiner Entdeckung

Schwarz gefirnißte Olpe mit aufgemalter Figur eines Eroten aus Grab 14
Archäologie- und Naturpark von Populonia und Baratti, Besucherzentrum

Archäologie- und
Naturpark von Populonia
und Baratti,
Nekropole von Le Grotte

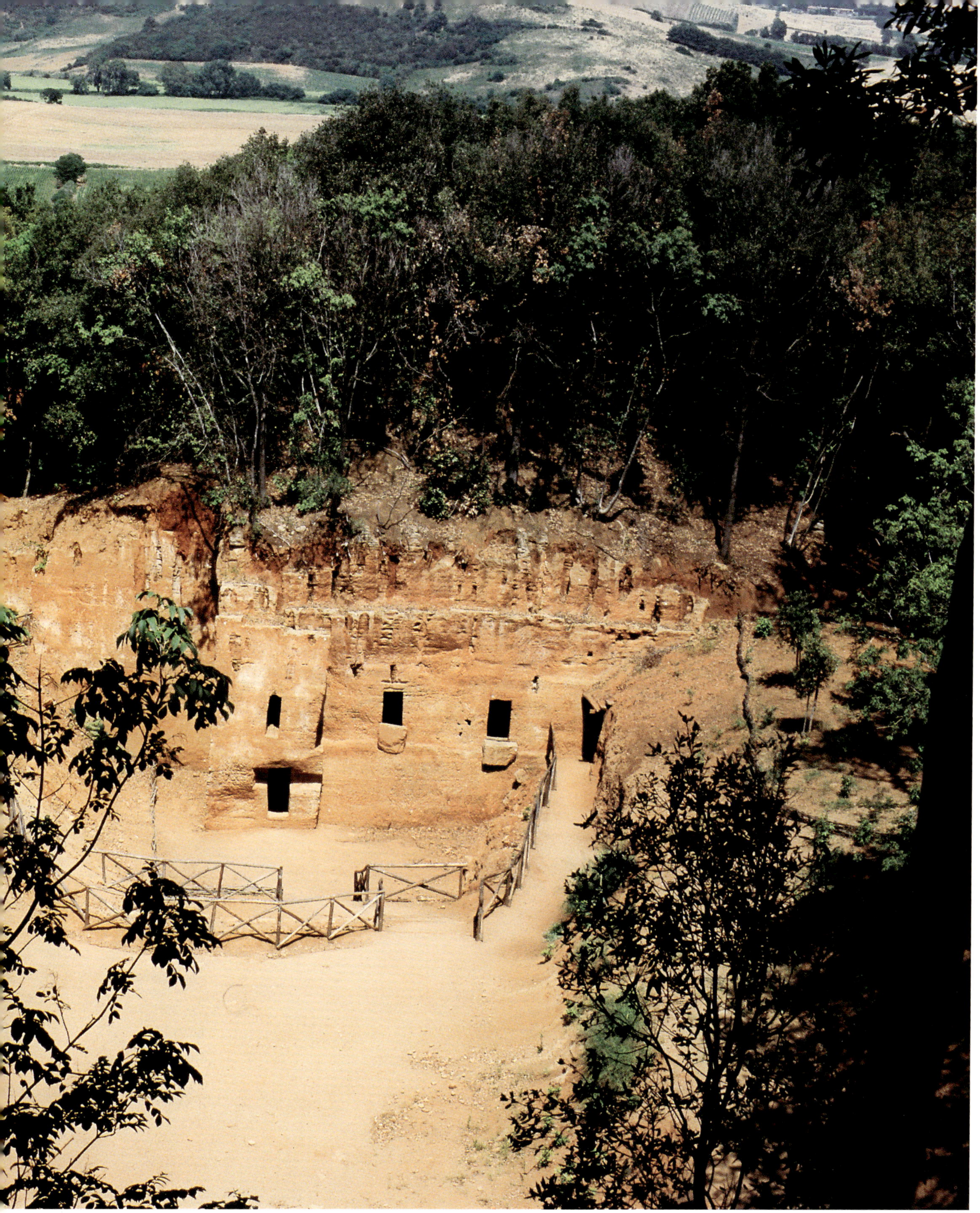

DIE JÜNGSTEN FUNDE

Archäologie- und Naturpark von Populonia und Baratti, Nekropole von Le Grotte

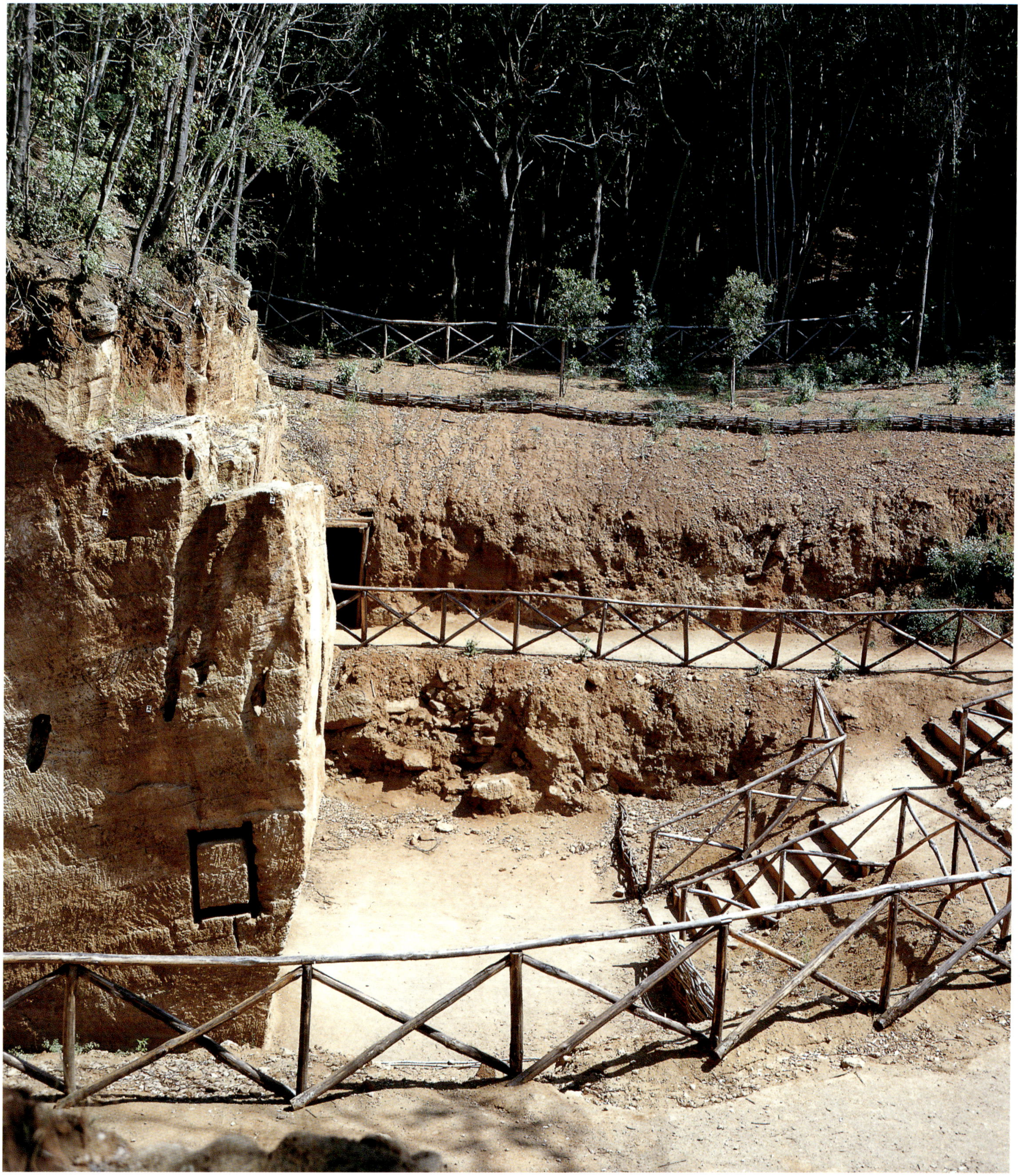

DIE JÜNGSTEN FUNDE

Vorstellungswelt der Verstorbenen und der gesellschaftlichen Klasse, der sie angehörte, zu rekonstruieren, da es sich um ein unangetastetes Grab handelt. Natürlich hat die Erforschung gerade erst begonnen, da nur wenige andere Vergleichsbefunde zur Verfügung stehen; doch ist zu wünschen, daß die Untersuchungen in dieser an Funden so reichen Nekropole in Zukunft fortgesetzt werden.

Die Arbeiten zur Reinigung und Sichtung der Unmengen an Vasenfragmenten, die in den 1997 und 1998 ausgegrabenen Kammergräbern gefunden wurden, haben gerade in diesen Tagen ein interessantes Ergebnis erbracht: Unter der Kalküberkrustung eines schwarz gefirnißten, in die erste Hälfte des 3. Jahrhunderts v. Chr. zu datierenden Tellers wurde nämlich eine recht lange punische Aufschrift gefunden, die noch von den Spezialisten des Faches interpretiert werden muß; doch es handelt sich schon jetzt um einen sehr wichtigen Fund, denn schon vorher gab es einige Indizien für die Anwesenheit von Puniern in Populonia, die vielleicht aus Sardinien gekommen waren, um in der Erzverarbeitung oder im Hafen zu arbeiten.

Auf den Wänden einiger Kammergräber kann man die Reste einiger etruskischer Inschriften ausmachen, darunter eine mit der Endung eines Familiennamens und eine andere, die einige Zahlwörter aufweist. Es ist noch nicht klar, ob diese Inschriften mit dem vor der Anlegung der Gräber durchgeführten Erzabbau zusammenhängen oder ob sie zu den Gräbern selbst gehören. Die Architrave der Eingangstür vieler Gräber weisen ein ursprünglich mit Holz verkleidetes und dann bemaltes Paneel auf, vielleicht trug es den Namen der Familie, der das Grab gehörte. Einige Gräber, die heute wie in der Luft

Archäologie- und Naturpark von Populonia und Baratti, die »Tombe Limitrofe« mit den Spuren der Wiederaufnahme der Steinbrecharbeiten

Archäologie- und Naturpark von Populonia und Baratti, Hypogäumsgrab

zu hängen scheinen, besaßen ursprünglich keinen in den Fels gehauenen *dromos*; man gelangte zu ihnen über die festgetretene Fläche der Verfüllung des Steinbruchs.

Besonders eindrucksvoll ist der eingeschnittene und dann nicht herausgeholte Block, der mit einer der Wände des weiter unten gelegenen Grabes korrespondiert, das von den Plünderungen verschont geblieben ist. An einigen Stellen, wo Gräber angelegt wurden, ist die Felswand extrem dünn und trägt Spuren der von den Steinbrucharbeitern benutzten Werkzeuge. Wegen all dieser besonderen Bedingungen und wegen der brüchigen Konsistenz des Sandsteins sind die Maßnahmen zur Befestigung des Felsens und der Restaurierung der Wände besonders kompliziert und kostenträchtig, ganz zu schweigen von der Tatsache, daß man nach den Eingriffen durch die Grabung eine völlig veränderte hydrogeologische Situation berücksichtigen muß.

Die Untersuchung der Beigaben der Skelettgräber, die in der gewaltigen, aus ausgesonderten Blöcken und dem übrigen Abraum bestehenden Verfüllungsmasse des Steinbruchs besteht, befindet sich noch im Gange; Grund ist die Schwierigkeit, die für die Restaurierung notwendigen Mittel aufzubringen. Die Gräber umspannen einen zeitlichen Bogen vom Ende des 4. bis zur ersten Hälfte des 2. Jahrhunderts v. Chr. Hervorzuheben ist unter anderem das Brandgrab aus der zweiten Hälfte des 3. Jahrhunderts v. Chr., das einige zum rechten Vorderbein eines zwischen achtzehn und vierundzwanzig Monate alten Schweines gehörende Knochenfragmente enthielt, aber auch die Grabstätte eines acht bis zehn Monate alten Kindes mit weiteren Speisebeigaben, die aus den Resten eines sehr jungen Huhns und einigen in einem *skyphos* abgelegten Hühnereiern bestanden; Bestandteil der Grabbeigaben bildete auch eine sehr große Zahl an Astragalen, kleinen Knochen vielleicht von Ziegen, die sich an der Verbindung zwischen Bein und Fuß fanden.[18] Astragale wurden in der Antike besonders von Kindern als ›Spielsteine‹ benutzt, dienten bisweilen jedoch auch zur Befragung der Orakel in den Tempeln, galten also als magische Gegenstände, die manchmal als Talismane getragen wurden. Der Brauch, Eier oder Hühnerreste in Gräbern abzulegen, geht mindestens bis auf das 9. Jahrhundert v. Chr. zurück, wie es einige Funde im padanischen Etrurien beweisen. Der Hahn als Opfergabe findet sich im Heiligtum von Pyrgi, dem Hafen von Cerveteri, im 6. und 5. Jahrhundert v. Chr. In hellenistischer Zeit dagegen ist er auch unter den Lebenden als verbreitetes Nahrungsmittel dokumentiert; in Populonia z. B. erscheint er in der Verfüllung unter den Tempelfundamenten.

Von außerordentlichem Interesse ist die Erforschung einer im Grab E ohne jede Beigabe bestatteten Person mit sehr gut erhaltenem Skelett. Es handelt sich um einen zwischen 1,65 und 1,72 Meter großen, schätzungsweise im Alter von 40–45 Jahren gestorbenen Mann. Die von Spezialisten der Universität Pisa ermittelten anthropologischen Merkmale zeigen die Zugehörigkeit der Person zum Typus der an den Küsten Etruriens siedelnden Gruppen auf. Die Knochen waren stark, der Mann besaß eine sehr ausgeprägte Muskulatur und hatte einen gegenüber dem rechten leicht kürzeren linken Arm, eine – nach Aussage der Anthropologen – gleich im Augenblick der Geburt erfolgte Mißbildung. Obwohl seine Ernährungsweise reich an tierischem Protein war (er aß viel Fleisch), beweisen einige – nur für die Anthropologen erkennbare – Faktoren, daß der Mann eine schwere Kindheit hatte, geprägt von durch Krankheiten und Leiden infolge schlechter Ernährung verursachtem Streß. Die Abnutzung der oberen Zähne läßt darüber hinaus vermuten, daß der Mann aus dem Grab E sie als ›drittes Glied‹ bei der Arbeit benutzte. Den aufsehenerregendsten Umstand bildet jedoch die Schlußfolgerung eines Paläopathologen, der an den Knochen verbreitete besondere Verletzungen festgestellt hat; sie belegen als Todesursache ein Lungenkarzinom, den ersten bis jetzt in der Welt der Etrusker bekannten Fall, der noch größere Bedeutung gewinnt, wenn er mit der Erzindustrie von Populonia zu tun hat (unter anderem gab es ein blühendes Handwerk, das Geschirr und Geräte aus Blei produzierte).[19]

Die Auffindung einer Steinbruchfront von über 50 Metern Ausdehnung noch im intakten Zustand der Bearbeitung – schon eingeschnittene und zum Herausbrechen fertige Blöcke, grob zugearbeitete Säulentrommeln befinden sich noch an Ort und Stelle – macht heute das Gebiet von Le Grotte zu einem Anziehungspunkt außergewöhnlichen Interesses, einzigartig in Etrurien, denn es gewährt Einblick in seine Entwicklung und außerordentliche wirtschaftliche Macht.

Die Felsenanhöhe von Le Grotte erstreckt sich auf einer Höhe zwischen 80 und 140 Metern über dem Meer; bis heute wurden – im Dickicht von Steineichen und mittelmeerischer Macchia – vier Steinbrüche freigelegt, die ab dem 7. Jahrhundert v. Chr. ausgebeutet wurden. Die im Lauf der Jahrhundert herausgeschlagene Steinmenge übertrifft alle Vorstellungen; man denke nur daran, daß in dem begrenzten Gebiet, das die dem Vorbau mit dem intakten Grab gegenüberliegende Steinbruchfront umfaßt, nach Schätzungen das Volumen des gewonnenen Steines über vierunddreißigtausend Kubikmeter betrug. Entlang den Pfaden auf diesem außergewöhnlichen Rundgang finden sich verstreut zahlreiche grob zugehauene Säulentrommeln und zum Herausbrechen vorbereitete Steinblöcke. Auf der im intakten Zustand vorgefundenen Bearbeitungsebene ist, so wie sie von den Etruskern selbst verlassen wurde – wahrscheinlich um die Mitte des 3. Jahrhunderts v. Chr., nach dem Zeugnis der im Innern gefundenen Begräbnis-

DIE STEINBRÜCHE UND DIE NEKROPOLE VON LE GROTTE

Archäologie- und Naturpark von Populonia und Baratti, die Tomba dei Carri

stätte –, eine Reihe paralleler Spuren sichtbar, die zweifellos auf die Tätigkeit der Steinbrecher zurückzuführen sind.

Die Bearbeitung folgte der Schichtung und natürlichen Neigung des Sandsteins.[20] Die Förderung erfolgte auf Stufen in einem netzartigen System, das mehreren Steinbrechern gleichzeitig die Arbeit erlaubte. Die in der Folge der Aufgabe der Steinbruchfront zurückgebliebenen Blöcke lassen erkennen, daß sie schon in der jeweils erforderlichen Größe herausgebrochen wurden und nicht in großen formlosen Blöcken, also Stück für Stück nacheinander herausgeschnitten wurden. Die gesamte Bearbeitungsebene ist noch heute Gegenstand verschiedener Untersuchungen; unter anderem geht man dem eventuellen Vorhandensein einer standardisierten Maßeinheit nach. Interessant sind die perfekt erkennbaren von Eisenkeilen hinterlassenen Spuren, die zur Vorbereitung des Herausbrechens der Blöcke dienten.

Aller Wahrscheinlichkeit nach dürfte es die Fortsetzung der Grabungen in den Steinbrüchen eines Tages ermöglichen, die Plätze im Innern auszumachen, die z. B. zur Feinbearbeitung der Blöcke dienten, die Straßen zutage zu fördern, die zum Transport des Materials zum Hafen oder zur Akropolis angelegt wurden, aber auch, die Einzelheiten des Steingewinnungsprozesses zu untersuchen. All dies sind Informationen,

Halsamphora aus Grab 14 der Nekropole von Le Grotte, Archäologie- und Naturpark von Populonia und Baratti, Besucherzentrum

Amphora von griechisch-italischem Typ aus Grab 14 der Nekropole von Le Grotte, Archäologie- und Naturpark von Populonia und Baratti, Besucherzentrum

die wir bis heute nur aus den in einigen Steinbrüchen Griechenlands durchgeführten Untersuchungen gewonnen haben.

Im Augenblick verfügen wir auch noch über keine brauchbaren Indizien zum Nachweis der Existenz von Gebieten, die für die Wohnungen der Arbeiter oder die metallverarbeitenden Werkstätten gedacht waren, in denen die für die Steinbrucharbeiten notwendigen Werkzeuge hergestellt wurden. Die Forschungen befinden sich gerade am Anfang, und es benötigt noch viel Zeit, um den Besuchern auch nur eine geringe Vorstellung davon zu geben, welch gewaltige Arbeitslast und welche Gefahren die Menschen dort im Lauf der Jahrhunderte getragen haben. Steigt man zu einer Art Aussichtspunkt oberhalb der aufgegebenen Bearbeitungsebene hinauf, von der aus man den Ausblick auf die Berge der Gegend von Campiglia Marittima genießt, und betrachtet man diese Art riesigen Kraters, der sich unter unseren Augen öffnet, kann man den ganzen Umfang der Steinbrechaktivitäten erahnen, doch unwillkürlich fragt man sich auch, welches Ende die Monumente genommen haben, zu deren Errichtung so viele Energien und soviel Geist aufgewandt worden sind.

Die Sprache und die Schrift

Den aufsehenerregendsten Fund des letzten Jahrzehnts des 20. Jahrhunderts stellt sicherlich die sog. ›Tafel von Cortona‹ dar, eine auf beiden Seiten beschriebene Bronzeplatte, die zufällig bei an den Hängen des Hügels von Cortona vorgenommenen Sprengarbeiten gefunden wurde; sie wurde der Soprintendenza Archeologica della Toscana 1992 übergeben und der Öffentlichkeit erstmals während des Jahres 2000 vorgestellt.[21]

Die Tafel von im großen und ganzen rechteckiger Form mißt 30 × 46 Zentimeter und trägt einen Text von 32 Zeilen auf der Vorderseite und acht Zeilen auf der hinteren; er wurde mit einem spitzen Instrument sehr fein eingeritzt. Die sehr akkurate, regelmäßige Schrift ist von einem einzigen Schreiber, mit Ausnahme der letzten sechs Zeilen auf der Vorderseite, die fast sicher von anderer Hand stammt. Das Alphabet ist das zwischen dem 3. und 2. Jahrhundert v. Chr. in der Gegend von Cortona gebräuchliche; der aus 206 Wörtern bestehende Text betrifft eine juristische Transaktion, die sich auf einige zu verkaufende oder zu vermietende Ländereien bezieht, darunter ein Weinberg. In mehreren Punkten sind die Personalien von Leuten angeführt, wie die eines gewissen Petru Scevats und seiner Frau Arntlei, zahlreicher Zeugen oder Bürgen und einiger Mitglieder der Adelsfamilie der Cusu aus Cortona, die schon auf anderen Inschriftentexten gefunden wurden. Die Platte scheint nicht gegossen worden zu sein, um ausdrücklich als Träger eines geschriebenen Textes zu dienen; vielleicht existierte sie schon vorher zusammen mit jener Art Griff in Form eines Schildchens mit kugelförmigem Knauf, der sich am oberen Ende befindet. Wahrscheinlich war sie innerhalb eines Heiligtums ausgestellt, wo, wie wir wissen, in der Antike auch Austausch und Transaktionen von Handelsgütern stattfanden; sicher schon damals wurde die Tafel in acht Stücke zerbrochen, von denen heute nur noch sieben erhalten sind, um sie zusammen mit anderen Bronzegegenständen, Teilen von Gefäßen und Geräten, wieder einzuschmelzen. Depots von Bronzeobjekten, ursprünglich als Votivgaben geopfert oder aufgestellt, wie im Fall dieser Tafel, um Rechts- und/oder Handelsgeschäfte zu bekräftigen oder um rituelle und kultische Vorschriften festzuhalten, sind im Bereich

DIE SPRACHE UND DIE SCHRIFT

Tabula Cortonensis,
Florenz,
Archäologisches
Museum

von Heiligtümern in Gebieten nicht ungewöhnlich, die für gewerbliche oder metallverarbeitende Aktivitäten bestimmt und in irgendeiner Weise auch mit dem politischen und religiösen Leben der örtlichen Gemeinden verbunden waren. Allerdings bleibt der Umstand mysteriös, daß in der von den Findern als Herkunftsort der Tafel angegebenen Zone die Untersuchungen bis heute kein archäologisches Zeugnis zutage gefördert haben.[22]

Bekanntlich sind die bis heute auf uns gekommenen etruskischen Texte von gewisser Länge höchst selten; in diesem Zusammenhang stellt die Tafel von Cortona zusammen mit der Zagreber Mumienbinde und dem Ziegel von Capua ein Zeugnis dar, das unsere Kenntnis der etruskischen Sprache beträchtlich bereichern und neues Licht auf die Gesellschaft und ihre Gesetze werfen kann, die das private und öffentliche Leben dieses außergewöhnlichen Volkes regelten.

ANMERKUNGEN

1 Bartoloni, G., Cianferoni, G. C., De Grossi Mazzorin, J., *Il complesso rurale di Campassini (Monteriggioni): considerazioni sull'alimentazione nell'Etruria settentrionale nell'VIII e VII secolo a. C.*, in: *Aspetti della cultura di Volterra etrusca fra l'età del Ferro e l'età ellenistica e contributi della ricerca antropologica alla conoscenza del mondo etrusco. Atti del XIX convegno di Studi Etruschi e Italici* (1995), Florenz 1997, S. 43–93

2 So nannten sich die Etrusker selbst. (Anm. des Übs.)

3 *Architettura etrusca nel Viterbese. Ricerche svedesi a San Giovenale e Acquarossa 1956–1986*, Rom 1986 Colonna, G., *Urbanistica e Architettura*, in: *Rasenna. Storia e civiltà degli Etruschi*, Mailand 1986, S. 371–530

4 Donati, L., *La casa dell'impluvium. Architettura etrusca a Roselle*, Rom 1994

5 Bruni, S., *Pisa etrusca. Anatomia di una città scomparsa*, Mailand 1998, S. 105–113

6 Esposito, M. A. (Hg.), *Principi guerrieri. La necropoli etrusca di Casale Marittimo*, Venedig 1999

7 Zamarchi Grassi, P. (Hg.), *La Cortona dei Principes*, Florenz 1992

8 d. h. ›stinkender Stein‹, eine Kalksteinart der Gegend, so genannt wegen des üblen Geruchs, den er bei der Bearbeitung abgibt (Anm. d. Übs.)

9 Bonghi Jovino, M., *Gli scavi dell'Università degli Studi di Milano*, in: *Gli Etruschi di Tarquinia*, Modena 1986, S. 81ff. Bonghi Jovino, M., Malegni, F., Usai, L., *Una morte violenta. Sul rinvenimento di uno scheletro nell area del »complesso sacro-istituzionale« della Civita di Tarquinia*, in: *Atti del XIX Convegno di Studi Etruschi* (s. o.), S. 489–498

10 Donati, L., s. v. »Roselle«, in: *Enciclopedia dell'Arte Antica II*, Supplement

11 Rastrelli, A., *La decorazione fittile dell'edificio sacro in loc. I Fucoli presso Chianciano Terme*, in: *Ostraka*, 1993, S. 351–367

12 Romualdi, A., s. v. »Populonia«, in: *Enciclopedia dell'Arte Antica II*, Supplement; Romualdi, A., *Terrecotte da Populonia*, in *La coroplastica templare etrusca fra il IV ed il II secolo a. C. Atti del XVI Convegno di Studi Etruschi e Italici*. Orbetello 1986, Florenz 1992, S. 273–280; Romualdi, A., *Il santuario e L'abitato sull'Acropoli di Populonia*, in »Rassegna di Archeologia«, 12, 1995–1995, S. 313–341

13 E. Shepherd, *Populonia, un mosaico e l'iconografia del naufragio*, in: *Mélanges de l'École Française de Rome*, 111, 1999, S. 119–144

14 L. Donati, in: *Studi Etruschi*, 58, 1993, S. 606–607

15 Aranguren, B., Paribeni Rovai, E. (Hgg.), *Follonica etrusca. I segni di una civiltà*, Follonica 1999

16 Die noch unveröffentlichten archäobotanischen Analysen sind Giovanna Giachi vom Centro di Restauro der Soprintendenza Archeologica della Toscana und Marta Mariotto vom Institut für Pflanzenbiologie der Universität Florenz zu verdanken.

17 Die noch unveröffentlichten Untersuchungen an den in Le Grotte bestatteten Personen sind Fulvio Bartoli und Francesco Mallegni von der Universität Pisa zu verdanken.

18 Die Analysen der Eireste aus dem Kindergrab sind Jacopo De Grossi Mazzorin von der Soprintendenza Archeologica di Roma zu verdanken.

19 Die paläopathologischen Analysen zum Mann aus dem Grab E sind Gino Fornaciari von der Universität Pisa zu verdanken.

20 Paoletti, O., *Il problema della lavorazione della pietra a Populonia, con particolare riguardo alle cave delle Grotte*, in: *L'architettura funeraria a Populonia tra IX e VI secolo a. C. Atti delle giornate di studio*, 1997, im Druck.

21 Agostiniani, L., Nicosia, E., *Tabula Cortonensis*, Rom 2000

22 Möglicherweise wurde die wahre Fundstelle auch vom Finder, eventuell ein Raubgräber, verschleiert. In einem Prozeß wegen Fundverheimlichung wurde dieser jedoch freigesprochen. (Anm. des Übs.)

Ortsnamen

In der nebenstehenden Übersicht werden den gebräuchlichen modernen Bezeichnungen erwähnter Orte die antiken lateinischen gegenübergestellt, sofern sie voneinander abweichen.

modern	lateinisch
Adria	Atria
Aleria	Alalia
Ansedonia	Cosa
Arezzo	Arretium
Bisenzio	Visentium
Bologna	Felsina
Bolsena	Volsinii (Novi)
Bomarzo	Polimartium
Cerveteri	Caere
Chiusi	Clusium
Civita Castellana	Falerii
Elba	Ilva
Fiesole	Faesulae
Magliano	Heba
Marzabotto	Misa (Misma)
Orvieto (*aus lat.* ›Urbs Vetus‹)	Volsinii (Veteres)
Palestrina	Praeneste
Perugia	Perusia
Populonia	Populonium
Roselle	Rusellae
Sovana	Suana
Talamone	Telamon
Tarquinia	Tarquinii
Veji (*ital.* Veio)	Veii
Volterra	Volaterrae
Vulci	Vulci *oder* Volci

Etruskische Gräber

In der nebenstehenden Übersicht werden die Namen der im Text erwähnten und dort wie zumeist üblich mit ihren italienischen Namen bezeichneten Gräber auf deutsch wiedergegeben.

Tomba degli Anina	*(etr. Familienname)*
Tomba degli Auguri	Grab der Auguren
Tomba delle Bighe	Grab der Zweigespanne
Tomba della Caccia e della Pesca	Grab der Jagd und des Fischfangs
Tomba del Cardinale	Grab des Kardinals
Tomba dei Carri	Grab der Wagen
Tomba del Circolo del Tridente	Grab des Dreizackgräberkreises
Tomba del Corridietro	Grab des Wellenbandes
Tomba dei Delfini	Grab der Delphine
Tomba dei Flabelli	Grab der Fächer
Tomba François	*(Name)*
Tomba Golini	*(Name)*
Tomba Ildebranda	*(Name)*
Tomba delle Leonesse	Grab der Löwinnen
Tomba dei Leopardi	Grab der Leoparden
Tomba dei Letti e dei Sarcofagi	Grab der Betten und Sarkophage
Tombe limitrofe	›angrenzende Gräber‹
Tomba delle Olimpiadi	Grab der Olympischen Spiele
Tomba delle Onde Marine	Grab der Meereswellen
Tomba dell'Orco	Grab des Hades (Orkus)
Tomba della Pietrera	*(Name)*
Tomba Regolini-Galassi	*(Namen)*
Tomba degli Scudi	Grab der Schilde
Tomba dei Tori	Grab der Stiere
Tomba del Triclinio	Grab des Tricliniums
Tomba del Tuffatore	Grab des Tauchers

Bibliographie

ALLGEMEINE WERKE ZUM THEMA

Rasenna (Sammelband), Mailand 1986
Banti L., *Il mondo degli Etruschi*, Rom 1969
Bloch R., *L'art et la civilisation étrusque*, Paris 1955
Bloch R., *Gli Etruschi*, Mailand 1994
Cristofani M. (Hg.), *Dizionario della civiltà etrusca*, Florenz 1999
Cristofani M., *Gli Etruschi del mare*, Mailand 1983
Cristofani M. u. a., *Die Etrusker*, Stuttgart–Zürich 1985
Dennis R., *The cities and cemeteries of Etruria*, London 1883
Devoto G., *Gli antichi Italici*, Florenz 1931
Giuliano A., Bianchi Bandinelli R., *Etruschi e Italici prima del dominio di Roma*, Mailand 1973
Grant M., *Rätselhafte Etrusker. Porträt einer versunkenen Kultur*, Bergisch-Gladbach 1997
Hall J. F. (Hg.), *Etruscan Italy: Etruscan Influences on the Civilizations of Italy From Antiquity to the Modern Era*, Indiana 1997
Keller W., *Die Etrusker: Lösung eines Rätsels*, Bindlach 1988
Keller W., *La civiltà etrusca*, Mailand 1999
Mansuelli G. A., *Etruria*, Mailand 1984
Mansuelli G. A., *Etrurien und die Anfänge Roms*, Baden-Baden 1963
Pallottino M., *Etruscologia*, Mailand 1984; deutsch: *Die Etrusker*, Frankfurt 1965; *Etruskologie*, Basel–Boston–Berlin 1988
Pallottino M., *Die Etrusker und Europa*, Gütersloh 1993
Pfiffig, A. J., *Einführung in die Etruskologie*, Darmstadt[2] 1984
Prayon F., *Die Etrusker. Geschichte, Kultur, Religion*, München 1996
Staccioli R. A., *Gli Etruschi. Mito e realtà*, Rom 1989
Steingräber S., *Etrurien. Städte, Heiligtümer, Nekropolen*, München 1981
Torelli M., *Storia degli Etruschi*, Bari 1981
Torelli M., *Die Etrusker. Geschichte, Kultur, Gesellschaft*, Wiesbaden 1988

DIE KUNST

Die Welt der Etrusker. Archäologische Denkmäler aus Museen der sozialistischen Länder. Ausstellung Berlin (DDR) 1988, Berlin 1988
Bianchi Bandinelli R., *L'arte etrusca*, Rom 1982
Bianchi Bandinelli R., *Etrusker und Italiker vor der römischen Herrschaft*, München 1974
Bianchi Bandinelli R., Torelli M., *L'arte dell'antichità classica*, Turin–Rom 1978
Colonna G., s. v. »*Etrusca, Arte*«, in: Enciclopedia dell'Arte Antica, II, Supplement (1971–1994), pp. 554–605
Cristofani M., *L'arte degli Etruschi*, Turin 1978
Torelli M., *L'arte degli Etruschi*, Bari 1985

DIE ARCHITEKTUR

Boethius A. u. a., *Etruscan and Early Roman Architecture*, Yale University Press 1992
Colonna G., *Urbanistica e architettura*, in: Rasenna, pp. 371–530
Colonna G. (Hg.), *Santuari d'Etruria*, Florenz–Mailand 1985
Nylander C., Pelagatti P., *Architettura etrusca nel Viterbese*, Rom 1986
Staccioli R. A., *Modelli di edifici etrusco-italici*, in: »Studi e materiali dell'Istituto di Etruscologia dell'Università di Roma«, VI, Florenz 1968
Stopponi S. (Hg.), *Case e palazzi d'Etruria*, Florenz–Mailand 1985

DIE MALEREI

Boissier G., *Le tombe etrusche di Corneto*, Rom 1982
Moretti M., *Nuovi monumenti della pittura etrusca*, Mailand 1966
Moretti M., von Matt, L., *Etruskische Malerei in Tarquinia*, Köln 1974
Pallottino M., *La peinture étrusque*, Genf 1952
Roncalli E., *Le lastre dipinte di Cerveteri*, in: »Studi e materiali dell'istituto di Etruscologia dell'Università di Roma«, IV, Florenz 1966
Steingräber S. (Hg.), *Catalogo ragionato della pittura etrusca*, Mailand 1985
Steingräber S., *Etruskische Wandmalerei*, Stuttgart–Zürich 1985
Torelli M., »*Limina Averni*«. *Realtà e rappresentazione nella pittura tarquinese arcaica*
Torelli M., *Il rango, il rito, l'immagine*, Mailand 1997

DIE PLASTIK

Bianchi Bandinelli R., *I caratteri della scultura etrusca a Chiusi*, in: »Dedalo«, IV, Florenz 1955
Colonna G., *Breve nota sull'altorilievo mitologico di Pyrgi*, in: »Archeologia classica«, XXI, Rom 1969
Cristofani M., *I bronzi degli Etruschi*, Novara 1985

Dohrn T., *L'Arringatore, capolavoro del Museo Archeologico di Firenze,* in: »Bollettino d'arte del Ministero della Pubblica Istruzione«, Rom 1964
Martelli M., *La cultura artistica di Vulci arcaica,* in: »Un artista etrusco e il suo mondo«, Rom 1988, pp. 22–28
Richardson E. H., *Etruscan Votive Bronzes, Geometric, Orientalizing, Archaic,* Mainz 1983

DER URSPRUNG DER ETRUSKER

Bartoloni G., *La cultura villanoviana all'inizio della storia etrusca,* Rom 1989
Berard J., *La question des origines étrusques,* LI, Bordeaux 1949
Briquel D., *L'origine lydienne des Étrusques,* Rom 1990
Briquel D., *Denys d'Halicarnasse et l'autochtonie des Étrusques,* Rom 1993
Cristofani M., *Etruschi e altre genti nell'Italia preromana,* Florenz 1996
Devoto G., *Agli inizi della storia etrusca,* in: »Studi Etruschi«, XIX, Florenz 1947
Devoto G., *Gli Etruschi nel quadro dei popoli italici antichi,* in: »Historia«, VI, Wiesbaden 1957
Pallottino M., *L'origine degli Etruschi,* Rom 1947
Pallottino M., *Nuovi studi sul problema delle origini etrusche,* in: »Studi Etruschi«, XXIX, Florenz 1968

SPRACHE UND SCHRIFT

Bonfante G., Bonfante L., *The Etruscan Language,* Manchester (im Druck)
Cristofani M., *Introduzione allo studio dell'etrusco* II, Florenz 1991
Giacomelli G., *La lingua etrusca,* Florenz 1963
Pallottino M., *Testimonia linguae etruscae,* Florenz 1968
Rix H., *Schrift und Sprache,* in: Cristofani M. u. a., *Die Etrusker,* Stuttgart–Zürich 1985 pp. 210–238
Roncalli E. (Hg.), *Scrivere etrusco. Scrittura e letteratura nei massimi documenti della lingua etrusca,* Mailand 1985
Staccioli R. A., *La lingua degli Etruschi,* Rom 1970

GESCHICHTE DER ETRUSKER

Bloch R., *Le mystère étrusque,* Paris 1956; deutsch: *Die Etrusker,* Köln 1960
Bloch R., *Les origines de Rome,* Paris 1963
Buonamici G., *Fonti di storia etrusca,* Florenz–Rom 1939
Cristofani M., *Saggi di storia etrusca arcaica,* Florenz 1987
Malnati L., Manfredi V. M., *Gli Etruschi in Val Padana,* Mailand 1991
Mansuelli G. A., *L'ultima Etruria. Aspetti della romanizzazione del paese etrusco: gli aspetti culturali e sociali,* Bologna 1988
Pallottino M., *Italien vor der Römerzeit,* München 1987 (ital. *Storia della prima Italia,* Mailand 1984)
Randall Mc Iver D., *The Etruscans,* Oxford 1927
Scullard H. H., *The Etruscan Cities and Rome,* John Hopkins University Press 2000
Torelli M., *Storia degli Etruschi,* Bari 1998
Vacano O. W., *Die Etrusker in der Welt der Antike,* Hamburg 1957

DIE RELIGION

Bravi E, *Il sacro dei Mediterranei,* Bolzano 1994
Clemen K., *Die Religion der Etrusker,* Bonn 1936
Grenier A., *Les religions étrusque et romaine,* Paris 1946
Herbig R., *Götter und Dämonen der Etrusker,* Heidelberg 1948
Martinelli M., *Gli Etruschi. Magia e religione,* Florenz 1992
Rocchi G., *Il panteon etrusca del fegato di Piacenza,* Rom 1993
Tommasi Aliomi A., *Dizionario della mitologia romana ed etrusca,* Rom 1995
Torelli M., *La religione,* in: Rasenna, pp. 159–237

DIE WIRTSCHAFT

»Il commercio etrusco arcaico«, Atti del congresso, Rom 1985
Busatti B., *Di alcune coltivazioni minerarie nel territorio dell'antica Heba,* in: »Studi Etruschi«, XVII, Florenz 1927
Colasanti G., *I cercatori di ferro,* Rom 1982
Dompe L., *Antichi depositi di scorie ferrifere presso i ruderi della città etrusca di Populonia,* in: »Miniera italiana«, V, Rom 1921
Fossa Mancini E., *L'arte mineraria e metallurgica al tempo degli Etruschi, ciò che hanno rivelato gli scavi di Populonia,* in: »Miniera italiana«, VI, Rom 1922
Gras G., *Il Mediterraneo nell'età arcaica,* Paestum 1997
Minto A., *L'antica industria mineraria in Etruria e il porto di Populonia,* in: »Studi Etruschi«, XXIII, Florenz 1954
Pareti L., *Le miniere della Tolfa e i loro centri di esportazione,* Rom 1941

GEWOHNHEITEN UND LEBENSWEISE

*L'alimentazione nel mondo antico.
Gli Etruschi,* Ministero dei Beni Culturali (Hg.), Rom 1987

D'Aversa A., *La donna etrusca,* Brescia 1985

De Maso B., Venditti A., *La città degli Etruschi,* Bologna 1984

Gargana A., *La casa etrusca,* in: »Historia«, VIII, Wiesbaden 1934

Heurgon J., *Die Etrusker,* Stuttgart 1971, 1993 (*Vita quotidiana degli Etruschi,* Mailand 1992; erste Ausgabe franz. *La Vie quotidienne chez les Étrusques,* Paris 1961)

Johnstone M. A., *The dance in Etruria; a comparative study,* Florenz 1956

Mac Namara E., *Vita quotidiana degli Etruschi,* Florenz 1982

Oestemberg C. E., *Case etrusche di Acquarossa,* Rom 1975

Perkins J. B. W., *Etruscan and Roman roads in Southern Etruria,* in: »Journal of Roman Studies«, XLVII, Rom 1957

Rallo A. (Hg.), *Le donne in Etruria,* Rom 1989

Solari A., *La vita pubblica e privata degli Etruschi,* Florenz 1928

Torelli M., *La società etrusca,* Rom 1987

ANTHROPOLOGISCHE UNTERSUCHUNGEN ÜBER DIE ETRUSKISCHE BEVÖLKERUNG

Mallegni E., Vitiello A., *Le ricerche antropologiche sui gruppi umani a cultura etrusca,* in: Aspetti della cultura etrusca, op. cit., pp. 17–32

Bartoli E., Mallegni E., Fornaciari G., *Le risorse alimentari nel mondo etrusco: aspetti della paleodieta in due gruppi umani a cultura etrusca,* ibidem, pp. 477–488